Ripley's Believe It or Not!®

2014

Le Big Livre de l'Incroyable

Design	Dynamo Design
Composition	Atlant'Communication
Traduction	Emmanuel Dazin
	Philippine Voltarino
	Vincent Le Leurch
	Franck Petit
	Hieronymus Pescator

ISBN 978-2-8098-1261-9

Imprimé en Chine
Dépôt légal : octobre 2013.

www.big-livre-de-lincroyable.com
www.editionsarchipel.com

Ripley's — Believe It or Not!®

2014

Le Big Livre de l'Incroyable

l'Archipel

PROGRAMME

Ripley's
Le Big Livre de l'Incroyable®

La question ne se pose même pas. Si Twitter avait existé au début du xxe siècle, il est certain que vous seriez tous abonnés au compte de Robert Ripley et que vous recevriez chaque jour de ses nouvelles. Il était la célébrité que tout le monde voulait connaître et dont chacun voulait suivre les découvertes. Imaginez le tweet du lundi : « Ai reçu la photo d'un homme qui descend un escalier sur la tête. » Mardi : « Ai découvert à Madagascar un homme qui mangeait des arbres... »

En 1918, Robert Ripley s'était fixé le défi de parcourir le monde pour aller à la découverte des faits ou des objets les plus incroyables – qu'il traduisait ensuite sous la forme de dessins publiés chaque jour dans *The New York Globe*. Chaque matin, en ouvrant leur journal, les lecteurs avaient l'impression de recevoir une carte postale postée du bout du monde par un ami globe-trotter.

Toujours impeccablement habillé – vêtu d'un costume ou d'une tenue de safari –, il parcourait le monde pour le bonheur de ses lecteurs, qui le lui rendaient bien. Plus de 170 000 lettres arrivaient chaque année sur son bureau, source de nouvelles découvertes incroyables...

En 1933, Robert Ripley a ouvert son premier musée des curiosités à Chicago, dans l'Illinois. Le spectacle était si saisissant que « cent personnes s'évanouissaient chaque jour et qu'il fallait plusieurs civières ». Il existe aujourd'hui 32 musées *Ripley's Believe It or Not* disséminés dans le monde. Découvrez-en quelques-uns dans cet ouvrage et, surtout, demandez à vos parents de vous y emmener.

L'incroyable univers Ripley

RECYCLART

Tyler Kozar, de Pittsburgh, en Pennsylvanie, a un jour gagné 1 000 000 de biscottes fourrées lors d'une tombola. Il les a données à des associations caritatives mais a conservé les emballages pour les transformer en œuvres d'art – dont ce T-Rex haut de 4,3 m uniquement composé de papier alu.

CYCLOPES

Robert Ripley avait un chien qui ne possédait qu'un seul œil au milieu du front. Au musée d'Hollywood, on peut admirer un agneau et une chèvre présentant cette même particularité.

MAN-EATING TREE

To TED STONE – ALL THE BEST! from Ripley and HIS SEEING-EYE DOG "CYCLOPS" BELIEVE IT or NOT

Ripley's
Le Big Livre de l'Incroyable
www.big-livre-de-lincroyable.com
07

LA BELLE FAÇADE !

Cette année, le musée Ripley d'Hollywood (ci-dessous) a eu droit à un lifting total. Il est tout beau tout propre. À Baltimore, c'est un nouveau musée qui a ouvert ses portes. Situé non loin du port, sa façade est ornée d'un gigantesque serpent de mer. D'autres musées à visiter sont présentés en fin d'ouvrage.

À CROQUER Christian Ramos a conçu cette moto qui fait saliver. Elle est uniquement composée de bonbons. Allez l'admirer dans notre musée hollywoodien.

GROS BÉBÉ

Récemment, l'un de nos documentalistes a mis la main sur un film tourné en 1936 montrant un bébé obèse, dont nous vous avions déjà parlé. À tout juste 3 ans, l'Anglais Leslie Bowles pesait déjà 64,5 kg. Une vidéo pour le moins énorme !

odd SCAN

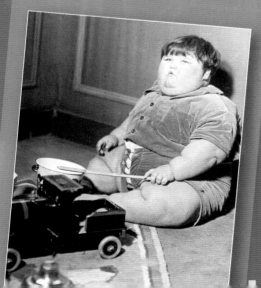

JOYEUX ANNIVERSAIRE

En 2012, Ripley a fêté le 75e anniversaire du 1er dessin de Charles M. Schulz (le créateur de Charlie Brown et des célèbres Peanuts, ci-dessus) publié dans la presse. Alors âgé de 15 ans, Charles Schulz avait envoyé à Robert Ripley un croquis de son chien Spike, qui fut publié le 22 février 1937. Spike, qui avalait prétendument des épingles et des lames de rasoir, servit d'inspiration à Schulz pour la création d'un des chiens les plus célèbres de la BD : Snoopy.

LA BELLE BOUBOULE

Ripley a remis à Barry Chappell, de Los Angeles, son diplôme bien mérité (voir ci-contre). Il a en effet façonné une maxi boule de chewing-gum d'une circonférence de 1,57 mètre pour un poids de 79,4 kg. Il lui a fallu 6 ans et 95 200 dragées pour réaliser son exploit. Bravo, Barry !

Barry ramollit au préalable ses chewing-gums dans un sauna en les arrosant régulièrement afin qu'ils ne soient pas trop collants.

Ripley's
Believe It or Not!

BARRY CHAPPELL
for creating
THE WORLD'S LARGEST
MEDICATED GUMBALL

ANNE MARSHALL   03/13/2012
DATE

OÙ QU'IL EST LE TOUTOU ?

Vous vous souvenez sans doute de cette boule de poils abandonnée (ci-dessous, à gauche) dont Ripley avait parlé à l'automne 2010 ? À l'époque, sa fourrure était si épaisse qu'il ne pouvait plus voir ni marcher. Aujourd'hui (ci-dessous, à droite), grâce à ses nouveaux propriétaires, il se porte comme un charme.

RENCONTRE POILUE

Sur qui Edward Meyer, l'un de nos sympathiques documentalistes barbus, est-il tombé alors qu'il prenait un repos bien mérité sur une plage de Thaïlande ? Sur Supatra Sasuphan, en personne ! La femme à la pilosité monstrueuse que nous vous avions présentée dans une édition précédente du *Big Livre de l'Incroyable*. Pour rappel, sa pilosité abondante est due à une maladie génétique rare. Cette rencontre était d'autant plus improbable que Supatra vit normalement à Bangkok. Mais elle avait fui les averses qui sévissaient en ville pour se réfugier sur la côte.

Ripley's Newsflash

Quelles sont les dernières news ?

DESTROYER BIS

Le département artistique de Ripley a réalisé cette statue de cire grandeur nature du champion de boxe américain Bernard Hopkins, surnommé The Destroyer. Quand il a admiré le résultat, il a été ravi. Au grand soulagement de tous ! Imaginez qu'il ait été mécontent et qu'il ait sorti les poings...

TOUS À L'HEURE

Le 25 février 2012, plusieurs des 200 meilleurs avaleurs de sabres au monde se sont produits dans différents musées Ripley du monde. À 14 h 25, heure locale, ils se sont tous introduit une épée dans la gorge pendant 12 secondes.

KING KONG SE FAIT ATTENDRE

L'un de nos conservateurs basé en Floride s'est rendu en Thaïlande pour aller chercher ce gorille géant de plusieurs tonnes composé d'éléments d'automobiles recyclés. Au moment où nous mettions sous presse, la belle bête de 5 mètres de haut était en route pour Orlando. Vivement qu'elle arrive !

MÊME PAS MAL

Lucky, alias l'homme qui ne souffre jamais, s'est produit au musée Ripley de New York récemment. Il s'est fait remarquer en avalant des tubes de néon avant de s'allonger sur des débris de verre. Puis il a joué avec des épées acérées.

DEDANS !

DEHORS !

Believe It or

ENVOITURAGE NOCTURNE

Ripley a créé l'événement en opérant cet échange nocturne de véhicules quand il a fallu sortir du musée de Londres la Mini Cooper recouverte de cristaux Swarovski pour la remplacer par cette Ferrari tricotée main. La seule solution : passer par le toit. Il a donc fallu amener sur place une grue et bloquer quelques rues de Londres un samedi matin pour effectuer cette opération. La Mini s'en est sortie sans une éraflure. Elle est désormais visible aux États-Unis, dans le nouveau musée Ripley de Baltimore, dans le Maryland. Le musée de Londres est à découvrir p. 246.

Ce qu'on a trouvé cette année

STARS CARS

Ces personnages de *La Guerre des étoiles* ont été conçus par l'artiste thaïlandais Anchalee Saengtai à partir de ferrailles récupérées sur des carcasses d'autos. À admirer dans le musée Ripley d'Hollywood et dans celui situé sur l'île de Jéju, en Corée du Sud.

ART RIKIKI

Les 97 sculptures miniatures de Willard Wigan acquises par Ripley cette année pourraient tenir dans une boîte d'allumettes. Mais ne vous y fiez pas! Aux yeux des spécialistes du monde de l'art, il s'agit d'une acquisition de taille. Ces mannequins microscopiques tiennent dans le chas d'une aiguille, sur un grain de sable ou une tête d'épingle. Plus de détails page 149.

CRAQUANT

Dans la maison de l'artiste britannique Adam Sheldon, les toasts de pain grillé s'amoncellent jusqu'au plafond. Après les avoir fait sécher (sans qu'ils moisissent), il utilise un chalumeau pour leur donner toutes les nuances et épaisseurs qu'il souhaite. Ensuite, il les assemble pour créer des portraits, dont celui d'Albert Einstein ou de *La Joconde*.

BOULOCHES

L'artiste américaine Heidi Hooper utilise pour ses créations un matériau bien spécial : les bouloches de tissus qu'elle récupère dans son sèche-linge. Elle est pas toute douce la poupoule ci-contre ?

Pour ne rien manquer...

vous trouverez à plusieurs reprises des rubriques intitulées À VOUS DE JOUER. Ce sont des lecteurs qui nous ont contactés. Si vous aussi vous voulez nous faire découvrir des trucs vraiment incroyables, n'hésitez pas.

Dans cette nouvelle édition du Big Livre de l'Incroyable,

CONTACTEZ-NOUS

ÉCRIVEZ-NOUS

BION Research
Ripley Entertainment Inc.,
7576 Kingspointe Parkway, 188,
Orlando, Florida 32819, U.S.A.

Suivez-nous sur Facebook

http://www.
facebook.com/BigLivre

Via notre site web

www.ripleybooks.com

par mail
bionresearch@ripleys.com

Envoyez-nous
si possible
des photos

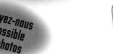

Ripley's
Le Big Livre de l'Incroyable
www.big-livre-de-lincroyable.com
11

Musées

Événements

ODD**SCAN**™

Ripley iSword

News **Histoires**

ODD**SCAN**™

Téléchargez GRATUITEMENT
notre nouvelle appli Ripley's Believe it or Not !,
activez la fonction
ODD**SCAN**, puis
téléchargez 2013 Annual
pour découvrir de nouvelles photos incroyables
et des vidéos. Dès que vous verrez le logo
ODD**SCAN** dans le livre, scannez la page avec votre téléphone
et ouah ! Ça va décoiffer. En plus, c'est en anglais ! Pour faire
des progrès en s'amusant...

souriez
frémissez
rigolez
apprenez
regardez
lisez
découvrez

LA VIDÉO
DE LA FEMME VAMPIRE

SCANNEZ ⇨
la page

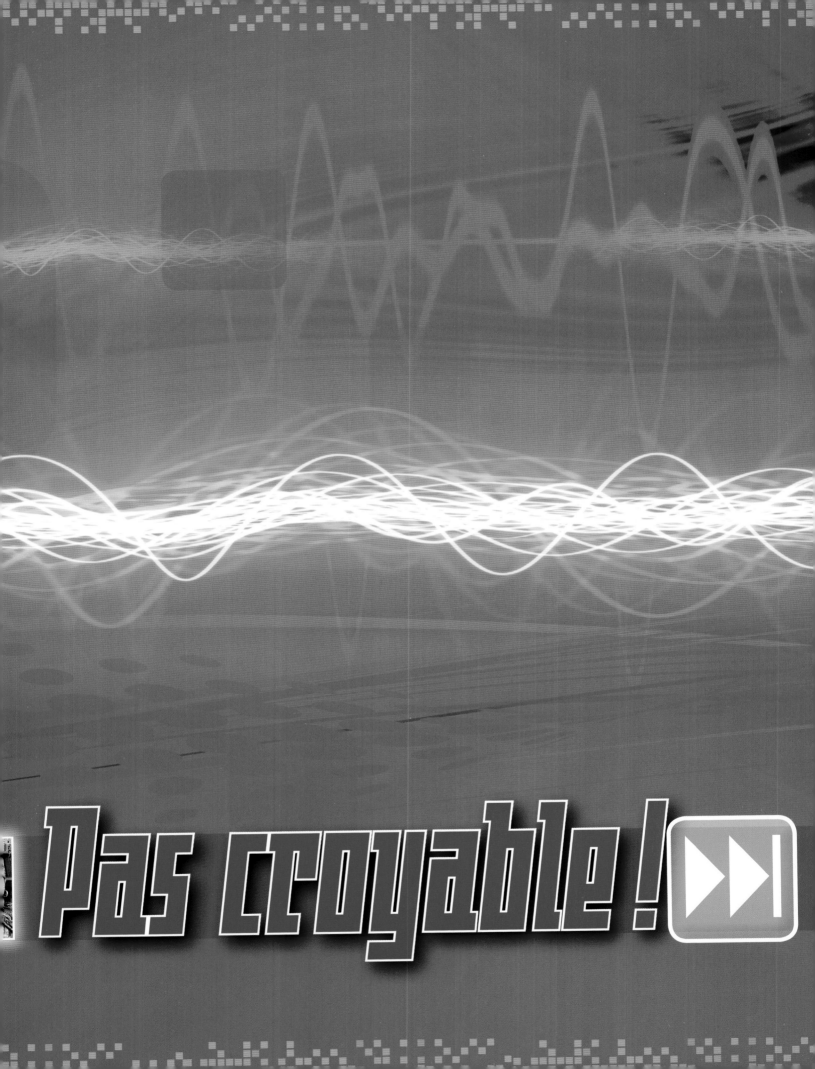

Pas croyable !

Ils vivent dans une maison de 100 pièces

Chambre... ou plutôt dortoir ?

UNE TRÈS NOMBREUSE FAMILLE !

DÉJÀ 181 PERSONNES DANS LA FAMILLE DE ZIONA CHANA...

IL A ÉPOUSÉ DIX FEMMES LA MÊME ANNÉE

ILS VIVENT TOUS DANS UNE MAISON DE 100 PIÈCES

SES FEMMES PARTAGENT SON LIT À TOUR DE RÔLE

IL A TOUJOURS HUIT FEMMES AUX PETITS SOINS POUR LUI

UN REPAS ORDINAIRE SE COMPOSE DE 30 POULETS ENTIERS,
60 KG DE POMMES DE TERRE ET 100 KG DE RIZ.

Ziona Chana, 67 ans, est chef de la plus grande famille au monde : 39 épouses, 94 enfants, 33 petits-enfants et 14 belles-filles. Tous vivent dans une maison de quatre étages sans cesse agrandie, sur une colline du Mizoram, en Inde. Ziona fait partie d'une minorité religieuse qui autorise les hommes à prendre autant de femmes qu'ils le souhaitent. Les siennes couchent dans des dortoirs, la plus jeune étant la plus proche de sa chambre. La plus âgée, Zathiangi, est chargée de superviser les travaux ménagers avec une discipline toute militaire. La maison dispose de sa propre école, ainsi que d'un potager pour nourrir tout ce petit monde !

AU GRAND COMPLET

R MÉGA WOMBAT En 2011, des paléontologues australiens ont mis au jour le squelette quasi complet d'un Diprotodon, sorte de wombat de la taille d'un Crossover. Ce marsupial disparu voici 35 000 ans, le plus grand ayant jamais vécu, pesait 3 tonnes et arborait de larges défenses, mais avait un tout petit cerveau.

R ROBOTHON Le premier marathon pour androïdes s'est couru à Osaka, au Japon, en février 2011. Le gagnant, Robovie-PC, mesurant 40 cm, a couvert les 42 km – soit 423 tours de circuit – en un peu plus de deux jours, à la vitesse moyenne de 0,77 km/h. Il a levé les deux bras et salué son public.

R MILLION EN FLACON Pour toutes les femmes qu'enivre l'odeur de l'argent, le parfumeur DKNY a créé un parfum à 1 million de dollars. Golden Delicious est contenu dans une flasque d'or 14 carats incrustée de 2 700 diamants et 183 saphirs. Le bouchon s'orne d'un diamant d'une eau parfaite.

R NOCES D'ACIER Les Américains April Pignataro et Michael Curry se sont mariés le 6 juin 2010 dans une cage d'acier plongée dans le bassin des requins de l'aquarium de Riverhead.

R ENCORE VOUS ! Expatrié en Nouvelle-Zélande deux ans après avoir été verbalisé pour excès de vitesse à Londres, un homme s'est vu arrêter pour les mêmes faits… par le même policier anglais, Andy Flitton, qui venait lui aussi de déménager aux antipodes !

R PNEUS BIO Roulerons-nous bientôt avec des pneus de voiture ou de bicyclette fabriqués à base d'herbes ? Des chercheurs de l'université de l'Ohio travaillent sur l'hybridation de *Taraxacum kok-saghyz*, dont la sève sécrète des molécules de gomme. Ils espèrent ainsi accroître le rendement de cette variété de pissenlit à des fins commerciales.

Kevin Grennan envisage d'implanter ses glandes sudorales de synthèse sur au moins trois types de robots : un démineur, un chirurgien et un cueilleur. Le démineur exsuderait l'odeur de la peur humaine, dont il a été prouvé qu'elle accroît les performances cognitives. Les glandes du cueilleur libéreraient de l'androstadiénone, contenue dans la sueur masculine, dont l'odeur stimulerait l'ardeur au travail des cueilleuses. Quant au chirurgien, il transpirerait une buée d'oxytocine, un composé contenu dans le cerveau humain et dont l'inhalation renforce le sentiment de confiance – celle du patient avant l'opération, en l'occurrence.

ROBOTS EN SUEUR

Kevin Grennan, designer américain, a mis au point des robots dotés d'aisselles. Il en a équipé trois de glandes sudorales à base de sueur artificielle, un liquide produit au Japon pour tester les textiles. En réaction à un stimulus chimique, chaque robot reproduit un comportement réflexe tel que la peur, la concentration ou la confiance, afin d'améliorer son efficacité.

R TRIPLES BOUGIES Les enfants de Jennifer et Driss Allali, un couple anglais, ont en commun leur date d'anniversaire : Najla, Adam et Sami sont en effet nés tous trois un 7 octobre, en 2005, 2007 et 2010 respectivement.

R BANQUE AU TRÉSOR C'est en rénovant une agence bancaire de Gand, en Belgique, pour y installer sa société comptable, que Ferhat Kaya a découvert un coffre où les précédents occupants avaient oublié un sac de billets d'un montant de 380 000 euros.

R VACHE À LAIT Des chercheurs de l'Institut technologique d'agrobusiness de Buenos Aires ont hybridé une vache qui produit du lait « humain ». Ils ont introduit deux gènes humains dans l'embryon de l'animal, de telle sorte qu'il sécrète un lait proche de celui de l'espèce humaine.

R LEÇON SPATIALE Lorsqu'ils ont longtemps séjourné en apesanteur, les astronautes doivent réapprendre à poser les objets, au lieu de les laisser flotter en l'air.

R MICROGRENOUILLE Hu Gansheng, professeur d'informatique à l'université de Nanchang, en Chine, a créé une espèce de grenouille si petite qu'on ne peut l'observer qu'avec une loupe. Ces batraciens ne mesurent que 5 mm mais font des bonds de 10 cm, soit vingt fois leur propre longueur.

R ASTRE PRÉCIEUX Les astronomes pensent avoir découvert une planète en pur diamant en orbite autour d'une petite étoile située à 4 000 années-lumière. Cet astre d'un diamètre d'environ 60 000 km, plus de cinq fois celui de la Terre, serait le reliquat d'une gigantesque étoile de la Voie lactée. Sa forte densité laisse à penser qu'il serait constitué de carbone cristallin, c'est-à-dire de diamant.

R CERVEAU DE SYNTHÈSE À partir de cellules cérébrales de rat cultivées en laboratoire, des chercheurs de l'université américaine de Pittsburgh ont créé un mini-cerveau doté d'une mémoire immédiate de 12 secondes.

R LARD C'EST L'HEURE Matty Sallin, ingénieur californien, a inventé un réveille-matin dont l'odeur de bacon grillé vous tire du sommeil. Dix minutes avant l'heure du lever, ce réveil fait frire des tranches de bacon surgelé à la chaleur de deux halogènes, dont il diffuse l'odeur à l'aide d'un ventilateur intégré pour vous sortir du lit sans violence.

Vipère au groin

Depuis plus de 30 ans, le Chinois Liu Fei s'introduit dans le nez des serpents de 90 cm, parfois deux en même temps. Son pire souvenir ? Lorsqu'il a avalé l'un de ces reptiles par accident. Par chance, l'animal est mort dans son estomac sans lui faire aucun mal.

AS DU VOLANT Les voitures robots conçues par Google ont parcouru plus de 224 000 km à travers les États-Unis sans un seul accident. Ces véhicules sont équipés d'un logiciel capable de détecter tout objet extérieur et de mimer les réactions d'un conducteur humain plus rapidement que celui-ci. Doté d'une vision à 360 degrés, ce robot n'est en outre jamais sujet à la distraction, à la somnolence ou à l'ivresse.

SOURIS DIVA Des chercheurs japonais ont créé une race de souris chanteuses. C'est en manipulant l'ADN d'un de ces rongeurs qu'ils ont donné naissance à plus de cent souris qui pépient comme des moineaux !

PUR BEURRE

En mai 2011, un visiteur du musée Boijmans Van Beuningen, à Rotterdam, a marché par inadvertance dans une couche de beurre de cacahuète étalée sur le sol par Wim T. Schippers, artiste néerlandais. Acquise par le musée en décembre 2010, l'œuvre, intitulée *Peanut Butter Platform*, se compose de quelque 1100 litres de pâte, soit le contenu de 2 000 bocaux.

Trace de pas

Cliché buccal

☒ MINI CAMÉRA
La société américaine Hammacher Schlemmer commercialise le plus petit appareil photo numérique au monde, de la taille d'une phalange. Il mesure un peu plus de 2,5 cm et ne pèse que 14 grammes.

☒ CÉTACÉ LOIN
Le corps d'une baleine de 10 mètres a été retrouvé dans un champ du Yorkshire à 800 mètres de la mer, où l'avait déposé une marée exceptionnelle alors que l'animal chassait.

☒ J'AI DEUX AMOURS Faire un mariage d'amour ou accepter la fiancée choisie par sa famille ? Le Pakistanais Azhar Haidri a tranché en épousant les deux femmes dans l'espace de 24 heures, dans la ville de Multan, en octobre 2010. Ses épouses – Rumana Aslam, 21 ans, et Humaira Qasim, 28 ans – se sont déclarées satisfaites de partager le même mari.

☒ LOYAUX SERVICES Chester Arthur Reed avait 95 ans lorsqu'il a pris sa retraite des services postaux, en Californie. En 37 ans, il avait cumulé presque deux années de congés maladie.

☒ BONNE AFFAIRE Barry Thomas, fan des Beatles, s'est vu proposer 1 500 dollars pour une simple feuille de papier hygiénique. Le rouleau avait été refusé dans les années 1960 par les Beatles, alors en séance d'enregistrement dans les studios d'Abbey Road, à Londres, au motif que le papier, trop rêche et brillant, était imprimé aux initiales de la firme EMI ! Le collectionneur l'avait acheté pour 120 dollars en 1980.

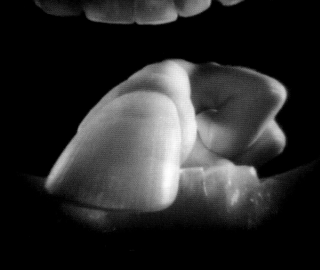

Cette photo du petit Louis Quinnel a été réalisée avec un appareil à sténopé logé au fond de la bouche de son papa. Celui-ci l'a fabriqué en recouvrant d'aluminium un boîtier percé d'un trou de 1/5ᵉ de mm. L'appareil coincé entre ses dents du fond, il lui suffit d'ouvrir grand la bouche pour prendre des photos du monde qui l'entoure, aussi bien sa baignoire que l'opéra de Sydney. Il doit parfois rester une minute la bouche ouverte devant son sujet, pour que l'exposition soit suffisante.

☒ ARGENT FICHU En 2011, la Réserve fédérale américaine a fait imprimer plus d'un milliard de billets de 100 dollars qui n'ont pu être mis en circulation, car tous avaient été froissés par les rotatives !

☒ DUR À AVALER ! Chayne Hultgren, avaleur de sabre australien, connu pour en avoir engouffré 27 à la fois, a été arrêté en plein show dans un parc new-yorkais... pour usage d'arme blanche en public !

☒ PONCTUALITÉ Les trois enfants de Lowri Dearsley, de Manchester, sont nés exactement à la même heure. Défiant toute probabilité, le petit Harrison est né le 20 janvier 2011 à 7 h 43, tout comme avant lui ses sœurs Ella, née le 10 octobre 2005, et Evie, née le 26 décembre 2007.

☒ RUES SANS NOM Environ 100 plaques de rue se sont mystérieusement volatilisées à Northborough, dans le Massachusetts, au cours des six premiers mois de 2011.

☒ GEYSER URBAIN En percutant une bouche d'incendie à Los Angeles, en 2011, une voiture en a cassé le couvercle et fait jaillir un jet d'eau de quelque 30 mètres de haut, inondant tout le quartier, au point qu'il a fallu évacuer ses habitants.

☒ BONNET D'ABONDANCE Las d'être ignoré par les passants, Nemanja Petrovic, mendiant serbe de Subotica, a laissé sur le trottoir ses chaussures et son bonnet, avec cet écriteau : « Le mendiant invisible ». L'ayant retrouvé plein de pièces, c'est désormais au café du coin qu'il attend que son bonnet se garnisse de menue monnaie !

Ripley's
Le Big Livre de l'incroyable
www.big-livre-de-lincroyable.com
19

PEUR JAUNE Un homme déguisé en gorille pour la réclame d'une boutique de téléphones de l'Ohio a été agressé en juillet 2011 par une banane. Le propriétaire a rapporté qu'un garçon déguisé en fruit avait surgi d'un bosquet et bondi vers le singe. La police est arrivée trop tard.

C'EST LE BOUQUET Xiao Wang, groom à Qingzhen, a dépensé son salaire d'une année pour acheter 99 999 roses rouges à l'occasion de ses noces avec Liu – car le chiffre 9 porte bonheur en Chine. Il a fallu un cortège de 30 voitures pour convoyer l'énorme bouquet, venu de l'autre bout du pays.

STYLO STYLÉ Mossa Bin Shamser, homme d'affaires bengali, possède un stylo-bille en or 24 carats incrusté de 7 500 diamants, dont il ne se sert que pour signer les contrats de plus de 7,5 millions d'euros.

BAGUE RETROUVÉ Joan Spiers a remis la main, au bout de deux ans et demi, sur une bague ornée d'un diamant qu'elle avait perdue dans les toilettes d'un hôtel du Surrey, en Angleterre. À l'époque, elle avait fait appel à une station d'épuration pour filtrer quelque 54 500 litres de boue, en vain. C'est un employé qui a fini par la retrouver par hasard... 30 mois après.

DÉFENSE DE SORTIR En janvier 2011, un tribunal de Saint-Pétersbourg a saisi 3 tonnes de défenses de mammouth – 64 complètes et 14 reconstituées – que des malfaiteurs tentaient de faire sortir illégalement de Russie. Ces ivoires, conservés par le permafrost sibérien, étaient intacts depuis des milliers d'années.

VIEILLES VALEURS Ruben Schalk, étudiant néerlandais, a découvert dans les archives de Hoorn d'anciennes actions de la Compagnie des Indes-Orientales, société commerciale dissoute voici plus de deux siècles. Une pièce de collection estimée à plus de 550 000 euros.

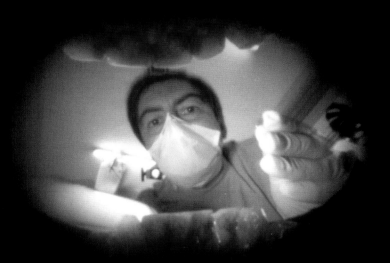

CRASH TEST Marlies Schiller, âgée de 77 ans, a causé quelque 150 000 euros de dégâts en essayant une voiture dans un garage Volkswagen d'Apolda, en Allemagne. C'est en manœuvrant en marche arrière pour diriger le véhicule vers la sortie qu'elle en a embouti cinq autres, avant de traverser une vitrine pour percuter une voiture garée à l'extérieur.

LANGUE PENDUE Richard Glover, animateur australien, a établi le record de la plus longue interview radio jamais réalisée en interrogeant l'écrivain et journaliste Peter FitzSimons 24 heures durant dans un studio de Sydney.

BINÔMES Au sein des 34 employés de la piscine Bexley Park de South Euclid, dans l'Ohio, on comptait durant l'été 2011 pas moins de quatre paires de jumeaux, soit presque un quart de l'effectif !

SANS PAPIERS Leeland Davidson a beau avoir vécu plus de 95 ans aux États-Unis, il a découvert début 2011 qu'il n'était pas américain, ses parents s'étant trompés de formulaire près d'un siècle auparavant.

DIVIDENDES Le 2 juin 2011, dans l'Ohio, June Gregg a fêté son centième anniversaire dans une agence locale de la Huntington National Bank où elle détenait toujours le compte d'épargne que lui avait ouvert son père en 1913.

NOM AUX PRÉNOMS Parmi ceux qu'il est depuis peu interdit de donner aux nouveau-nés en Nouvelle-Zélande : Yeah Detroit (groupe de punk anglais), Fish & Ships (pour des jumeaux) et Sex Fruit. En revanche, « Abribus n° 16 » est autorisé. Allez comprendre...

BAISER MOUILLÉ Eva et Pavel Jaworzno se sont fiancés et mariés sous l'eau. Leur union, célébrée en août 2011 avec 275 invités dans une mine inondée du sud de la Pologne, était la plus grande de ce genre jamais organisée.

CHANCE AU JEU Quatre collègues d'un centre d'appel canadien, membres d'un syndicat lauréat d'un jackpot de 50 millions de dollars en janvier 2011, faisaient déjà partie d'un groupe d'employés ayant remporté un million de dollars en 2007.

MESSAGE À LA MER Le père de Paula Pierce avait glissé un message dans une bouteille et l'avait jetée à la mer à Hampton Beach. Cinquante ans plus tard, il lui a été réexpédié des îles Turques-et-Caïques, à 3 200 km de là, dans les Caraïbes, où son voyage s'était achevé.

UNE SANTÉ DE FER

Un remède assez risqué fait fureur dans l'ouest de l'île indonésienne de Java. Les autochtones croient que s'allonger sur une voie ferrée en service les guérirait de nombreux maux. Les candidats restent sur les rails aussi longtemps que le train express le leur permet, persuadés qu'il émet une onde électrique bénéfique pour leur santé.

 MACHINE À MARIER Le musée Marvin de Detroit, qui renferme une collection d'automates à pièces, a fait l'acquisition d'une machine permettant aux couples de se marier, moyennant un dollar. Mis au point par la société anglaise Concept Shed, l'appareil est équipé de deux boutons, « oui » et « annuler ». D'une voix de robot, il demande aux fiancés d'exprimer leurs vœux et leur délivre un certificat de mariage et deux bagues en toc.

 FAUX CROCO Appelés dans une maison de Kansas City, deux policiers américains ont abattu un alligator de deux balles dans la tête, avant de s'apercevoir, le second coup ayant ricoché, qu'il s'agissait d'une décoration de jardin en béton.

 LA PELLE DE L'AMOUR Zhang Zongqianq, employé d'une société d'engins de chantier dans le Henan, en Chine, avait décidé de faire des économies sur le cortège nuptial. Il a fait monter Ye Yuzi, sa promise, et tous leurs invités à bord de six tractopelles. Les mariés, installés dans la pelle de tête, décorée de rubans et de ballons, jetaient des bonbons sur leur passage.

 GROS LOT-LOT Ron Rea, un commerçant de Pennsylvanie, a gagné 1,8 million de dollars au Loto, en novembre 2010. Comme il était aussi le vendeur du ticket, il a touché un bonus de 10 000 dollars !

 ESTOMAC SOLIDE À Chennai, en 2010, la police indienne a arrêté un passeur dont l'estomac recelait plus de 2 000 diamants et autres pierres précieuses.

 COUPURES COUPÉES Une employée du ministère de la Justice de Taïwan, Liu Hui-fen, a reconstitué en 7 jours les 200 billets de 1 000 dollars taïwanais, d'un montant égal à 4 500 euros, qu'un homme d'affaires avait passés à la broyeuse et découpés en vingt morceaux, par inadvertance. Elle a d'abord repéré le caractère « guo », au centre de chaque billet, pour reconstituer le puzzle pièce par pièce.

 HIBOU BAGUÉ L'Anglais Jason Jenkins a déclaré sa flamme à Melissa, son amie, en se faisant livrer une bague de fiançailles par la voie des airs. C'est un hibou nommé Zoulou qui l'a transportée dans un sac de velours rose fixé à la patte, avant de se poser sur le bras de Jason.

EN MAURITANIE, LE TRAIN CONVOYANT DU MINERAI DE FER JUSQU'À LA CÔTE MESURE PARFOIS 2,4 KM.

Ripley's
Le Big Livre de l'Incroyable
21
www.big-livre-de-lincroyable.com

Pas croyable !

PIERCÉE PARTOUT

Elaine Davidson, dont le corps est orné de pas moins de 7 000 piercings, a épousé un certain Douglas Watson, qui n'en porte aucun. Lors des noces, en juin 2011 à Édimbourg, seul était visible son visage bariolé, troué de 192 piercings.

R PAS TROP TÔT ! Une carte envoyée lors de la Première Guerre mondiale par Alfred Arthur, soldat britannique de 19 ans, a mis 94 ans à parvenir à Norwich, en 2010. Sa sœur Ellen, à qui elle était adressée, était morte depuis longtemps, mais des généalogistes ont pu la transmettre aux descendants de cette famille.

R QUELS NUMÉROS ! La sœur aînée de Tyler Ashton Marx, né dans l'Idaho le 11 janvier 2011 (11/1/11), avait quant à elle vu le jour le 9 septembre 2009 (9/9/9).

R POUSSIÈRE D'OR Armé de pinces à épiler, Raffi Stepanian, ancien joaillier, a récolté pour 450 dollars de bijoux dans les interstices des trottoirs de New York. Il y a trouvé, incrustés dans la crasse ou les chewing-gums, des éclats de rubis et de diamant, ainsi que des fragments de platine et d'or.

BREBIS-CYCLETTE

Cet intrépide auto-stoppeur cubain a été vu sur la mobylette de son propriétaire à La Havane, début 2011.

PLUS DE PEUR QUE DE MAL !

Cet enfant de 3 ans, tombé d'une fenêtre du huitième étage d'un immeuble de Pékin, s'est par miracle retrouvé coincé derrière un climatiseur, à l'étage inférieur. Le bambin s'en est tiré avec quelques écorchures et contusions.

🄡 **AUX QUATRE VENTS** La Canadienne Deb Green a fait appel à des globe-trotters bénévoles sur un site d'annonces en ligne pour répandre les cendres de ses parents dans plusieurs sites du monde – entre autres, une fontaine de Las Vegas, une brasserie d'Amsterdam et le Champ de Mars, à Paris. Alice et William, ses parents, eussent rêvé de voyager mais n'en avaient pas les moyens, a expliqué Deb pour se justifier.

🄡 **UNION SIMPLE** Chen Wei-yih, une employée de bureau de 30 ans, s'est épousée elle-même à Taïwan, le 6 novembre 2010. La cérémonie a été célébrée dans un hôtel de Taipei devant 30 parents et amis, gage d'une vie conjugale harmonieuse, reposant sur la confiance mutuelle.

🄡 **VIEUX ÉTERNELS** Afin de prouver leur détermination à vieillir ensemble, deux fiancés chinois, Zhang Jin, 25 ans, et Yao Zenni, 26 ans, se sont fait prendre en photo sous les traits de deux vieillards dans le blizzard. Ils s'étaient maquillés et avaient teint leurs cheveux de façon à paraître cinquante ans de plus.

🄡 **AMI ENNEMI** Franz Stigler, pilote de guerre allemand, avait laissé s'enfuir le bombardier américain qu'il venait d'endommager en 1943. Il est devenu, 46 ans plus tard, le grand ami de Charlie Brown, qui pilotait le B-17 !

🄡 **DOLCE VITA** Le gouvernement italien, qui avait financé la formation d'un homme-grenouille libyen, s'est aperçu que celui-ci ne savait même pas nager. On a fini par découvrir que l'apprenti plongeur n'était autre que le cousin de l'homme chargé de recruter des candidats... Il n'avait trouvé que ce moyen de passer des vacances à Rome !

🄡 **MARTINGALE** En l'espace d'un mois, en 2010, le tirage bimensuel de la Loterie nationale d'Israël a vu sortir les six mêmes numéros : 13, 14, 26, 32, 33 et 36.

🄡 **POÉTIQUE JUSTICE** Arrêté pour excès de vitesse alors qu'il tentait de dépasser un poids lourd, le réalisateur anglais Martin Cassini a lui-même assuré sa défense à la barre... et en vers. Il n'en a pas moins écopé d'une amende.

🄡 **À LA HACHE** En mai 2010, un homme qui s'était perdu dans l'immensité du Saskatchewan, au Canada, a dû abattre deux pylônes pour signaler sa présence à la Compagnie d'électricité, venue s'enquérir de la panne.

🄡 **PRODUCTIVITÉ** Il a fallu trois ans à la première Monnaie américaine pour frapper un million de pièces. De nos jours, la Monnaie de Philadelphie en produit un nombre égal en 30 minutes.

🄡 **L'AMOUR À MORT** En mai 2011, deux couples chinois sont devenus maris et femmes parmi les sépultures de Yong'an, à Tianjin. Wu Di, Wei Jian et leur fiancée, Yang Xi et Liu Ling, tous quatre employés de ce cimetière, avaient choisi ce lieu inattendu pour se jurer fidélité jusqu'à la mort. Le cortège nuptial était composé de 26 corbillards fleuris.

HUMOUR NOIR

Une agence de publicité anglaise s'est vu reprocher son mauvais goût pour avoir placardé l'affiche d'un téléfilm intitulé *Le Mort vivant* sur le mur d'un salon funéraire de la ville de Consett.

Pas croyable ! Drôle de Couple !

HANNIBAL ET ANASTASIA □ HANNIBAL ET ANASTASIA □ HANNIBAL ET ANASTASIA □ HANNIBAL ET ANASTASIA □ HANNIBAL ET ANASTASIA □ HANNIBAL ET ANASTASIA

L'interview

Mari et femme pour l'état civil, Hannibal Helmuto et Anastasia IV se produisent en duo dans l'incroyable Cirque des Horreurs depuis 2005.

Où vous êtes-vous rencontrés ?
Anastasia : Dans un pub de Camden, à Londres. Hannibal était tout au fond. Je suis allée lui demander si je pouvais toucher ses oreilles. Six ans plus tard, nous en sommes au même point !

Que savez-vous faire ?
Hannibal : Une de mes spécialités consiste à avaler un sabre et à saluer le public sans le retirer. Cela suppose de garder le buste bien raide pour éviter de se couper de l'intérieur, ce que je ne souhaite pas.
Anastasia : À l'origine, ce sont les Chinois qui pratiquaient la suspension par les cheveux. C'est un art qui se perd car c'est très douloureux. Cela demande beaucoup d'entraînement et de volonté. Il faut trois quarts d'heure pour tresser les cheveux à la façon d'une corde, et le risque est réel qu'ils se dénouent. Nous sommes tous deux mangeurs de feu, un des premiers tours que j'aie appris, toujours très apprécié.

Observez-vous un rituel ?
Anastasia : Avant de nous produire, nous nous câlinons cinq secondes.

Avez-vous peur l'un pour l'autre ?
Anastasia : Nous sommes toujours un peu anxieux car nos numéros sont loin d'être sans danger. Il y a une part de risque permanente et calculée. Il faut bien connaître son anatomie et jusqu'où l'on peut se pousser l'un l'autre, de sorte que nous sommes garants l'un de l'autre. Mais j'ai épousé Hannibal tel qu'il est, et pour rien au monde je ne voudrais qu'il change !

Tournez la page →

CASQUE C'EST ?

Si jamais vous croisez une pastèque à moto, pas de panique, vous êtes sûrement au Kazakhstan. Une entreprise y fabrique des casques imitation cerveau, balle de tennis, pastèque ou cerneau de noix !

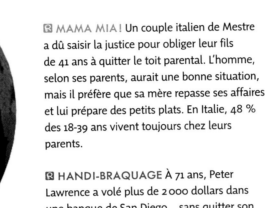

MAMA MIA ! Un couple italien de Mestre a dû saisir la justice pour obliger leur fils de 41 ans à quitter le toit parental. L'homme, selon ses parents, aurait une bonne situation, mais il préfère que sa mère repasse ses affaires et lui prépare des petits plats. En Italie, 48 % des 18-39 ans vivent toujours chez leurs parents.

HANDI-BRAQUAGE À 71 ans, Peter Lawrence a volé plus de 2 000 dollars dans une banque de San Diego... sans quitter son fauteuil roulant !

FAUSSE TACHES L'entreprise Touch Bionics, en Écosse, a mis au point des prothèses imitant à s'y méprendre les taches de rousseur, les cheveux et mêmes les tatouages.

HEP, TAXI ! À Buenos Aires, en janvier 2011, une femme tombée du 23e étage d'un hôtel a eu la vie sauve en amortissant sa chute sur le toit d'un taxi.

ON EN MANGERAIT Laurent Wilton, cuisinière à Toronto, s'est tatoué le corps d'images culinaires, telles qu'un batteur à œufs, une cuillère, une fourchette, deux têtes d'ail, des pissenlits et une hure de sanglier !

DRÔLE DE COUPLE Mari et femme pour l'état civil, Hannibal Helmuto et Anastasia IV se produisent en duo dans l'incroyable Cirque des Horreurs depuis 2005.

MANIF EN SLIP Le 24 septembre 2011, des milliers de personnes se sont dévêtues et ont traversé Salt Lake City en sous-vêtements, au petit trot, pour protester contre la rigueur des lois de l'Utah.

TATOU COMPRIS ! Accusé de cambriolage à Tampa, un homme a été formellement reconnu par ses victimes grâce au tatouage qu'il arborait sur sa joue gauche : la carte de la Floride !

Ils forment un couple à peu près unique au monde ! Tandis qu'il avale des sabres, des cisailles et des parapluies, elle fait le cochon pendu avec un poids de 50 kg noué aux cheveux !

Faisons plus ample connaissance avec Hannibal Helmurto et son épouse, Anastasia IV... Depuis 2005, ils se produisent au Cirque des Horreurs, une troupe assez rock 'n' roll composée de contorsionnistes, de nains diaboliques, de lanceurs de poignards et autres artistes hors du commun.

Avant d'avoir la révélation en assistant à un numéro d'avaleur de sabres, Hannibal s'appelait Helmut Kirchmeier et était inspecteur des impôts en Allemagne. Il s'est d'abord exercé avec... sa brosse à dents, puis avec un cintre. Aujourd'hui, il peut avaler une lame rotative montée sur une perceuse...

En 2011, il s'est toutefois perforé l'œsophage sur 10 cm en ingurgitant un tube au néon : une douleur cuisante qui l'a conduit tout droit à l'hôpital...

Drôle de

Ripley's
Le Big Livre de l'Incroyable
www.big-livre-de-lincroyable.com

25

Les croyables !!

Hannibal est resté quinze jours sans pouvoir dire un mot et a dû être alimenté par sonde pendant cinq semaines. Trois mois après sa sortie de l'hôpital, il reprenait l'entraînement !

Anastasia Sawicka, sa femme, d'origine polonaise, était étudiante en sciences avant d'entrer dans la famille du cirque, à 18 ans. Depuis 2010, elle a cessé de marcher sur des lames pour se suspendre la tête en bas, les pieds noués, et soulever un poids de 54 kg par les cheveux. À la force des tifs, elle peut tracter un minibus de 70 fois son poids. Avant chaque performance, elle mouille sa tignasse pour qu'elle soit plus solide. La première fois, la douleur était si intense qu'elle n'a pu retenir ses larmes...

ODD SCAN

Ripley's—
Believe It
or Not!

couple

Brave toutou

Imaginez l'effroi de Vernon Swart, en revenant du travail, lorsqu'il a trouvé sa chienne Bella un couteau solidement planté dans le crâne ! Ce terrier de six ans, mâtiné de berger allemand, avait défendu sa maison contre l'intrusion de cambrioleurs ! Bizarrement, l'animal batifolait comme si de rien n'était... alors qu'il avait frôlé la mort, foi de vétérinaire sud-africain !

CHAMBRE COMMUNE Amy Singley et Steven Smith sont nés le même jour, en 1986, dans la même chambre du même hôpital de Pennsylvanie. Le 12 juin 2010, ils se sont passé la bague au doigt.

ÇA REND AIMABLE Afin de mettre sa fiancée en condition, Pang Kun a demandé à 48 de ses amis, moyennant 11 000 euros de costumes, de se déguiser en carottes et de danser pour elle dans un centre commercial de Qingdao, en Chine. Après deux jours de répétition, ils n'ont pas manqué d'attirer l'attention de Zhao Xinyu, dont l'orange est la couleur favorite.

SCHÉMA DE NAISSANCE Emily Bearn est née en 1997 à Portsmouth, en Angleterre, à 12 h 12, le 12e jour du 12e mois. Son père David était né à 4 h 40 le 4e jour du 4e mois de l'année ; sa mère Helen, le 10e jour du 10e mois ; son frère Harry, le 6e jour du 6e mois ; et sa grand-mère Sylvia, le 11e jour du 11e mois ! On ne voit pas ça tous les jours !

COPIES CONFORMES Graham Comrie, 45 ans, et Graham Cormie, 47 ans, vivent à 16 km de distance en Écosse. Ils se ressemblent comme des jumeaux, sont tous deux photographes de profession, ont épousé une rousse, ont deux filles et un chien de race Lhassa Apso. Ils ont tous deux fêté leurs noces d'argent en 2011. Tout le monde les confond et leurs amis se mélangent les pinceaux sur Facebook !

MISS MAPLE Le cambriolage dont sa grand-mère avait été victime avait laissé la police d'Atlanta sur les dents... C'est sa petite-fille, Jessica Maple, âgée de 12 ans, qui a résolu l'énigme grâce aux techniques d'investigation judiciaires apprises lors d'un stage d'été organisé par le tribunal du coin !

CLOPIN-CLOPANT Un malfrat sud-africain très recherché, impliqué dans 35 braquages de banques, a faussé compagnie à ses gardiens en boitillant hors du tribunal de Pretoria... sur des béquilles !

JUSTE RÉCOMPENSE Robert McDuffy, un sapeur-pompier du Massachusetts, avait perdu son alliance en luttant contre un incendie. Coup de chance, le propriétaire de la maison l'a retrouvée onze ans plus tard !

FAUX JUMEAUX

Margaret Clark et sa sœur siamoise, attachée à son ventre par la tête, se produisaient en spectacle à travers les États-Unis à grand renfort de publicité. La vérité était autre : non seulement Margaret n'avait pas de sœur siamoise, mais elle-même n'existait pas ! Elle était incarnée par un forain nommé Billy Logsdon, qui écumait les foires de l'Indiana dans les années 1940 avec son cirque ambulant. Le prétendu bébé greffé à son estomac était un vulgaire baigneur en celluloïd... Billy se couvrait d'ailleurs la tête pour n'être pas reconnu, au cours du même spectacle, dans son numéro d'hermaphrodite, tout aussi véridique. Également au programme de ce charlatan : des avaleurs de sabres, des lilliputiens et une « pelote à épingles humaine »...

GUICHET N° 4 La voix de Terry Green retentit environ 30 millions de fois par an d'un bout à l'autre du Royaume Uni : c'est elle qui désigne le guichet libre aux usagers des banques et des bureaux de poste de Sa Gracieuse Majesté.

SON NOM EST PERSONNE Faute d'avoir reçu un nom sur son acte de naissance, le Californien Maximus Julius Pauson a dû s'en passer pendant dix-neuf ans.

TOUS RISQUES Le 31 janvier 2011, un conducteur inspiré a encastré sa voiture dans la vitrine de son agence d'assurance de Tampa, en Floride.

BRAQUAGE MASQUÉ Les cambrioleurs qui dérobèrent 45 millions d'euros dans une bijouterie de Londres en 2009 s'étaient fait confectionner des masques en latex par un maquilleur qui n'était pas dans le coup. Croyant que les individus devaient jouer dans un clip, il avait aussi changé leur carnation et leur couleur de cheveux, moyennant 4 heures de travail et 500 euros !

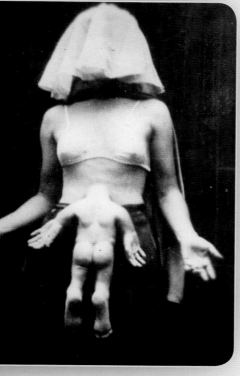

LA MÈRE QU'ON VOIT DANSER
En achetant un lot de 200 cartes postales anciennes en 2009 à Suffolk, en Angleterre, et pour 3 euros, Reg Barker ne s'attendait certes pas à y découvrir le visage de sa mère adoptive ! La brave femme était reconnaissable parmi la foule célébrant la victoire du 8 mai 1945, dansant avec des soldats canadiens sur Leicester Square, à Londres, en compagnie de sa sœur !

HOMME À TOUT FAIRE
En 2008 et 2009, Dan Seddiqui, Californien sans emploi, diplômé en sciences économiques, a fait 50 boulots différents dans 50 États d'Amérique, à raison d'un par semaine. Cet analyste financier au chômage aura été – entre autres – pêcheur de homards, présentateur météo, chef de jazz-band, fabricant de sirop et même organisateur de mariages à Las Vegas. Son job préféré ? Barman en Louisiane pendant le carnaval.

PASSE-MURAILLE
L'armée américaine a mis au point un robot de la taille d'un carton à chaussures capable de franchir des murs de plus de 7,50 mètres à l'aide d'un piston qui peut le projeter à 60 fois sa hauteur. Baptisé « sauteur urbain de précision », il a quatre roues et est guidé par GPS.

QU'EST-CE QUE JE VOUS SERS ?
Une entreprise japonaise a élaboré un distributeur de boissons à reconnaissance faciale qui propose des collations adaptées à l'âge et au sexe de l'usager, mais aussi à l'heure de la journée et aux conditions météo. Le premier modèle de ce robot-barman, installé dans une gare tokyoïte, a réalisé trois fois plus de ventes que l'automate qu'il remplaçait !

oddSCAN

CRASH MAN

Le mannequin vivant, c'est lui ! En tant que directeur de l'Institut de la sécurité routière de San Diego, Rusty Haight, ancien agent de la circulation, a lui-même expérimenté quelque 950 collisions violentes, à des vitesses pouvant atteindre 87 km/h, et s'est mangé 140 air bags en pleine figure. Une expérience unique en matière de sécurité automobile et d'accidentologie.

CHOUETTE ALORS !

En rentrant un soir chez elle à Kendal, en Angleterre, Sally Arnold a découvert sur sa fenêtre l'empreinte plus vraie que nature d'une chouette. Il n'y manquait ni les yeux, ni le bec, ni les plumes ! Explication : de fines particules de kératine, une poudre qui protège le duvet de certains oiseaux.

Ⓡ JEUX DU CIRQUE En août 2011, à Rome, des policiers italiens ont dû se revêtir de toges et de capes pour mettre un frein à la guerre intestine que se livrent les faux gladiateurs qui se disputent les touristes aux abords du Colisée et des sites historiques. Pris à partie par les gladiateurs professionnels, les forces de l'ordre ont dû compter sur le renfort d'autres policiers, quant à eux déguisés en éboueurs et en touristes !

Ⓡ RETROUVAILLES Mark Steven Phillips a été arrêté le 27 janvier 2011 en Floride, plus de 31 ans après s'être évadé lors de son procès pour trafic de drogue. Surprise : le président était le même qu'en 1979 !

Ⓡ FLICS À ROULETTES Les femmes policiers de Chengdu, en Chine, patrouillent sur la place Tianfu juchées sur des rollerblades, afin de poursuivre les malfaiteurs à la vitesse de 40 km/h.

Ⓡ CANONNADE La « Grosse Bertha », pendant la Première Guerre mondiale, pouvait bombarder Paris à 112 km de distance. Ses obus volaient si haut que leur trajectoire subissait l'effet de la rotation terrestre !

Ⓡ TALBOT RÔLE La société Talbot organise des événements pour les gens qui s'appellent Talbot. Ils sont conduits en Talbot à Port Talbot, en Galles-du-Sud, et font une halte dans des hôtels et des auberges Talbot.

Ⓡ CLASSE À PART En 2011-2012, une classe d'un lycée de Park Ridge, dans l'Illinois, accueillait seize paires de jumeaux et trois triades de triplés !

Ⓡ COQ TUEUR Lors d'un combat de coqs illégal en Californie, le 30 janvier 2011, José Luis Ochoa a succombé aux blessures infligées par un gallinacée qui l'a poignardé à la jambe à l'aide du couteau lié à sa patte.

Ⓡ SPÉLÉO-NOCES Jude Onions a épousé Johnny Latimer à l'endroit où elle l'avait rencontré : dans une grotte. Leurs noces ont été célébrées à 102 mètres sous terre à Ingleborough, en Angleterre.

Ⓡ PASSAGERS CLANDESTINS Un homme a été arrêté à l'aéroport de Miami, alors qu'il tentait d'embarquer pour le Brésil avec sept serpents exotiques et trois tortues cachés dans son pantalon !

LES PIEDS DE LA STATUE DE LA LIBERTÉ MESURENT 7,60 MÈTRES. À PARIS, ELLE CHAUSSERAIT DU 1140 !

Ⓡ BLUES BROTHER Bill Smith-Eccles (*alias* Jake Blues) est à ce point fan du film culte des années 1980 *Les Blues Brothers* qu'il porte des lunettes noires en permanence, y compris sur son permis de conduire – ce qui fait de lui un cas unique au Royaume-Uni !

Ⓡ PLUIE DE CENDRES Peu après sa mort en 2009, les cendres d'Alfonse Kennedy Goss, membre de l'Amicale des canons de Wellington, en Nouvelle-Zélande, furent dispersées au mortier sur le port.

OVNI ? NUAGE ?

Une soucoupe volante s'apprêtant à atterrir ? Pas du tout : ceci est un remarquable spécimen de nuage lenticulaire (*Altocumulus lenticularis*, en forme de lentille), comme il s'en forme parfois lorsque le vent, du côté abrité des reliefs, forme des courants stables au sommet desquels se condense l'humidité. Si le vent ne faiblit pas, de telles formations nuageuses peuvent se maintenir assez longtemps... et être confondues avec des ovnis.

Ripley's
Le Big Livre de l'Incroyable
www.big-livre-de-lincroyable.com
29

Pas croyable !

Le grand saut

Chaque année, le village espagnol de Manganeses de la Polvorosa accueille le festival du Saut de la chèvre. À cette occasion, une bête est jetée du haut du clocher de l'église (15 mètres) et récupérée dans une bâche tendue. À l'origine de cette coutume, une légende selon laquelle la chèvre dont le lait nourrissait les pauvres de la paroisse s'égara un dimanche dans le clocher et se jeta dans le vide, effrayée par les cloches. Heureusement, elle fut réceptionnée dans un drap...

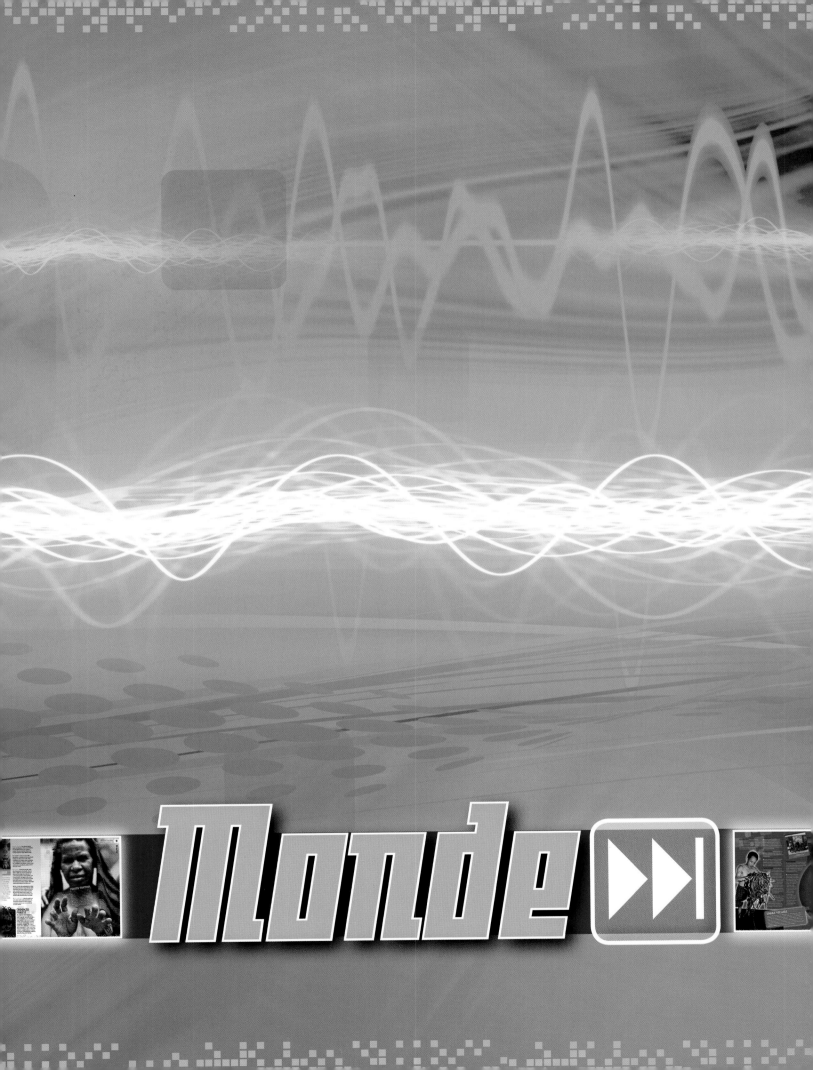

Camouflage intelligent

Après la terrible attaque sur Pearl Harbor, le 7 décembre 1941, le Corps des ingénieurs de l'armée des États-Unis a entamé une course contre la montre pour dissimuler l'usine aéronautique de Lockheed, à Burbank, en Californie, et la protéger d'un éventuel raid aérien. Chaque centimètre a été dissimulé sous un gigantesque filet qui, vu du ciel, donnait l'illusion d'une zone rurale. Les hangars, bâtiments, avions et pistes, mais aussi les logements ainsi que les allées et venues quotidiennes des 90 000 membres du personnel étaient devenus invisibles. L'immense toile ainsi créée donnait l'illusion parfaite d'une campagne avec de fausses maisons et de faux arbres et arbustes. Des voitures en caoutchouc étaient stratégiquement placées. La toile était suffisamment solide pour que des figurants s'y déplacent à vélo de façon aléatoire. Un pilote ennemi n'y aurait vu que du feu. En dessous, le rôle vital de l'usine en pleine période de guerre n'a jamais cessé d'exister.

◄ Lockheed a fabriqué plus de 19 000 avions durant la Seconde Guerre mondiale, la plupart construits sous le filet.

◄◄▼ Sous la bâche, la vie suivait son cours. Il y avait suffisamment d'espaces pour garer sa voiture et tenir de grands rassemblements.

▲ Les faux arbres étaient faits de grillage de basse-cour traité à l'adhésif. Des plumes de volaille étaient ensuite collées afin de leur donner un aspect feuillu.

HOLLYWOOD PARTICIPE

Les studios Disney ont dessiné le camouflage de l'usine Lockheed dont les détails et les techniques ressemblaient à ceux utilisés dans les auditoriums des studios hollywoodiens des alentours. Les studios Warner, distants de quelques kilomètres, ont aussi été recouverts d'une bâche qui donnait l'illusion d'être l'usine Lockheed, au cas où des frappes aériennes devaient s'abattre dans le quartier.

▼ Les seuls bâtiments visibles étaient ceux qui ressemblaient vraiment à des habitations rurales ou à des fermes.

▼ Le paysage de campagne au-dessus de l'usine.

DÉCOUVERT

CACHÉ

Dans l'État du Meghalaya, en Inde, les racines et les plantes grimpantes des arbres sont conditionnées pour pousser à l'horizontal et créer ainsi des ponts naturels enjambant les rivières. Ces ponts peuvent atteindre 30 mètres de long et supporter le poids de 50 personnes en même temps.

PONTS VIVANTS
les faits

▪ Un pont traditionnel en bois pourrirait rapidement dans cette partie du monde, qui est l'une des plus humides de la planète, recevant 1,5 mètre de pluie par an – environ 30 fois ce qui tombe à Londres.

▪ Le caoutchouc, aussi appelé *Ficus elastica*, pousse le long des rivières. Les plantes rampantes qu'il génère et qui s'agrippent aux rochers, aux arbres alentour et sur le sol lui permettent de grandir. Il y a 500 ans, les villageois ont commencé à tirer ces racines au-dessus des rivières, espérant créer des ponts.

▪ Les racines des ponts sont épaisses d'environ 15 cm.

▪ Il faut environ 15 ans pour qu'un pont se forme. Il reste solide des centaines d'années et, contrairement aux structures créées par l'homme, il se renforce au fil du temps.

▪ Le pont Umsiang à Nongriat est unique car il est composé de deux passages, l'un au-dessus de l'autre.

▣ FAUSSES NOTES Aux Philippines, la Chambre des représentants a validé en octobre 2010 une loi punissant de deux ans de prison quiconque chantait faux l'hymne national.

▣ CITROUILLE FLOTTANTE Tous les ans, le festival de la Citrouille au château de Ludwigsburg, en Allemagne, propose une course de bateaux en forme de citrouilles géantes sur les eaux de l'ancienne et imposante fontaine du palais. Préalablement évidées, les citrouilles peuvent peser jusqu'à 90 kg. En 2010, le festival avait érigé une statue géante d'hippocampe construite avec des citrouilles.

▣ SURPOPULATION Avec une superficie de 1,5 million de km², la Mongolie est environ quatre fois plus grande que l'Allemagne. Pourtant, près de la moitié de sa population est concentrée dans une seule ville, la capitale Oulan-Bator.

▣ POP-CORN En novembre 2010, un silo à grains s'est effondré à Norwalk, dans l'Ohio, libérant 100 000 décalitres de maïs, créant littéralement un tsunami de maïs haut de 3,6 mètres qui a emporté une maison sur son passage.

▣ Y A L'FEU À Sherrodsville, dans l'Ohio, le concours annuel de lancer de bouches d'incendie est une tradition. Les hommes envoient jusqu'à 6 mètres des bouches pouvant peser 51 kg. Les femmes ne lancent que des hydrants de 18 kg.

▣ ARBRE MAGIQUE Depuis 1981, la ville de Gubbio en Italie est célèbre pour son illumination en forme de plus gros arbre de Noël du monde, posée sur la montagne environnante. En 2010, elle a nécessité plus de 800 ampoules, 13 km de câbles et des milliers de prises pour créer un arbre de 795 mètres de haut.

▣ RACINES MOBILES Le musée du Bois flottant à Bandon, dans l'Oregon, expose tous types de bois, allant des racines sinueuses sculptées par le temps aux énormes troncs entiers.

DE PIS EN PIS

C'est en observant un veau se nourrissant au pis de sa mère qu'un petit Cambodgien a décidé de boire ainsi son lait quotidien.

TOMBES RAIDEUR Le cimetière anglais d'Ocracoke Island, en Caroline du Nord, ne compte que quatre tombes. Ce sont celles de marins dont le chalutier a coulé en 1942.

CLASSE TOUS RISQUES Jusqu'en 2011, les 186 élèves de l'école primaire du village de Getu, un coin reculé dans les montagnes de la province de Guizhou, en Chine, avaient classe dans une grotte de la taille d'un hangar à avions. Malgré la présence de chauves-souris et de lézards, cette école originale avait un atout : la meilleure acoustique de toute la région.

VACANCES À L'USINE L'hôtel Morava à Tatranská Lomnica, en Slovaquie, propose des activités rappelant les vacances des ouvriers à l'ère communiste : réveil à 7 heures, gymnastique matinale et reconstitution d'un défilé du 1er Mai.

IL SUFFIRA D'UN SIGNE À Watson Lake dans le Yukon, au Canada, la forêt des panneaux indicateurs réunit, sur deux hectares, plus de 65 000 plaques de villes récoltées à travers le monde. C'est Carl K. Lindley qui l'a initiée en 1942 en écrasant par hasard, avec son bulldozer, le panneau indiquant les distances le long de l'autoroute de l'Alaska : en réparant ses dégâts, il a décidé de planter un nouveau poteau montrant la direction de sa ville, Danville, dans l'Illinois. Depuis, 4 000 nouveaux panneaux viennent fleurir l'endroit chaque année, apportés par des touristes et des curieux.

TOTEM NATUREL En trois mois, un séquoia de 12,1 mètres de haut, situé sur Confusion Hill à Piercy, en Californie est devenu le plus grand totem du monde sous les lames des tronçonneuses.

LE SEIGNEUR DES HÔTELS La Hobbit House à Trout Creek dans le Montana est un hôtel de 93 m² construit dans une colline par Steve Michaels, en hommage au Seigneur des Anneaux. L'hôtel bénéficie toutefois du confort moderne avec TV HD et Blu-ray ainsi que Wi-Fi partout.

TROU D'AIR En une nuit, un trou profond de 12 m et large de 80 cm s'est creusé tout seul sous la maison d'une femme à Guatemala City en juillet 2011. La ville, noyée continuellement sous la pluie, est connue pour ces phénomènes car elle est construite sur des dépôts volcaniques.

CHAMPI CHAMPION En Chine, un champignon géant a été découvert sous un arbre mort. Large de 80 cm, il mesurait 10 mètres de long pour une épaisseur de 5,5 cm. On estime son nombre de spores à 450 millions.

Le feu aux fesses

Le dos de ce cavalier du Kirghizistan prend volontairement feu lors d'une démonstration impressionnante au cours d'un festival dans le nord du pays en 2011.

LES MÉTIERS LES PLUS
DANGEREUX DU MONDE

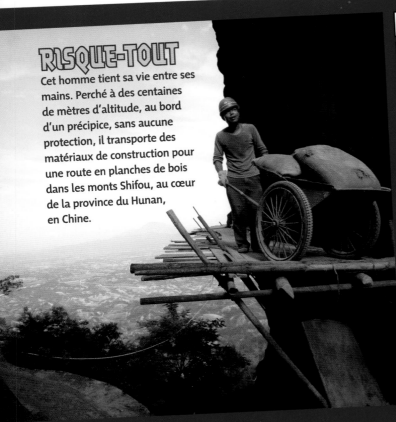

RISQUE-TOUT

Cet homme tient sa vie entre ses mains. Perché à des centaines de mètres d'altitude, au bord d'un précipice, sans aucune protection, il transporte des matériaux de construction pour une route en planches de bois dans les monts Shifou, au cœur de la province du Hunan, en Chine.

● **ROUTIER SUR GLACE** Pour ravitailler les zones reculées du cercle arctique, ces fous du volant conduisent d'énormes camions de 50 tonnes sur des lacs, rivières et mers gelés. La glace peut rompre à tout moment.

● **MINEUR DE SOUFRE** En Indonésie, à l'est de Java, des ouvriers extraient le soufre du lac acide du volcan Ijen, profond de 200 mètres. Outre la crainte d'une éruption, ces travailleurs respirent des gaz toxiques et doivent redescendre dans la vallée près de 100 kg de matières à mains nues par jour.

● **PÊCHEUR DE CRABES** Dans l'obscurité et sans relâche, ces plongeurs sévissent 24 h/24 dans la mer de Béring. Avec un taux de mortalité de 350 sur 100 000 (en raison de noyade ou d'hypothermie), ce métier est 50 fois plus dangereux que la moyenne. Il meurt un pêcheur de crabes par semaine.

● **CATCHEUR DE CROCODILES** Le zoo de Samphran, en Thaïlande, propose pendant une heure un spectacle de catch entre des hommes et des crocodiles. Certains intrépides mettent même leur tête dans la gueule des reptiles.

🅡 PIERRES DE TAILLE Les alignements de Carnac, en France, sont composés de plus de 3 000 pierres levées, érigées voilà plus de 5 000 ans par une ancienne civilisation.

🅡 ORANGE VIOLENT En juin 2011, sur la base militaire de Hattiesburg, dans le Mississippi, un seul éclair a suffi à envoyer 77 soldats à l'hôpital.

🅡 AU COURANT C'est grâce à une éolienne bricolée par William Kamkwamba, habitant du village de Masitala, au Malawi, que le bourg a eu pour la première fois l'électricité en 2002.

🅡 SCOTCHANT! Le festival du Ruban adhésif, qui propose des expositions artistiques, se tient depuis 2004 tous les ans à Avon, dans l'Ohio.

🅡 TOUR INFERNALE Six intrépides peuvent marcher simultanément au sommet de la CN Tower de Toronto, au Canada, sur un rebord de 1,5 mètre de large, posé dans le vide à 356 mètres d'altitude. Moyennant 175 $ chacun, ils ont 30 minutes pour se faire peur, uniquement retenus par un câble de sécurité. La vue sur la ville et le lac Ontario est, paraît-il, imprenable.

ARBRE SACRÉ

Deux chapelles ont été construites à la fin du XVᵉ siècle dans ce chêne vieux de 800 ans qui se trouve dans le village français d'Allouville-Bellefosse. Un escalier extérieur a été ajouté après qu'un éclair eut traversé l'intérieur. Un pèlerinage se tient tous les ans le 15 août.

🅡 MUR MÛR Imitant leurs ancêtres empereurs, les riches habitants de Aodi, dans la province du Zhejiang, ont érigé un mur de protection de 7 mètres de haut autour de leur village. Épais de 70 cm, il est fait de 70 000 briques en terre cuite. Une énorme porte en fer est le seul moyen de pénétrer à l'intérieur.

🅡 SAUT SOT Pour célébrer Willibrord, le saint local, 9 000 femmes, hommes et enfants dansent tous les ans à travers les rues d'Echternach, au Luxembourg, reliés entre eux par des mouchoirs.

🅡 REQUIN DE MINE Jay Wright, ouvrier dans une mine de charbon de Webster County, dans le Kentucky, a découvert en février 2011, par 210 mètres de profondeur, une mâchoire de requin, vieille de 300 millions d'années.

🅡 EAUX TROUBLES Alors que les 3 500 habitants de l'île japonaise d'Oshima couraient vers les collines pour échapper au tsunami en mars 2011, Susumu Sugawara, 64 ans, a été le seul à mettre son bateau de pêche à l'eau et à braver des vagues de 18 mètres. Le calme revenu, son embarcation était la seule à ne pas avoir été détruite.

Porc épique

Pendant le festival du Cochon rôti à La Loma, aux Philippines, les commerçants mettent en scène des porcs pour attirer les clients, les grimant en chanteurs, pilotes de course ou en personnages du film *Matrix Reloaded*.

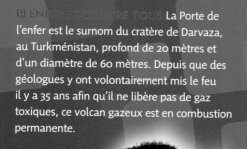

ENFER ET CONJURE TOUS La Porte de l'enfer est le surnom du cratère de Darvaza, au Turkménistan, profond de 20 mètres et d'un diamètre de 60 mètres. Depuis que des géologues y ont volontairement mis le feu il y a 35 ans afin qu'il ne libère pas de gaz toxiques, ce volcan gazeux est en combustion permanente.

EAU COURANTE L'hôtel Keiunkan Inn à Hayakawa, dans la préfecture de Yamanashi au Japon, est en service depuis 1300 ans, grâce à sa source d'eau chaude située à 888 mètres sous terre qui fournit, chaque minute, 1 630 litres d'eau à 52 °C.

VERS VOLANTS Des écoliers de Galashiels en Écosse se sont vite mis à l'abri en mars 2011, quand des dizaines de vers de terre sont tombés du ciel sans aucune explication.

UNION SACRÉE Plus de 1 000 personnes ont convergé vers un village de la province de Kandal au Cambodge en juin 2011 pour assister aux noces de deux pythons, une union censée porter bonheur.

TERRE À TERRE Dans le comté de Lamb au Texas, une commune de 1 000 habitants porte le nom de Earth. Fondée en 1924, cette ville s'appelait Fairlawn à l'origine, mais elle a dû changer de nom un an plus tard quand on se rendit compte qu'une autre ville au Texas s'appelait ainsi. Le postier en charge du nouveau nom en a tout simplement choisi un connu, puisque Earth veut dire Terre.

LE LAC DES SIGNES Utilisé sur l'île de Pâques, le rongo-rongo est une écriture obscure utilisant 120 symboles (oiseaux, poissons, plantes et dieux). Elle se lit en inclinant le texte de 180° à la fin de chaque ligne.

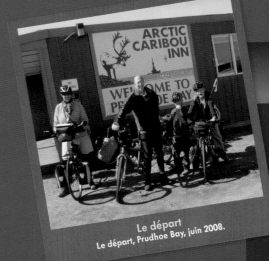

Le départ
Le départ, Prudhoe Bay, juin 2008.

MILLE BORNES Afin d'encourager les conducteurs à ralentir, la ville de Speed (Vitesse, 45 habitants) en Australie a changé de nom en mars 2011 pour se rebaptiser Speedkills (La vitesse tue). Même l'éleveur de moutons du coin, Phil Down, s'est fait appeler Phil Slow Down (Ralentir) à cette occasion.

UN PONT TROP LOIN Ouvert en juin 2011, le Qingdao Haiwan Bridge est un pont long de 42,2 km, enjambant la baie de Jiaozhou. Pour soutenir un trafic de 30 000 voitures par jour, il a fallu construire 5 000 piliers, utiliser autant d'acier que pour construire 65 tours Eiffel et autant de béton que pour remplir 3 800 piscines olympiques. Plus de 10 000 ouvriers ont travaillé à l'ouvrage.

VILLAGE DE SERPENTS

Il y a 25 ans, les 160 familles du village de Zisiqiao, en Chine, vivaient d'élevage et d'agriculture. Aujourd'hui, ils élèvent plus de trois millions de serpents par an, destinés à la nourriture et à la médecine. Habitué à attraper les serpents pour les vendre, un fermier a appris à les élever chez lui. Le commerce de cobras, vipères et pythons rapporte désormais des millions de dollars à un village autrefois très pauvre.

Ripley's
Le Big Livre de l'Incroyable
www.big-livre-de-lincroyable.com
39

Monde

Une odyssée américaine

Entre juin 2008 et mars 2011, John et Nancy Vogel ainsi que leurs enfants Daryl et Davy, tous originaires de Boise dans l'Idaho, ont parcouru la route panaméricaine à vélo. Soit 27 850 km entre l'Alaska et la Terre de Feu en Argentine. Âgés d'à peine 10 ans au départ, les deux garçons sont devenus les plus jeunes au monde à traverser les Amériques en pédalant.

L'interview

Nancy nous raconte son incroyable périple

Comment avez-vous décidé de partir en famille ? *Nous voulions passer du temps tous ensemble avant que les enfants ne quittent le foyer familial. Nous aurions pu choisir l'Asie, l'Afrique ou l'Europe, mais nous avons été séduits à l'idée de parcourir la plus longue route du monde.*

Combien de kilomètres parcouriez-vous chaque jour ? *28 km en moyenne. Il y a bien sûr eu des jours où nous pédalions beaucoup plus et d'autres où nous nous reposions. En général, nous voulions parcourir entre 50 et 80 km par jour, mais cela dépendait beaucoup des pentes, du vent et de nos ressources !*

Quelle a été la portion de route la plus difficile ? *Le nord de l'Argentine. Mentalement, nous nous sentions si proches du but. Mais l'Argentine est un pays immense ! On nous avait beaucoup parlé du vent dans le sud, en Patagonie, mais personne ne nous avait alertés sur le vent de face dans le nord ! Nous pensions être bientôt arrivés alors que nous devions nous battre contre ces vents, c'était difficile.*

Qu'est-ce qui a été le plus gratifiant ? *Arriver au bout du monde, à Ushuaia. Après avoir pédalé 27 850 km pendant trois ans et traversé 15 pays, se poser sous le panneau annonçant le bout du monde est un moment que je n'oublierai jamais. Nous avions réussi !*

Dans les Andes colombiennes
Nous ne nous attendions pas à ces montées raides et longues. Cette photo a été prise après une grimpée de 1 800 m, plutôt facile par rapport à ce qui nous attendait. Notre pire dénivelé a été de 4 528 mètres, depuis le niveau de la mer jusqu'au col, en 362 km (août 2009).

Sud de la Bolivie
Notre itinéraire devait nous faire passer par une ville qui était finalement fermée à cause d'une grève. Nous avons été obligés de faire un détour de 640 km à travers les Andes (août 2010).

Un village d'Amérique du Sud
Nous passions beaucoup de temps sur les routes ou dans les villages. Il y avait peu de grandes villes qui étaient très distantes (septembre 2010).

Routes sans fin
En Argentine, je croyais que nous n'arriverions jamais au bout de cette route ! (novembre 2010).

Le bout du monde
Ushuaia en Argentine (mars 2011).

LES PLUS JEUNES
À AVOIR PARCOURU
L'AMÉRIQUE À VÉLO

À L'ASSAUT

Sans corde ni sécurité, Ma Jei a escaladé le mur d'enceinte du château de Zhonghua en Chine dans le seul but de ne pas payer les 3,75 $ de droit d'entrée. D'autres visiteurs ont essayé de faire la même chose, mais deux sont tombés et se sont brisés les jambes, et trois autres ont dû être secourus.

À L'ABORDAGE Les plus beaux bateaux en carton ayant navigué sur le fleuve Ohio ces vingt dernières années sont exposés au musée de New Richmond, dédié entièrement à cette activité.

RÉPUBLIQUE FANTÔME Après la chute du dictateur somalien Siad Barre en 1991, le nord-ouest du pays a fait sécession et déclaré son indépendance sous le nom de Somaliland. Cette république autoproclamée a une monnaie, une police et des élections démocratiques, mais n'est reconnue par aucun autre État dans le monde.

DODO FIESTA Le premier championnat national de sieste s'est tenu à Madrid en 2010 afin d'en réhabiliter la tradition. Les participants étaient surveillés de près, étendus sur des sofas en plein milieu d'un centre commercial. Ceux qui se sont endormis pendant 20 minutes ont obtenu le plus de points, mais les positions du sommeil les plus originales ainsi que les accoutrements décalés ont aussi été récompensés. Sans parler des meilleurs ronflements !

UN PAYS DE RECENSEURS Pour recenser tous ses habitants, la Chine, pays le plus peuplé au monde, a fait appel à 6 millions d'inspecteurs en 2010, soit l'équivalent de la population du Danemark !

NEIGE EN ÉTÉ En août 2011, un front froid venu de l'Antarctique a provoqué des chutes de neige à Auckland, en Nouvelle-Zélande. La ville n'avait pas connu tel phénomène depuis 35 ans. Les habitants en ont profité pour poster de nombreuses photos et vidéos d'Auckland sous la neige sur Internet.

SUITE AQUATIQUE Pour fêter son cinquième anniversaire, l'hôtel Conrad Rangali aux Maldives a transformé son célèbre restaurant sous l'eau en une suite nuptiale avec un immense lit, petit-déjeuner au champagne et vue imprenable sur les fonds marins.

DOIGT DIVIN

En octobre 2011, un couple anglais en vacances à Ténérife aux Canaries a photographié ce surprenant nuage qui évoque un bras et un doigt pointant la ville.

Ripley's
Le Big Livre de l'Incroyable
www.big-livre-de-lincroyable.com
41

Monde

Le taureau voit bleu

Au festival de Bous a la Mar, qui se tient chaque année à Dénia, en Espagne, de jeunes taureaux pourchassent les fêtards jusqu'au port et sautent à leur suite dans la mer, avant d'être ramenés sur terre en bateau.

R NOËL OLYMPIQUE Le 54e Congrès mondial des pères Noël, organisé près de Copenhague, en 2011, comportait un pentathlon opposant deux équipes, l'une danoise et l'autre composée de pères Noël du monde entier, américains, suédois, russes et allemands notamment. L'épreuve incluait un lancer de cadeaux, un tir aux boulets, des auto-tamponneuses, un parcours du combattant et une course hippique.

R L'ÉTOILE MYSTÉRIEUSE Quand une étrange boule de feu a illuminé le ciel de Bjelovar, en février 2011, nombre de Croates ont cru à une comète, voire à une attaque extra-terrestre. Il s'agissait en réalité d'une balle d'herbe en feu balayée par le vent. N'ayant pas le temps de faucher ses champs, un paysan du coin, Marin Kiselic, y avait mis le feu.

R LES LARMES DE LA MARIÉE Dans les régions du centre de la Chine, les Tujia ont perpétué la tradition des « mariages en pleurs ». Les futures épouses, épaulées par leurs amies, versent des larmes quotidiennes pendant le mois qui précède la cérémonie.

R LAVE PLUS BLEUE Une chaîne de 12 gigantesques volcans sous-marins vient d'être découverte dans l'océan Austral. Les volcans, dont certains sont actifs, occupent une zone de la taille de la Grande-Bretagne et plusieurs dépassent 3 km d'altitude, soit quatre fois plus que le plus haut gratte-ciel, le Burj Khalifa de Dubai.

R MAISONS EN KILT Un constructeur a dû repenser son domaine résidentiel de luxe à Perthshire, en Écosse, afin de contourner une roche dont les habitants du coin disent qu'elle abrite des fées, lesquelles auraient été contrariées si on l'avait déplacée.

R BAINS DE NUIT Les lacs de Gippsland, dans l'État de Victoria, en Australie, luisent la nuit, à cause d'une série d'incendies en 2006 et des inondations qui ont suivi, apportant de la cendre et de la boue riche en nitrogène. L'été venu, l'augmentation de la température a permis à une algue bleu-vert d'envahir les lacs. Par réaction chimique (la bioluminescence), les organismes dont elle se nourrissait se sont mis à émettre une lueur bleutée, visible de nuit.

R DÉSERT EN FÊTE À Noël 2010, l'Emirates Palace Hotel d'Abu Dhabi a été décoré d'un sapin de Noël incrusté de joyaux, d'une valeur de plus de 7 millions d'euros. Des bracelets, des colliers et des montres incrustés de diamants, des perles, des émeraudes, des saphirs et autres pierres précieuses étaient suspendus aux branches.

FESTIVAL ISLANDAIS La ville de Gimli, dans l'État du Manitoba, au Canada, organise le festival Islendingadagurinn, manifestation annuelle dédiée à l'Islande. Depuis 1890, elle intronise une Fjallkona (jeune fille de la montagne) et recrée les tactiques guerrières des Vikings.

AU PARFUM La Lituanie vient de lancer son parfum, mélange de santal, de cèdre et de musc, afin d'évoquer les origines indo-européennes de la langue nationale et la force de caractère de ses habitants. Des échantillons ont été envoyés aux ambassades, hôtels et aéroports, ainsi qu'aux soldats lituaniens déployés en Afghanistan.

BONNE MINE La mine de sel de Solotvyno, en Ukraine, a une salle de repos souterraine pour les convalescents asthmatiques ou présentant d'autres troubles respiratoires. Son atmosphère salée, véritable microclimat, leur est bénéfique.

TAUPE SECRET En mai 2010, la police a fouillé le domicile d'un habitant d'East Austin, au Texas, et découvert qu'il avait creusé, sous sa maison, une série de tunnels sur trois niveaux. Le plus profond descendait à 11 m et certains étaient suffisamment haut pour qu'un homme puisse s'y tenir debout.

INTERMINABLE Le 76e Maharana d'Udaipur, en Inde, est le descendant d'une lignée au pouvoir depuis 566, soit une dynastie ininterrompue depuis près de 1 450 ans.

SACRÉS RONGEURS

Dans le temple de Karni Mata, à Deshnoke, en Inde, les rats sont traités avec tant de révérence que les voir passer juste devant vous est considéré comme un signe de bonne fortune. Manger ou boire quelque chose qu'ils ont goûté est également bien vu. Les 20 000 (à ce jour) rongeurs du temple sont protégés, nourris régulièrement, et si quelqu'un en tue un par accident, il doit acheter une effigie en argent ou en or pour le remplacer.

ÉTOUFFÉ À L'ANGLAISE Afin que la façade extérieure de Buckingham Palace, demeure de la reine Elizabeth II, présente un aspect uniforme, les fenêtres à l'avant du bâtiment ne sont jamais ouvertes.

NE FRAPPEZ PAS Les maisons de Siala, à Orissa, en Inde, n'ont pas de porte. Les villageois pensent qu'une déesse veille sur eux et les préserve des voleurs.

LA BULLE ÉCLATE Lors de la journée du papier bulle, le dernier lundi de janvier aux États-Unis, les fans de cet emballage inventé en 1957 célèbrent l'occasion en crevant les bulles. Une initiative lancée en 2001 par deux DJ de l'Indiana pour combler la période creuse entre la journée dédiée à Martin Luther King et le Super Bowl.

VACANCES TUANTES Une agence de voyages suisse propose des séjours dans les zones de guerre les plus dangereuses. Le catalogue de Babel Travel inclut l'Irak, le Soudan et la Somalie, et propose de passer Noël en Afghanistan ou la Saint-Sylvestre en Iran. 45 jours en Afghanistan vous coûteront près de 22 000 €, sans l'assurance.

HUIT LETTRES La langue sifflée de Silbo Gomero, qu'utilisent les habitants de La Gomera, aux Canaries, n'a que quatre voyelles et autant de consonnes. On peut facilement la parler à 3 km de distance.

FORTE RÉCOMPENSE Au cours des célébrations du 40e anniversaire de leur indépendance, les îles Fiji ont annoncé avoir perdu la copie du décret, pris en 1970, qui les affranchissait de la Grande-Bretagne.

Branches d'arbre, brochettes et aiguilles font partie des ustensiles utilisés pendant le festival végétarien de Phuket.

ÇA PIQUE Le festival d'Ashura comporte des séances de flagellation, au cours desquelles certains musulmans shiites s'incisent le crâne avec un couteau et se fouettent le torse et le dos avec des chaînes.

VIEUX TISSUS Les drapeaux qui flottent sur la Peace Tower du Parlement canadien sont donnés gratuitement aux habitants qui en font la demande, mais la liste d'attente est de 27 ans.

HOLLANDAIS VOLEURS La ville néerlandaise de Nijmegen a fait enlever dix énormes statues de bronze en novembre 2010 après que quatre autres ont été arrachées de leur socle, probablement pour être revendues au kilo.

ARGENT CONTENT The Silver Queen, un hôtel du xixe siècle à Virginia City, dans le Nevada, comprend une toile de 4,6 mètres de haut représentant une femme dont la chemise de nuit est décorée de 3 261 pièces d'argent. Sa ceinture est faite de 28 pièces d'or, tandis que son collier et ses bracelets sont constitués de pièces de 10 cents.

MA CABANE EN CHINE Xiong Yuhu, un paysan de Xingping, dans la province du Hunan, a construit une maison (avec cuisine, salle de bains, chambre et séjour) au sommet d'un arbre de 15 mètres de haut. Inspirée du stade olympique de Beijing, cette cabane de luxe comporte un long escalier en bois. Elle est si solide qu'elle peut accueillir jusqu'à 18 personnes.

Ripley's
Le Big Livre de l'Incroyable
www.big-livre-de-lincroyable.com
43

Monde

BROCHETTE VÉGÉTARIENNE

Au festival végétarien de Phuket, en Thaïlande, des fanatiques s'automutilent en se transperçant le visage et le corps avec des dizaines d'aiguilles. Pendant ce rituel, qui dure 9 jours et date du début du XIXe siècle, les participants tentent d'éloigner les mauvais esprits et d'apporter la bonne fortune à la communauté.

PLANTES CRIMINELLES

Les plantes empoisonnent chaque année quelque 70 000 Américains. Voici quelques-uns des principaux suspects.

CELLE QUI A FAILLI TUER CLÉOPÂTRE
VOMIQUIER *nux vomica*

Avant de se suicider par morsure de vipère, la reine égyptienne comptait avaler des feuilles de vomiquier. Mais quand elle vit les convulsions dans lesquelles cette plante plongeait une servante pleinement consciente de ce qui lui arrivait, son choix se porta sur le reptile.

CELLE QUI TUA LA MÈRE DE LINCOLN
Eupatoire rugueuse *ageratina altissima*

Nancy Hanks Lincoln, la mère du futur président américain, mourut d'une intoxication alimentaire après avoir bu du lait provenant d'une vache qui avait ingurgité de l'eupatoire. Cette plante contient du trémétone, un suc mortel pour le bétail.

CELLE QUI PEUT VOUS FAIRE PERDRE TOUS VOS MOYENS
Dieffenbachia *Dieffenbachia amoena*

Mâchonner les feuilles de cette plante, que l'on trouve souvent au bureau et à la maison à cause de son faible besoin en lumière, peut entraîner une salivation excessive, des gonflements et, dans les cas extrêmes, une paralysie des cordes vocales.

CELLE QUI A TUÉ SOCRATE
Ciguë *conium maculatum*

Ce cousin extrêmement dangereux de la carotte contient une neurotoxine qui entraîne la mort en coupant l'arrivée d'oxygène au cœur et au cerveau. Seules quelques feuilles suffisent. Le philosophe grec, condamné en 399 avant J.-C., avait été forcé d'en boire une mixture.

CELLE QUI VOUS FAIT PLEURER
Clitocybe du bord des chemins *clitocybe rivulosa*

Les toxines de ce champignon européen et nord-américain vous feront transpirer abondamment, saliver et pleurer de manière irrépressible. Ces symptômes sont suivis de troubles de la vision, vomissements, diarrhées et crampes abdominales douloureuses.

CELLE QUI PARALYSE
Coyotillio *karwinskia humboldtiania*

Les baies de cet arbuste fleuri du Texas et du Mexique contiennent des neurotoxines mortelles qui entraînent une lente paralysie chez les bétail et les enfants.

CELLE QUI RENFERME UNE ARME FATALE
Ricin commun *ricinus communis*

Un milligramme de cette plante utilisée depuis des siècles en médecine suffit à tuer un adulte. Le KGB s'en est servi pour empoisonner les opposants au régime soviétique.

PLANTES TUEUSES

La sarracénie carnivore d'une pépinière du Somerset, en Angleterre, a tué et digéré une mésange charbonnière. On ne dénote qu'un seul autre cas d'oiseau mangé par cette plante dont les parois internes sécrètent une substance semblable au nectar afin d'attirer les insectes. L'oiseau s'est probablement penché à l'intérieur et n'a pu s'extraire à temps avant d'être plongé dans le liquide, composé d'acides et d'enzymes, qui baigne au fond de la sarracénie. Les spécimens plus larges prennent souvent rats et grenouilles au piège et peuvent digérer un morceau de viande en quelques jours à peine.

🅡 ILS M'ONT PLANTÉ LÀ L'île de l'Ascension, dans l'Atlantique-Sud, terre aride et volcanique, a vu sa faune prospérer dans les années 1850 quand la Royal Navy y a apporté chaque année des plantes en provenance du monde entier.

🅡 PRENEZ-EN DE LA GRAINE Des millions de graines extraites de plus de 500 000 variétés de plantes sont entreposées sous une montagne de glace, dans un coffre-fort situé à 130 mètres de profondeur, sur une île norvégienne de l'océan Arctique. L'emplacement de ce coffre-fort de la fin du monde, comme on le surnomme, a été sélectionné comme étant l'un des plus sûrs pour protéger ces espèces végétales d'un conflit nucléaire.

🅡 L'ÉQUIPE DES SPORES En 2011, une étrange matière visqueuse de couleur orangée, composée de millions de spores fongaux, a envahi les côtes de Kivalina, en Alaska.

🅡 UN CADAVRE DANS LE PLACARD La cave d'un cinq pièces à Visby, sur l'île suédoise de Gotland, abrite une tombe médiévale renfermant le squelette d'un Russe mort il y a environ 800 ans. La maison, bâtie dans les années 1750, a été construite sur les fondations d'une église russe. La cuisine se situe à l'emplacement du presbytère, et la tombe est protégée par une baie vitrée.

🅡 VÉNUS SAUVAGE Le dernier sabot-de-Vénus poussant à l'état sauvage en Grande-Bretagne se trouve sur le parcours de golf de Carnforth, dans le Lancashire. Âgé de plus d'un siècle, il fait l'objet de patrouilles de police régulières. Des centaines de visiteurs viennent l'admirer chaque année, certains parcourant plus de 320 km.

🅡 AU BOUT DE LA RUE Au Brésil, une rue bordée de maisons fait 501 km de long, soit plus que la distance qui sépare Paris et Lyon.

🅡 MESSAGE CRYPTÉ La Crypte de la civilisation, un coffre étanche situé sous l'université d'Oglethorpe à Atlanta, Georgie, scellé en 1940, renferme des objets et des informations d'époque. Ses réceptacles en acier inoxydable, remplis de gaz inertes, ont été conçus pour durer 6 000 ans.

🅡 TWIN CITY Les jumeaux représentent environ 1,5 % des naissances, mais ils sont trois fois plus nombreux dans la ville d'Igbo-Ora, au Nigeria. On ignore la raison de ce phénomène, mais des médecins pensent qu'il est lié à la forte quantité d'ignames qui composent les repas des autochtones.

SILENCE, ON TOURNE !

Des pilotes s'affrontent sur la route sinueuse de Crankle Stilwell, dans la province chinoise du Guizhou. D'une longueur de 1154 km, elle part du Yunnan pour rejoindre la Birmanie. Plus de 2300 ouvriers ont perdu la vie lors de l'aménagement de la partie chinoise, en 1938.

MER PATRIE La ville de Calipatria, en Californie, est située à une altitude négative de 56 mètres, mais le sommet du mât de son drapeau est juste au niveau de la mer.

LES SAINTS DE GLACE La Shiva de glace, en Inde, une stalagmite vénérée par les Hindous, est en train de fondre, en raison du réchauffement de la planète et d'un nombre record de visiteurs. En août 2011, 620 000 personnes se sont déplacées jusqu'aux grottes d'Amarnath, au Cachemire, pour l'admirer.

TOUS LES CHEMINS MÈNENT À NYC Si vous quittez la ville de Stamford, dans le Connecticut, par le nord, le sud, l'est ou l'ouest, vous finirez forcément par franchir la frontière, l'État de New York.

PLACE DU MORT Un drive-in mortuaire a été ouvert dans la ville de Compton, en Californie. La morgue Robert L. Adams permet aux visiteurs qui le souhaitent de voir le cercueil d'un de leurs proches sans quitter leur voiture.

MÉTRO, BOULOT, SPÉLÉO Haute de près de 200 mètres et large de plus de 150, la grotte de Hang Song Doong, au Viêtnam, pourrait abriter plusieurs immeubles de 40 étages.

Restes zen

Des ouvriers ont exhumé une énorme poterie contenant le corps d'une nonne bouddhiste enterrée 32 ans plus tôt dans l'enceinte d'un temple de la province chinoise de Fujian. Le cadavre de Chen Zhu n'avait pas été embaumé, mais il était si bien préservé qu'il a été enveloppé dans de la gaze, enduit de laque noire et d'une pellicule dorée, et transformé en statue humaine. Les bouddhistes disent que le régime végétarien de la défunte explique son état.

SUPERSTITIONS VAUDOUES

- Si une femme vous rend visite le lundi matin à la première heure, un malheur vous arrivera dans la semaine.
- Si vous secouez une nappe à la nuit tombée, vous aurez un décès dans la famille.
- Pour s'assurer de la fidélité de son mari, une femme doit verser quelques gouttes de sang menstruel dans le café de celui-ci.
- Poser un balai en travers de la porte pendant la nuit éloigne les sorcières.
- Afin d'empêcher une veuve de se remarier, il faut immédiatement découper les chaussures du défunt en tout petits morceaux.
- Prêter ou emprunter du sel porte malheur.
- Mettre la photo de quelqu'un à l'envers lui donne aussitôt une migraine.

Le vaudou est une religion basée sur la croyance dans les vertus spirituelles des animaux et des objets inanimés, appelés fétiches, utilisés lors de cérémonies. Des poudres provenant de divers animaux sont utilisées par les prêtres, ou bokors, qui s'en servent pour provoquer des transes. Le vaudou traditionnel africain a été exporté à Haïti, dans les Caraïbes et le sud des États-Unis, notamment en Louisiane, où il a été assimilé au catholicisme. Des potions vaudous seraient à l'origine des zombies haïtiens, personnes plongées dans un état de transe pendant des années.

Les guérisseurs vaudous prétendent être capables de soigner de nombreuses maladies. Le marché aux fétiches d'Akodessewa, au Togo, est le plus grand supermarché vaudou au monde, une pharmacie en plein air où des milliers de produits animaux (têtes de crocodiles, testicules de singes, peaux de serpents, pattes d'éléphants) remplacent les médicaments conventionnels. Des acheteurs de toute la région y viennent pour s'approvisionner en fétiches, soigner des maladies familiales ou augmenter leurs capacités dans un domaine particulier.

Pour confectionner les fétiches, les prêtres concassent ces restes animaux, y ajoutent des herbes et brûlent la mixture pour en faire de la poudre noire. Celle-ci est alors appliqué directement dans la peau des patients, au moyen de trois incisions sur le torse ou le dos. Pendant ces cérémonies, les prêtres entrent fréquemment en transe, comme s'ils étaient possédés par les esprits.

Les membres et organes des différents animaux sont censés correspondre à ceux du corps humain. La main d'un chimpanzé pourra donc être broyée et placée sur la chair d'un gardien de but pour accroître son agilité, tandis que des marathoniens recevront un mélange à base de tête, de cœur et de jambes de cheval afin de courir plus vite. Les testicules de singes sont parfois utilisés pour aider les femmes à concevoir.

Le marché vend aussi des statues en os afin d'éloigner les mauvais esprits et protéger les foyers.

Les prêtres vaudous broient des têtes de léopards pour en faire une poudre censée soigner les troubles liés au crâne ou au cerveau.

VAU

Ripley's
Le Big Livre de l'Incroyable
www.big-livre-de-lincroyable.com
47

Monde

DOU

Un sorcier vaudou, « Le roi renard », pose dans son costume fait de peaux de bêtes, en Afrique.

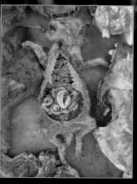

Des chats éventrés sur les étals du marché de Lomé, au Togo, dont l'odeur est, paraît-il, pestilentielle.

Des poupées (ou fétiches) vaudous parsèment les cimetières haïtiens. Certains pensent qu'ils servent d'intermédiaire avec le monde des esprits et permettent de contacter les disparus. Celle-ci, trouvée dans le cimetière national de Port-au-Prince, appartient à un prêtre vaudou qui y officie.

Les clients du marché aux fétiches d'Akodessewa peuvent acheter toutes sortes de crânes médicinaux (crocodiles, vautours, chouettes, chiens, tortues, rongeurs, chauves-souris momifiées, etc.)

Un prêtre vaudou enduit de boue à Port-au-Prince (Haïti) en novembre 2011. Les croyants prennent des bains de boue et sacrifient des animaux lors du rituel vaudou annuel de la Plaine du Nord.

Les remèdes vaudous sont si puissants que les prêtres s'en seraient servi pour donner naissance à des zombies. Clairvius Narcisse, déclaré mort par des médecins haïtiens et enterré en 1962, a ressurgi 18 ans plus tard. Il prétendait avoir été empoisonné par blessure cutanée et ressuscité par un bokor, qui lui avait fait boire des toxines végétales entravant son activité cérébrale et l'avait réduit en esclavage.

Quand la potion administrée par le prêtre fut analysée, on y trouva du poisson boule, une des créatures les plus toxiques au monde. La toxine entraîne une paralysie et un étrange coma dans lequel les patients prétendent être conscients mais incapables de bouger. Cette potion explique la raison pour laquelle Clairvius fut enterré vivant. Quand il refit surface, il prétendit que la cicatrice sur sa joue était due à l'un des clous de son cercueil.

▣ ET AU-DESSOUS COULE UNE RIVIÈRE

En raison de variations dans la température et le degré de salinité, les eaux de la Méditerranée se jettent dans une rivière souterraine communiquant avec la mer Noire. Celle-ci comprend même une cascade et un lit, au fond de la mer.

▣ SOUFFLEZ ET DITES 312

Le 27 avril 2011, le chiffre record de 312 tornades a été signalé dans le sud des États-Unis sur une période de 24 heures, soit plus du double du record précédent (148 en un jour), qui datait de 1974. Quatre de ces tornades étaient de catégorie EF5, la plus grande sur l'échelle de Fujita améliorée, alors qu'il n'y en a généralement qu'une par an au grand maximum.

▣ LE MONDE EST PETIT

Un panneau à Lynchville, dans le Maine (États-Unis), précise que la Norvège (Norway) est à 22 km, Paris à 24 km, le Danemark (Denmark) à 37 km, Naples à 37 km, la Suède (Sweden) à 40 km, la Pologne (Poland) à 43 km, le Mexique (Mexico) à 60 km, le Pérou (Peru) à 74 km et la Chine (China) à 151 km. Ce sont les noms d'autres villes du Maine, et les distances sont authentiques !

▣ À VOTE BON CŒUR

Le président indonésien Susilo Bambang Yuhoyono a été réélu avec près de 74 millions de voix en 2009, un nombre de votes inégalé dans n'importe quelle autre démocratie.

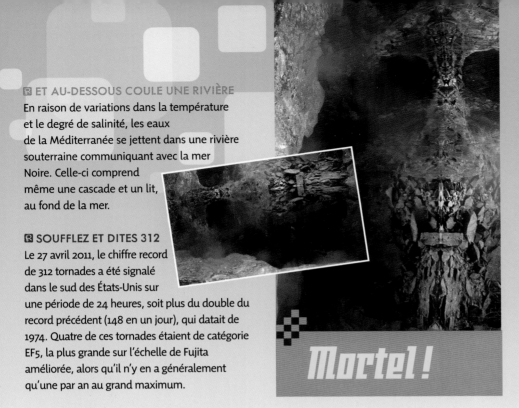

Mortel !

Le photographe Peter Bardsley a remarqué ce visage inquiétant dans le reflet d'une grotte de la carrière désaffectée de Hodge Close, dans le Lake District. La grotte de la tête de mort, que l'on voit mieux quand on tourne la photo de 90°, comme ci-dessus, n'est accessible qu'après une descente en rappel de 30 mètres le long d'une falaise, ou en pataugeant dans un tunnel minier de 80 mètres... Les plongeurs l'adorent.

▣ ÎLE N'EN A PAS POUR LONGTEMPS

De nouvelles îles apparaissent et disparaissent régulièrement en quelques mois, au large du Pakistan, près du désert du Makran. Cela est dû aux éruptions de boue volcaniques qui surgissent des profondeurs.

▣ LE POIDS DES MOTS

Avec 444 articles, 12 annexes et 94 amendements, pour un total de plus de 117 000 mots, la constitution indienne est la plus longue de tous les pays souverains. À l'inverse, la constitution américaine (7 articles et 27 amendements) est la plus courte, avec seulement 4 400 mots.

▣ PAUVRE CLOCHE

Le Tsar Kolokol, au Kremlin, à Moscou, pèse plus de 200 tonnes et mesure 6 mètres de haut. Le diamètre de cette cloche monumentale est de 6,6 mètres, son épaisseur de 60 cm. Coulée en 1735, et endommagée deux ans plus tard à la suite d'un incendie qui avait fait tomber un morceau de 12 tonnes, elle est la plus grande au monde. Elle a même servi de chapelle, les gens entrant et sortant à l'emplacement du morceau manquant.

▣ L'HOMME DESCEND DE L'ARBRE

Après avoir obtenu son diplôme universitaire, et à la suite du déménagement de ses parents, Corbin Dunn de Santa Cruz, en Californie, s'est construit une cabane dans les arbres où il a vécu 5 ans. Située à 12 mètres du sol, la cabane avait l'électricité, une douche et des toilettes.

▣ TOUT SUR MON MAIRE

Quand la bourgade de Tar Heel (117 habitants), en Caroline du Nord, a organisé l'élection d'un nouveau maire et de trois membres à la commission municipale, en 2011, personne ne s'est porté candidat à aucun de ces mandats.

MULTIPLICATION DES PINS

La ville polonaise de New Czarnowo abrite une étrange forêt près de l'Oder, dans laquelle des centaines de pins ont un tronc tordu. Les arbres environnants sont parfaitement normaux. La cause de cette difformité est inconnue. Parmi les théories proposées : des techniques inventées autrefois pour courber le bois destiné à fabriquer des meubles ou des bateaux, ou des conditions environnementales extrêmes dans leur jeune âge.

Ripley's
Le Big Livre de l'Incroyable 49
www·big-livre-de-lincroyable·com

Monde

VOUS N'AVEZ PAS LE DOIGT !

La tribu des Dani, en Nouvelle-Guinée, avait une méthode inhabituelle de porter le deuil. Les femmes devaient se couper la première phalange d'un ou deux doigts en cas de décès d'un membre de la famille, certaines finissant par les perdre tous. Selon les témoins, l'un des aînés du village donnait un coup sur le coude avant de couper la ou les phalange(s) avec une hache en pierre. La pratique a depuis été interdite, mais certaines femmes âgées en portent encore les séquelles.

GENTIL CROCO !

La réputation de Brutus, crocodile d'eau salée de 2 tonnes et 5,50 mètres, n'est plus à faire. Ce monstre fréquente les eaux du fleuve Adelaide, au nord de l'Australie, depuis 80 ans. Pour peu qu'on lui présente un cuissot de kangourou au bout d'une perche, il daigne surgir de l'eau et se laisser photographier. Ses mâchoires sont si puissantes qu'on l'a vu broyer une tronçonneuse trop bruyante, forçant le bûcheron à grimper dans un arbre ! Brutus n'est pourtant pas invincible, puisqu'il a perdu sa patte avant droite lors d'une rixe avec un requin, dans l'estuaire.

Patte en moins !

Animaux

CHAT ALORS! Contredisant son instinct, une chatte baptisée Niu Niu s'était prise d'affection maternelle pour 30 poussins sortis de l'œuf. Lao Yang, un fermier chinois, n'en revenait pas de la voir lécher et cajoler les oisillons qui la suivaient partout!

LES AVIONS AMÉRICAINS PERCUTENT EN MOYENNE UN ALLIGATOR PAR AN SUR LA PISTE D'ENVOL.

INSÉPARABLES Un mainate et un chien de la province du Shandong, en Chine, sont à ce point inséparables que leur maître Qia Yu a dû fabriquer un perchoir à sangles afin qu'ils puissent se promener ensemble. Et tandis que l'oiseau épuce son compagnon, celui-ci n'hésite pas à aboyer lorsqu'on s'approche trop du volatile.

CACADROME 10 000 euros : c'est ce qu'a coûté le nettoyage d'un camping de Cornouailles après le passage d'une nuée de dizaines de milliers d'étourneaux, en février 2011. La couche de fiente, par endroits, atteignait 18 cm !

AMIS POUR LA VIE

Bob, suricate apprivoisé, adore se blottir dans le pelage du lionceau Zinzi, à l'instar de Timon et Simba dans *Le Roi lion*. C'est Marcell Tournier, son maître, propriétaire d'un safari à Sun City, en Afrique du Sud, qui a recueilli Zinzi après que sa mère l'eut abandonné. Depuis lors, les deux copains sont comme larrons en foire !

INTRUS Une Brésilienne évacuée de Parauapebas suite aux inondations de février 2011 a eu la stupeur, en revenant chez elle, de découvrir un alligator de 1,50 mètre derrière le canapé du salon, auquel son fils de 3 ans caressait la tête !

CHAT LONG Le chat de Robin Hendrickson et Erik Brandsness, un *maine coon* de 5 ans nommé Stewie et habitant Reno, au Nevada, mesure 1,20 mètre du museau à la pointe de la queue.

J'AIME TES ROUES Plus de trois ans durant, dans le parc d'un hôtel de Velen, en Allemagne, un cygne s'est épris d'un gros tracteur bleu qu'il suivait partout. L'oiseau, baptisé Schwani, avait aussi un faible pour les pelleteuses du chantier voisin. Les comportementalistes pensent qu'il a dû s'attacher à un engin lorsqu'il était petit et qu'il voit ce tracteur comme un partenaire possible...

Poussins fluo

Ces poussins sont teints à l'aide de colorants pour attirer l'œil des clients du marché de Semarang, sur l'île de Java.

FAUX PANDAS

Afin de les préparer à la liberté, les pandas nés dans les centres de préservation de l'ouest de la Chine sont approchés par des gardiens en costume noir et blanc, afin de limiter tout contact entre les oursons et les humains. Ci-contre, le petit Tao Tao est emmené dans une zone sauvage où lui et sa mère Cao Cao – élevée en captivité – doivent se réadapter à la vie sauvage.

Ⓡ **J'AI FAIM** Les myxines, sorte d'anguilles primitives, sont des charognards des fonds marins. Lorsqu'elles trouvent une carcasse, elles s'y introduisent et la mangent avec la bouche, mais absorbent aussi les nutriments par les ouïes et par la peau.

Ⓡ **CHIEN AVEUGLE** Il a fallu plusieurs mois à Liz Edwards, une agricultrice anglaise du Cheshire, pour s'apercevoir que Jack, son chien de berger, était devenu aveugle. « Jack force l'admiration. Il continue comme si de rien n'était. À croire qu'il a le plan du domaine dans la tête. Il sait où se trouve chaque chose. » Liz n'a compris qu'il avait perdu la vue que le jour où il s'est cogné contre un piquet, tête la première.

Ⓡ **SAC À VIANDE** Certains perroquets de mer passent près d'une heure, chaque soir, à préparer un cocon de mucus dont ils s'enveloppent comme d'un sac de couchage.

Ⓡ **MAMAN DAUPHIN** La grossesse de Tapeko, une femelle dauphin du zoo de Brookfield, dans l'Illinois, a été confirmée par échographie. L'animal, pour ce faire, a accepté de flotter ventre en l'air, contre la promesse d'un poisson.

Ⓡ **TUEUSE MARINE** La crevette-mante de l'océan Indien et du Pacifique est pourvue d'un dard extrêmement redoutable. Elle achève sa proie en la démembrant ou en l'éperonnant avec ses pinces, quand elle ne l'assomme pas avec ledit dard.

Ⓡ **MERCI QUI?** À la suite d'une crise d'épilepsie, Nathan Cooper a frôlé la mort. C'est son chat Lilly qui l'a secouru en alertant ses parents. L'animal perçoit les crises hebdomadaires de Nathan avant qu'elles ne se produisent ; une fois, il l'a même réanimé en lui lapant la bouche. L'odorat développé des chats et des chiens leur permettrait de détecter certains signaux chimiques avant-coureurs.

Ⓡ **CHAT JURÉ** Le sort a désigné Tabby Sal au sein d'un jury populaire lors d'un procès à Boston. Sa propriétaire, Anna Esposito, a expliqué que l'animal, un chat castré à poil ras, « ne parlait ni ne comprenait l'anglais », mais rien n'y a fait !

LA PLUS GRANDE MÉDUSE AVAIT DES TENTACULES DE 36 MÈTRES !

Ⓡ **PÊCHE AU GROS** Michael Dasher, 10 ans, a ramené chez lui, en Floride, un alligator vivant de 1,80 mètre en le tirant par la queue depuis le canal voisin. Le garçonnet était en train de pêcher quand l'animal a bondi hors de l'eau, mais il a réussi à l'assommer, au prix d'écorchures bénignes aux bras et aux mains.

Croco géant

Le plus gros crocodile jamais capturé serait un spécimen d'eau salée mesurant 6,40 mètres et pesant 1 075 kg. Depuis près d'un mois, des villageois philippins étaient sur la trace du saurien, qui s'attaquait aux animaux et aux humains. On le soupçonne d'avoir dévoré un paysan porté disparu en juillet 2011, ainsi que plusieurs buffles près de la ville de Bunawan, où une fillette de 12 ans avait déjà été mordue à la tête par un de ces animaux en 2009. Mais celui-ci était si énorme qu'il a fallu 30 hommes pour s'en emparer : n'oublions pas qu'il en mesurait trois à lui seul ! Malheureusement, ce crocodile est mort en 2013, dans le nouveau parc de l'écotourisme.

· RECORDS FOUS · RECORDS FOUS · RECORDS FOUS · RECORDS FOUS

UN CROCODILE DE 6,40 MÈTRES !

· RECORDS FOUS · RECORDS FOUS · RECORDS FOUS · RECORDS FOUS

Animaux

L'ombrelle cubique de la méduse-boîte d'Autralie, ou guêpe de mer, mesure jusqu'à 20 cm de côté, mais ses tentacules venimeux, 15 à chaque coin, peuvent s'étirer jusqu'à 3 mètres. Presque invisible dans l'eau, elle peut se déplacer à la vitesse de 2 mètres par seconde. Chaque tentacule présente plusieurs milliers de cellules urticantes, mortelles pour les poissons et les humains à la peau desquels elles adhèrent, libérant leur poison même après le contact. L'arrêt cardiaque survient souvent en quelques minutes. La douleur est si intense que le choc est fatal au nageur solitaire. Un seul tentacule, enroulé autour d'un bras ou d'une jambe, peut entraîner la mort...

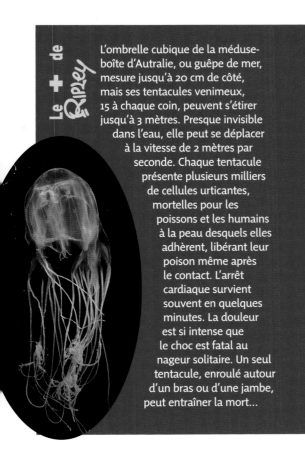

Gare à la méduse !

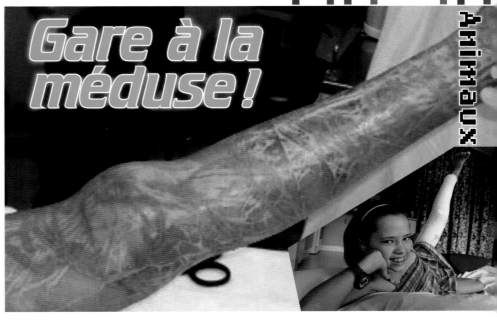

La petite Rachael Shardlow, 10 ans, est la seule personne connue à n'avoir pas succombé aux brûlures d'une méduse-boîte, l'une des créatures les plus venimeuses au monde. Son frère l'a tirée de l'eau, inanimée, le torse enrubanné de tentacules, alors qu'elle se baignait dans une rivière du Queensland, en Australie. Rachael a dû subir 6 semaines de traitement à l'hôpital avant de rentrer à la maison.

ÇA TROMPE ÉNORMÉMENT Après avoir bien inspecté les tuyaux d'eau chaude du safari d'Etali, en Afrique du Sud, les plombiers ont fini par découvrir que le responsable des supposées fuites n'était autre qu'un éléphant assoiffé qu'ils ont aussitôt baptisé « casse-pied ».

C'EST ASSEZ DIT LA BALEINE Une baleine à bosse a parcouru 10 000 km, du Brésil à Madagascar, soit le quart de la circonférence du globe. Repérée au large des côtes brésiliennes en 1999, elle a été reconnue deux ans plus tard dans l'océan Indien grâce aux marques distinctives de sa queue.

AUTOSUFFISANT *Alviniconcha hessleri*, un escargot marin à coquille épineuse, vit à proximité des cheminées hydrothermales et se nourrit des bactéries qui logent dans ses branchies.

ÎLE AUX REPTILES L'île chinoise de Shedao, qui ne couvre que 73 hectares, abrite 15 000 crotales venimeux !

Gargantua le Grand

Gargantua le Grand avait la réputation d'être la créature la plus terrifiante au monde. Heywood Broun, journaliste de renom, l'a même qualifié d'« être le plus féroce qui ait jamais campé sur deux jambes ». Ce gorille des plaines d'Afrique, sans doute le plus impressionnant jamais exhibé, pesait 272 kg, soit 72 de plus que la plupart de ses congénères.

Buddy était encore bébé lorsqu'il fut capturé au Congo belge, à la fin des années 1920. Le capitaine qui l'adopta en fit la mascotte de l'équipage, jusqu'au jour où un marin ivre lui jeta de l'acide au visage, lors d'une traversée de l'Atlantique. De ce jour, défiguré, le grand singe devint de plus en plus agressif.

Incapable d'en prendre soin plus longtemps, le capitaine offrit le gorille à l'excentrique Gertrude Lintz, qui s'occupait d'animaux malades à Brooklyn. Une vraie mère pour lui, elle ne lui ménagea aucun soin, n'hésitant pas à mâcher ses aliments et recourant à la chirurgie réparatrice pour rectifier son éternel rictus – en vain. Il n'était pas rare de les croiser à Brooklyn, elle au volant, lui côté passager. Une nuit d'orage, terrifié par les éclairs, l'animal brisa sa cage pour se réfugier auprès de sa « mère ». Comme il pesait déjà 209 kg, Mrs Lintz se résigna à le vendre 10 000 dollars au cirque Barnum, en 1938. Il y gagna le surnom de Gargantua le Grand, du fait de sa taille et de son agressivité. Les visiteurs étaient tenus de ne pas s'approcher à moins de 1,50 mètre, distance en deçà de laquelle il pouvait les empoigner. Le malheureux animal mourut de pneumonie en 1949, n'ayant inspiré que la crainte aux curieux et aux sots…

Le rictus de Gargantua, résultat d'une opération de chirurgie destinée à réparer les dégâts de l'acide…

Affiche de cirque annonçant l'exhibition du gorille géant.

Gargantua a dû absorber de nombreux médicaments pour rester en bonne santé durant l'hiver.

Ripley's
Le Big Livre de l'Incroyable
www.big-livre-de-lincroyable.com
57

Animaux

J'AI DEUX TÊTES !

Il n'y avait pas une chance sur 10 000 de capturer cette couleuvre faux-corail albinos à deux têtes : c'est ce qui est arrivé au Honduras à des naturalistes floridiens. Quelques jours après, la tête droite dégustait une souris, sous l'œil de sa voisine...

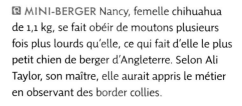

On voit sur cette radio où fusionnent les squelettes du reptile

DES STARS SOUS LES VERROUS

Jumbo l'éléphant

6,5 tonnes, 3,5 mètres au garrot : Jumbo fit les beaux jours du zoo de Londres 17 ans durant. Il fut vendu au cirque Barnum en 1882 pour 10 000 dollars, au grand scandale du public anglais. Le pachyderme mourut trois ans plus tard, percuté par un train alors qu'il aidait un jeune à traverser la voie...

Chi Chi le panda géant

À son arrivée au zoo de Londres en 1958, Chi Chi suscita une vive curiosité : c'était le seul panda géant de Chine que l'on pût voir en Europe. Il inspira le célèbre logo du World Wildlife Fund (WWF). Toutes les tentatives pour l'accoupler à An An, son congénère du zoo de Moscou, restèrent vaines.

Clarence, la lionne louchonne

C'est le producteur télé Ivan Tors qui découvrit la lionne Clarence au parc animalier Africa USA, en Californie. L'aimable louchonne devint une star dès son apparition en 1965 dans le film Clarence, le lion qui louchait, puis dans le feuilleton Daktari.

Congo le chimpanzé

Hôte du zoo de Londres de 1954 à 1964, Congo était un artiste accompli. À l'âge de 4 ans, il avait déjà peint 400 toiles. Parmi ses admirateurs, un certain Pablo Picasso, qui avait suspendu l'une de ses œuvres au mur de son atelier !

Bart, l'ours kodiak

2,90 mètres au garrot, 680 kg : les mensurations de Bart, un ours mâle des îles Kodiak, en Alaska. Dressé par Doug et Lynne Seus, en Utah, il fut à l'affiche de nombreux films, aux prises avec Brad Pitt, Alec Baldwin et autres Anthony Hopkins. Il est mort en l'an 2000, à 23 ans, pendant le tournage du documentaire Growing Up Grizzly.

CANIN-CAHA Pendant six ans, Edward a servi de chien d'aveugle à Graham Waspe, un déficient visuel du Suffolk. Jusqu'au jour où ce labrador, qui souffrait d'un glaucome, a dû subir l'ablation des deux yeux. Un autre chien, Opal, âgé de 2 ans, est venu grossir la petite famille. Aujourd'hui, c'est lui qui sert de guide à la fois à Graham et à Edward !

SINGE BAVARD Kanzi, un singe bonobo adulte, possède un vocabulaire de 450 mots, dont 40 dont il se sert quotidiennement. C'est le Dr Sue Savage-Rumbaugh, dans l'Iowa, qui lui a appris à « parler » en lui désignant différents symboles sur un ordinateur.

CANARD PAS BOITEUX Un canard est né dans la province du Guangxi, en Chine, avec trois jambes et quatre pattes, l'une des jambes étant pourvue de deux palmes. Probablement le résultat d'une mutation génétique.

ATCHOUM ! Des chercheurs ont découvert dans les forêts primaires de Birmanie une espèce de singe au nez retroussé qui éternue chaque fois qu'il pleut. Les jours d'averse, pour éviter que l'eau ne lui rentre dans le nez, cet animal reste assis la tête blottie entre les genoux.

CROCS MIGNONS Axel, chien de garde dans un pénitencier australien, avait cassé toutes ses dents contre un montant de lit. On les lui a remplacées par des crocs en titane.

MINI-BERGER Nancy, femelle chihuahua de 1,1 kg, se fait obéir de moutons plusieurs fois plus lourds qu'elle, ce qui fait d'elle le plus petit chien de berger d'Angleterre. Selon Ali Taylor, son maître, elle aurait appris le métier en observant des border collies.

VIE DE CHIEN Durant la construction de la tour Shard, à Londres, on a découvert un fox vivant au 7e étage, à 290 mètres au-dessus du sol. L'animal, entré par une cage d'escalier, avait grimpé jusqu'au sommet, où il se nourrissait depuis 15 jours des restes laissés par les ouvriers.

GRANDE GUEULE Grâce à sa mâchoire désarticulée, l'anguille des abysses, ou grandgousier, peut avaler des proies dix fois plus grosses qu'elle.

TABAGISME Charlie, un chimpanzé qui ne pouvait se passer de fumer, est mort en 2010 à l'âge de 52 ans, soit 10 ans de plus que l'espérance de vie moyenne de ses congénères. Ce sont les visiteurs du zoo de Manguang, en Afrique du Sud, qui lui avaient donné cette mauvaise habitude en jetant des cigarettes allumées entre les barreaux de son enclos.

LAPINOCIDE Quelques 6 000 lapins nuisibles sont abattus chaque année à Stockholm, en Suède, puis incinérés à Karlskoga où leurs carcasses servent de biofuel pour chauffer les maisons du quartier.

Chien volant

Le 15 août 2011, dans le ciel de Californie, le chien carlin Otis effectuait sa 64e sortie en vol libre au côté de son maître Will DaSilva, ancien parachutiste. Otis, qui saute en tandem depuis plus de dix ans à l'aide d'un harnais spécial, ne semble pas blasé !

CHAT EN BOCAL

Ksyusha, un chat persan blanc, ne déteste pas s'emprisonner tout seul dans un bocal de verre. Selon Youri Korotun, son propriétaire moscovite, l'animal – surnommé Miaoudini – adore les espaces confinés, mais s'arrange toujours pour en sortir sans dommage.

PAS SI FOUS Les fous de Bassan plongent dans la mer tête la première à la vitesse de 145 km/h et peuvent atteindre la profondeur de 9 mètres. Pour résister à l'impact, ces oiseaux sont pourvus d'un crâne très épais qui fait office de casque, ainsi que d'une poche gutturale qui se gonfle comme un airbag pour les protéger durant la plongée.

EN VOITURE ! Deux petits singes, Nehime et Rakan, travaillent comme agents de quai à la gare Hojomachi de la préfecture de Hyogo, au Japon. Vêtus d'uniformes bleus et coiffés de galurins, leur rôle consiste plus ou moins à presser les voyageurs à l'intérieur des voitures de la fameuse ligne Hojo.

LOI D'OIE Pour se protéger des prédateurs, la bernache nonnette nidifie au sommet des falaises. Dès l'âge de 3 jours, les oisons sont jetés du nid pour aller trouver leur nourriture quelque 90 mètres plus bas.

MIS EN GARDE Les mandrills ont appris à communiquer par signes pour faire comprendre aux autres qu'ils doivent se tenir à distance. Pour ce faire, ils placent une main sur leurs yeux, les doigts écartés. De cette façon, les autres mandrills du zoo de Colchester, en Angleterre, savent qu'ils doivent rester tranquilles.

TECHNICHIEN DE SURFACE À Changchun, dans la province chinoise de Jilin, on peut voir un golden retriever qui nettoie les trottoirs à l'aide d'un balai spécial, au côté de son maître Xu Ming. Celui-ci l'a même dressé à courir en zigzag pour écarter les détritus de chaque côté.

ASSOMMOIR La queue du requin-renard peut être aussi longue que le reste de son corps. Il s'en sert pour assommer ses proies.

DOUBLE CHUTE Un labrador et son maître de 53 ans ont survécu à une chute d'une falaise du North Yorkshire, en Angleterre. Oscar est tombé le premier, et c'est en le cherchant que son maître, poussé par une rafale de vent, l'a rejoint 60 mètres plus bas, au prix de quelques fractures.

DANSE HARDIE Les couples de pygargues à tête blanche, ou aigles chauves, pratiquent une étrange danse nuptiale. Ils s'élèvent en flèche, puis se laissent retomber comme des pierres, pattes jointes, pour ne reprendre leur essor qu'au moment de s'écraser au sol.

DOUBLE SENS Le poisson-couteau noir de jais, hôte des rivières d'Amérique du Sud, nage aussi bien en arrière qu'en avant. Il se propulse en émettant de petites décharges électriques.

BOUCHE COUSUE Pourquoi Toby, le Jack Russell terrier de Gill Bird, dans le Hampshire, a-t-il mâché le courrier de son maître ? Toujours est-il que le mélange de colle et de papier lui a scellé les mâchoires.

POISSON SANS EAU Un esturgeon de 30 cm, probablement largué par un héron, a atterri de nuit sur une pelouse du Worcester, en Angleterre. On l'a découvert le lendemain matin, toujours vivant grâce à l'herbe humide.

DANSE AVEC LES DAUPHINS Les dauphins sauvages apprennent eux-mêmes à « marcher » sur l'eau en équilibre sur leur queue. Selon des chercheurs australiens, cette faculté ne leur serait d'aucune utilité et ne peut être comparée qu'à la danse pour les humains.

SOS TERRIER Un alligator de 1,80 mètre ayant ravi Lizabeth, son Jack Russell, alors qu'il se promenait au bord de la rivière Hillsborough à Tampa, en Floride, Tom Martino a aussitôt tiré dans l'eau pour forcer le saurien à relâcher sa proie, avant de pratiquer une réanimation cardio-pulmonaire sur le rescapé.

MACAQUES À L'EAU

C'est pour imiter les casse-cou qui plongent de très haut que d'intrépides macaques de Jaipur, en Inde, escaladent des réverbères de 3,60 mètres pour se jeter dans les bassins des fontaines, apparemment pour le plaisir. Même un grillage de barbelé ne les dissuade pas de se livrer à leurs singeries. En Thaïlande, on a vu des macaques se jeter dans la mer du haut de rochers de 3 mètres, ce qui fait d'eux l'un des rares singes à ne pas craindre l'eau.

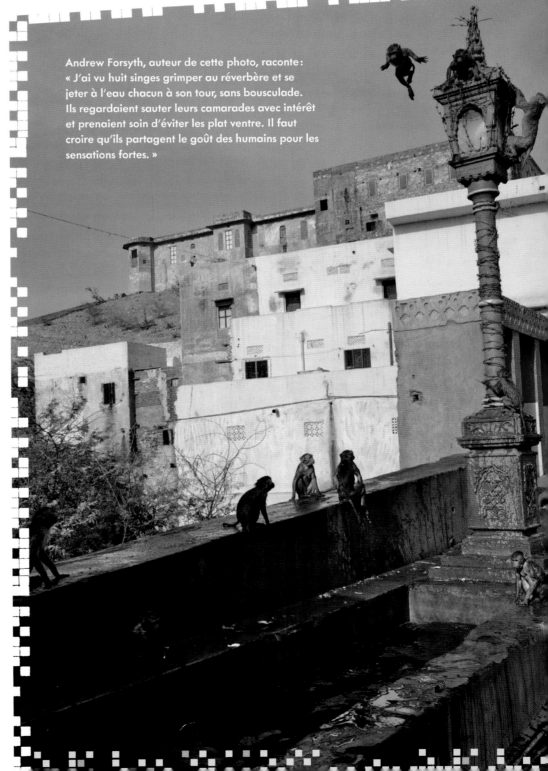

Andrew Forsyth, auteur de cette photo, raconte : « J'ai vu huit singes grimper au réverbère et se jeter à l'eau chacun à son tour, sans bousculade. Ils regardaient sauter leurs camarades avec intérêt et prenaient soin d'éviter les plat ventre. Il faut croire qu'ils partagent le goût des humains pour les sensations fortes. »

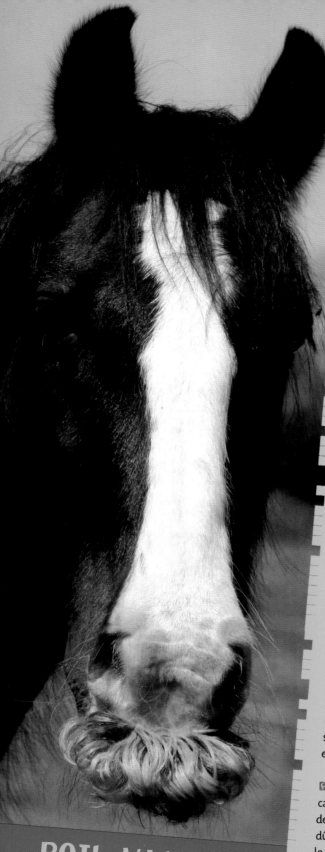

POIL AU NEZ

Alfie, cheval Shire anglais de Bristol, arbore une moustache blonde de 18 cm. Alors qu'on rase les fanons de la plupart des chevaux tous les six mois, ceux d'Alfie poussent librement depuis cinq ans, car il refuse de laisser les garçons d'écurie lui toucher les naseaux!

☒ HUÎTRE TUEUSE
Le bec en forme de lame de l'huîtrier lui permet d'ouvrir les coquillages, mais il arrive parfois que sa proie se montre plus rusée et noie l'oiseau en lui coinçant le bec sous l'eau.

☒ COURT SUR PATTES
Le chat Munchkin, très court sur pattes, a subi une mutation qui lui donne un peu l'aspect d'un teckel ou d'un corgi. Quoique les chats à pattes courtes soient connus depuis un siècle, on ne les a redécouverts qu'en 1983, lorsque Sandra Hochenedel, professeur de musique en Louisiane, recueillit deux chattes enceintes. Aujourd'hui, les chats Munchkin descendent tous de l'une de ces deux portées.

☒ OIE-OUAH !
Voyant son chien rapporter dans sa cour à Ürümqi, dans le Xinjiang chinois, une oie boiteuse qu'une voiture avait renversée, Yu Yanping a d'abord pensé qu'il allait la croquer. Bien au contraire, le chien l'a léchée jusqu'à ce qu'elle se rétablisse. Oie et chien sont devenus inséparables, bectant à la même gamelle et partageant la même niche !

☒ CHATON CLANDESTIN
À Calgary, au Canada, Amy Bindman a trouvé un chaton dans un container en provenance de Chine. Il avait survécu à 45 jours de traversée sans eau ni vivres.

☒ MINI-MOLOSSE
Deux cambrioleurs qui braquaient un bureau de tabac à Altadena, en Californie, ont dû s'enfuir après avoir été attaqués par le chihuahua du proprio. Nullement impressionné par l'arme que l'un des hommes pointait sur lui, Little Paco a pourchassé les intrus jusque dans la rue.

☒ QUATRE FERS EN L'AIR
Dans le Colorado, une jument nommée Summer a bondi à travers une fenêtre ouverte et s'est retrouvée dans la cave de son propriétaire. Il a fallu quatre heures aux secouristes pour sortir l'animal de la maison.

☒ CHEVAL CHAUFFARD
En juillet 2011, un radar conçu pour filmer les excès de vitesse à Meppen, en Allemagne, a pris en flagrant délit un cheval en fuite. Échappé d'un paddock, l'animal galopait en pleine ville, sur la grand-route, parmi la circulation. L'automobiliste qui le précédait, également flashé, a réclamé d'être exempté d'amende au motif qu'il cherchait à distancer le cheval.

☒ VAUTOUR SUSPECT
Lorsqu'ils ont trouvé à Hyaal un vautour fauve équipé d'un émetteur GPS, portant le badge de l'université de Tel Aviv, les services de sécurité saoudiens ont mis le rapace sous les verrous, le soupçonnant d'espionnage pour le compte du Mossad, les services secrets israéliens. En réalité, ce vautour faisait partie d'un programme d'observation des oiseaux migrateurs. Il a été remis en liberté.

☒ FROID, MOI ?
Lorsque le spermophile arctique entre en hibernation pour un long hiver, la température du corps de cet écureuil tombe à -3 °C, en dessous du point de gel. Les biologistes ne connaissent pas d'autre mammifère capable de survivre à une température corporelle aussi basse.

☒ ROYAL CANIN
Outre les chambres qu'il propose aux humains, l'hôtel Riverside d'Evesham, en Angleterre, dispose de trois suites pour chiens, dotées de tout le confort dont ils puissent rêver. Les hôtes à quatre pattes peuvent y faire un festin, barboter à la piscine, ou même faire réaliser leur portrait.

☒ OÙ TU IRAS J'IRAI
L'Anglaise Jane Hartley est tellement attachée à Fiz et Buzz, ses perroquets, qu'elle les emmène faire ses courses, se balader à vélo, à pied, et même en vacances au ski. Ils se posent sur sa main lorsqu'elle est à bicyclette et se blottissent dans sa poche lorsqu'elle dévale les pentes neigeuses des Alpes !

☒ POULPE TAQUIN
Le poulpe d'un aquarium anglais a pris l'habitude de cracher sur les visiteurs. Surnommé Squirt (« garnement », ou « gicleur »), le facétieux invertébré a appris à émerger de son bassin pour observer les environs et s'est rendu compte qu'en expirant à cet instant précis, il pouvait projeter de l'eau à la façon d'une lance à incendie. En effet, les poulpes aspirent l'eau pour en extraire l'oxygène et l'expulsent ensuite par le moyen de conduits de chaque côté de leur rostre.

Animaux

PAS SI POURRI Les taches de *Nimbochromis livingstonii* lui donnent l'apparence d'un poisson avarié. Immobile au fond du lac Malawi, en Afrique australe, il attire à lui les charognards pour mieux les assaillir.

LE CHAT MACHINE Princess a survécu à une heure de machine à laver. Ce chaton de huit semaines s'était introduit à tâtons dans le tambour. Susan Gordon, d'Aberdeen, n'a découvert la petite boule de poils détrempés qu'en extrayant son linge propre.

LAPIN À ROUES Les O'Rourke ont découvert dans leur jardin à Tucson, en Arizona, un lapereau abandonné, privé de l'usage de ses pattes arrière. Ils lui ont fabriqué un chariot qu'ils lui ont harnaché à l'arrière-train, de façon qu'il n'ait plus besoin de se traîner.

TORTUE TORDUE Debbie Pearson, à la Nouvelle-Orléans, a recueilli une tortue qui avait grandi avec une bague en plastique de bouteille de lait autour du corps depuis son plus jeune âge, au point d'avoir la carapace déformée en forme de huit et d'arborer une taille de guêpe !

AMIE DES CHIENS Ha Wenjin a quitté son travail, vendu sa maison, sa voiture et ses bijoux pour recueillir plus de 1 500 chiens perdus dans un chenil de Nanjing, en Chine. Elle emploie 12 personnes pour en prendre soin, ainsi que de 200 chats dans un foyer voisin.

PIQUE DU BEC
Après un copieux repas de fourmis, ce pivert a été pris en flagrant délit de roupillon contre une branche d'arbre du Worcestershire, en Angleterre.

POUR NE PAS SE SÉPARER, LES LOUTRES DORMENT EN SE TENANT LES PATTES

ÇA PLANE POUR LUI Les ailes de *Troides alexandrae* peuvent atteindre une envergure de 30 cm, ce qui fait de ce papillon de Papouasie-Nouvelle-Guinée le plus grand au monde.

MENU CALORIQUE Les loutres de mer, dépourvues de couche de graisse protectrice, doivent manger le quart de leur poids chaque jour pour maintenir leur corps à bonne température.

N'a qu'un œil !

REQUIN CYCLOPE
Un pêcheur mexicain a ramené dans ses filets un spécimen sans doute unique. Il s'agit d'un bébé requin albinos doté d'un seul œil planté juste au-dessus de la bouche. Ce cyclope était l'un des dix petits trouvés dans le ventre de leur mère, un requin-bouledogue de 130 kg, lorsqu'on l'a dépecée.

POISSON TATOUÉ

Pour environ 9 euros pièce, on trouve sur le marché de Changchun, en Chine, des poissons rouges tatoués au laser de motifs floraux ou de caractères signifiant « prospérité », « longévité » ou « bonheur » – ou tout autre message souhaité par le client.

SANTÉ

BONHEUR

GADGETS VIVANTS

Un petit poisson, des tortues miniatures, des bébés salamandres : ces animaux prisonniers de poches en plastique sont vendus en guise de porte-clés dans une baraque au bord de la route à Pékin, en Chine. Selon le vendeur, ils baignent dans un liquide spécial qui pourvoie à leurs besoins en oxygène et en nutriments…

CROCO COQUIN Dans une piscine de Darwin, en Australie, les gens nageaient sans savoir qu'un jeune crocodile de 50 cm les épiait au fond du bassin. On le prenait pour un jouet en plastique, avant qu'il ne morde un maître-nageur. Le saurien a été relâché dans la nature.

RENNES DE LA NUIT En vue de réduire le nombre d'accidents de la route fatals à 500 rennes par an en Norvège, 2 000 de ces bêtes ont été pourvues de colliers jaunes à catadioptres ou de réflecteurs fixés sur les bois, afin d'améliorer leur visibilité nocturne.

RESCAPÉ DU BOCAL Deux poissons rouges ont survécu 134 jours sans apport de nourriture ni changement d'eau, le filtre électrique de leur aquarium étant tombé en panne suite au séisme de 2011 à Christchurch, en Nouvelle-Zélande. Shaggy et Daphné ont survécu quatre mois dans la salle d'attente d'un cabinet comptable en se nourrissant des algues qui poussaient sur les vitres du bocal.

HIBOU BOURRÉ Un chat-huant a été retrouvé au bord d'une route très passante de Pforzheim, en Allemagne. Inconscient du danger, l'animal n'était pas blessé, mais une de ses paupières avait fâcheusement tendance à se fermer. Les policiers venus le recueillir ont découvert non loin deux bouteilles de schnaps vides. L'oiseau était fin saoul ! Ils l'ont mis en cellule de dégrisement avec une bassine d'eau fraîche, jusqu'à ce qu'il retrouve ses esprits.

Le Big Livre de l'Incroyable
www.big-livre-de-lincroyable.com

Animaux

[CH]IOT DEVANT !

Norman, le briard hirsute de la famille Cobb, en Georgie, se déplaçait déjà à trottinette lorsqu'il était jeune chiot. Il n'a besoin de personne pour grimper sur l'engin et s'appuyer sur les poignées, tout en poussant avec sa patte arrière. Ses performances ont fait un tabac sur YouTube et il est même sur Facebook.

ODDSCAN

Ⓡ DRÔLE D'ÉCUREUIL Jim Watkins a recueilli, dans le Mississippi, un petit écureuil abandonné. Son chat et ses chatons l'ont vite adopté. Depuis, le rongeur a appris à ronronner pour avoir des caresses.

Ⓡ BLANC DE BLANC Tom Beser, agent artistique, a fondé la première agence spécialisée dans les animaux albinos. Sise à Rheinfelden, en Allemagne, sa ménagerie comprend des lézards, des visons et un raton laveur à disposition des réalisateurs de films ou de publicités.

Ⓡ CASSE-NOIX Des corbeaux japonais ont été surpris en train de poser des noix sur une route en attendant que des voitures veuillent bien les casser pour eux.

Ⓡ TORTUE LE TEMPS Jonathan, tortue géante de Sainte-Hélène, dans l'Atlantique Sud, serait âgé de 178 ans. Ce mâle, qui a connu huit rois d'Angleterre et 37 présidents américains, est resté assez gaillard pour s'accoupler avec trois jeunes femelles. On le reconnaît au revers d'une pièce de monnaie de l'île.

Ⓡ SIMILI ZÈBRE Un gardien du zoo de Wuhan, en Chine, doit enfiler chaque jour un T-shirt à rayures noires afin de se faire passer pour la mère d'un zèbre nouveau-né. Chen Nong a remarqué que l'animal n'acceptait le biberon que s'il était accoutré de rayures noires et blanches, à la mode des zèbres.

SA QUEUE N'EN FINIT PAS !

Le 15 septembre 2011, une vache de Virginie a mis bas un veau doté d'une queue de 1,50 mètre – alors que cet appendice ne mesure d'ordinaire que de 13 à 20 cm.

CROCO ORANGE

Snappy, un crocodile de 2,40 mètres vivant en captivité à Geelong, en Australie, est devenu orange après avoir percé les tuyaux et endommagé les filtres de son aquarium. L'eau, plus acide, a favorisé la prolifération d'algues rouges et amorcé son étonnante métamorphose. Avec le temps, il devrait toutefois retrouver sa verdeur native. Tracey Sandstrom, son gardien, affirme que son comportement n'a pas changé : il continue de défendre son territoire avec la même agressivité.

R CARAPACE POUR DEUX Magdalena, la tortue de Roman Gresak qui vit à Zilina, en Slovaquie, a deux têtes et cinq jambes. Chacune des têtes possède son propre système nerveux et son propre cerveau, lesquels fonctionnent indépendamment, de sorte qu'ils ne sont pas toujours d'accord sur la direction à prendre !

R MULTICOLORE Une petite grenouille de l'île de Bornéo, *Rhacophorus penanorum*, présente une peau verte et luisante la nuit, qui tourne au brun aux premières lueurs du jour. Ses yeux changent également de couleur.

R OUÏE FINE Un chat baptisé Luntya, qui errait dans les rues de Voronej, en Russie, arborait pas moins de cinq oreilles : deux normales, deux autres à 180 degrés et une cinquième atrophiée.

R MINI-VACHE Swallow, une vache anglaise du West Yorkshire, âgée de 11 ans, ne mesure que 84 cm à l'épaule, si bien que la plupart des moutons la regardent de haut !

R SUBTILE REPTILE Un crocodile de 1,80 mètre qu'un photographe avait apporté au lac Shira, en Sibérie, pour poser au côté de touristes, a provoqué une onde de panique lorsqu'il s'est enfui dans l'eau, terrorisant des centaines de nageurs. Le saurien a profité que l'artiste marchandait le prix d'une photo-souvenir pour se faire la belle.

R VACHES AU LIT Les producteurs laitiers de Norvège sont légalement tenus de mettre à disposition des vaches des litières telles que des matelas en mousse.

R TROUPEAU FLUO Après que 200 de ses moutons ont été dérobés par des voleurs de bétail, John Heard, fermier anglais, ne s'est pas démonté : il a peint tout son troupeau en orange, afin de dissuader les malfaiteurs d'emporter des bêtes aussi aisément repérables.

Ripley's
Le Big Livre de l'Incroyable **65**
www.big-livre-de-lincroyable.com

Animaux

Double chat

Bien que né avec deux faces, deux bouches, deux nez et trois yeux, Frank & Louie, le chat de Marty Stevens, de Worcester (Massachusetts), a déjà battu un record du monde en atteignant l'âge de 12 ans. La plupart des chats Janus — ainsi nommés d'après un dieu romain bifide — ne vivent pas longtemps, bien souvent du fait qu'ils s'étouffent en mangeant. Or, si les deux museaux de Frank & Louie respirent, il ne se sert que d'une bouche car l'autre n'est pas reliée à son unique œsophage. Il n'a en outre qu'un seul cerveau : ses deux visages sont donc coordonnés.

ODD**SCAN**

Ripley's — Believe It or Not!

Chiot nain

Incroyable mais vrai : ces deux jeunes braques hongrois nés à Xuzhou, en Chine, sont nés de la même portée. Au bout de 18 jours, alors que son frère s'était développé normalement, le plus petit ne mesurait guère plus de 2,5 cm et pesait moins de 14 grammes.

QUE SERAIS-JE SANS TOI ? Les courses, le linge, les paiements en liquide : on ne compte pas les services rendus à Sue Line, une handicapée de Coventry, par la chienne Sandie, issue du croisement d'un colley et d'un Staffordshire bull terrier. Sandie sait ranger les provisions dans un sac qu'elle transporte dans sa gueule et prélève dans le porte-monnaie de Sue l'argent qu'elle tend à la caissière. C'est elle qui lance le lave-linge, après avoir séparé le blanc et les couleurs, refermé la porte et sélectionné le programme. Elle a aussi appris à ouvrir seule la porte de la cuisine pour aller faire ses besoins dehors et n'oublie jamais de la refermer derrière elle lorsqu'elle est de retour.

COCHON QUI S'EN DÉDIT Un tribunal du Primorie, en Russie, a fait saisir le porcelet d'une femme en paiement de ses arriérés, la cour ayant jugé que l'animal était son seul bien de valeur.

SAUT DE VACHE À Laufen, en Allemagne, Regina Mayer a dressé une vache de la ferme familiale à sauter des obstacles. Les parents de l'adolescente ayant refusé de lui offrir un cheval, elle n'a pas renoncé à son rêve d'équitation et a patiemment entraîné le ruminant à se laisser chevaucher et à accepter le mors et la selle. Aujourd'hui, Luna obéit aux ordres « allez », « debout » et « au galop ».

TASTE-CHIEN Michelle Edwards et Daniel Fischl, viticulteurs à Melbourne, en Australie, ont dressé Louisa Bella, leur Saint-Hubert, doté d'un odorat 2 000 fois plus développé que celui de l'homme, à tester leur production. Après deux semaines d'entraînement, il était capable de reconnaître un goût de bouchon en 30 secondes.

CHIENNE DE VIE Aspiré par une tornade à Birmingham, en Alabama, en avril 2011, Mason, un terrier bâtard, est réapparu trois semaines plus tard chez ses maîtres en rampant, malgré ses deux pattes avant brisées.

NONOCE D'ARGENT L'Anglaise Louise Harris a dépensé plus de 20 000 livres, chapiteau compris, pour offrir à Lola, son yorkshire, un mariage de prestige avec Mugly, un chien chinois à crête. Lola portait une robe décorée de 1 800 pierres Swarovski (1 000 livres), ainsi qu'un collier de perles à 400 livres, des bracelets de cristal aux pattes (250 livres) et une laisse Swarovski à 350 livres. Le marié portait quant à lui un élégant smoking. Le couple et leurs invités à quatre pattes ont célébré l'événement autour d'un buffet de petits-fours.

TOILES AU SEC

En 2010, dans la province du Sindh, au Pakistan, des inondations ont obligé les araignées à trouver refuge dans les arbres, qu'elles ont colonisés par milliers. Elles y sont restées plusieurs mois avant que l'eau ne redescende. Entre-temps, elles avaient recouvert leur logis d'épaisses toiles — lesquelles, d'après la population locale, ont contribué à réduire le nombre de moustiques vecteurs de la malaria.

OURS MOUILLÉ Des scientifiques fixés au nord de l'Alaska ont suivi un ours polaire qui a nagé 9 jours d'affilée en mer de Beaufort pour rejoindre la banquise, soit 687 km, la distance de Paris à Marseille à vol d'oiseau. La fonte des glaces oblige les ours polaires à nager plus longtemps pour atteindre la banquise.

Ripley's
Le Big Livre de l'Incroyable
www.big-livre-de-lincroyable.com
67

Animaux

ça plane
pour lui !

TOWER

JUL 29 NITTY GRITTY BAND
OCT 12 CHINESE ACROBATS
OCT 27 MILES DAVIS TRIBUTE

TOWER
TOWER MEMBERS
TAKE 20% OFF
2011-2012 SERIES

À VOUS
DE JOUER
www.ripleys.com/submit

Un oiseau ? un avion ? Non, c'est l'inimitable chihuahua volant ! James Holmdahl, photographe américain de l'Oregon, a eu la brillante idée de sangler sa chienne Daisy à une grappe de ballons à l'hélium, histoire d'égayer le traditionnel défilé du 4 juillet.

R DIABLE VAUVERT Quatre mois après avoir disparu de chez elle, en Cornouailles, Lucy a mystérieusement refait surface dans un jardin d'Édimbourg, en Écosse, à 800 km de là. Ses maîtres, Sonya et Billy McKerron, ont roulé 20 heures aller-retour pour la récupérer.

R GROIN FIN L'eusses-tu cru ? Le sanglier est capable de flairer une odeur à plus de 11 km et jusqu'à 7,60 mètres sous terre.

R UN TUNNEL NOMMÉ DÉSIR Pei Pei, orang-outang mâle d'une réserve animale du Yunnan, en Chine, a si mal supporté d'être éloigné de La Tewhen, placée dans l'enclos voisin alors qu'elle était enceinte, qu'il a entrepris de creuser un tunnel dans l'espoir de la rejoindre.

R CACA D'OR Pour changer la crotte en or, direction New Taipei City, à Taïwan. Afin de contribuer à l'hygiène urbaine, tout propriétaire de chien muni d'un sac à déjections s'est vu remettre un billet de tombola dont le gros lot était un lingot d'or de 1500 euros.

R CHIEN LOUP Just Nuisance, chien danois sud-africain, fut admis dans la Royal Navy britannique en 1939. S'il ne prit jamais la mer, du moins participa-t-il à terre aux missions de propagande et fut-il embarqué à bord d'un avion pour repérer des sous-marins. À sa mort, en 1944, lui furent rendus les honneurs militaires. Une statue fut même érigée en sa mémoire. Depuis l'an 2000, dans sa ville de Simon's Town, a lieu un défilé annuel de danois pour désigner le plus bel animal.

R DEUX BRAS COUPE-FAIM
En septembre 2010, un pêcheur de Jaws Beach, aux Bahamas, a ramené dans ses filets un requin-tigre qui mâchonnait un tibia humain. Dans le ventre de l'animal, les policiers ont trouvé une jambe droite, deux bras et un torse. Grâce aux empreintes papillaires, ils ont pu identifier un pêcheur porté disparu. Sur cette même plage, en 1987, avait été tourné Les Dents de la mer...

MARCHE OU CRÈVE Anastasia, le Jack Russell de Doree Sitterly, en Caifornie du Sud, a crevé 100 ballons de baudruche en 44 secondes 49, soit plus de deux par seconde.

VOTEZ TOUTOU En 2008, Lucy Lou a été élu maire de Rabbit Hash, dans le Kentucky. Ce Border Collie l'a emporté sur ses rivaux politiques, parmi lesquels un chat, un âne, un opossum et quelques autres chiens.

Chiens costumés

Ces chiens méconnaissables participaient à un concours de « toilettage créatif » à Pasadena, en Californie — une discipline très en vogue aux États-Unis. Les maîtres rivalisent d'imagination pour déguiser leurs toutous en zèbres, lions, poneys, footballeurs ou héros de fiction tels que le capitaine Jack Sparrow de *Pirates des Caraïbes.*

MINI-HÉROS Un chihuahua à poils longs a été admis comme chien policier par la préfecture de Nara, au Japon. Momo, qui ne pèse que 3 kg, a réussi haut la patte son examen de secouriste, qui consiste à retrouver une personne en 5 min après avoir reniflé son bonnet. Sa spécialité : les catastrophes naturelles telles que les séismes. Grâce à sa petite taille, Momo peut en effet s'introduire dans des endroits inaccessibles aux chiens habituels.

À LA LOUCHE Un Malaisien attaqué par un tigre alors qu'il chassait les écureuils à l'extérieur de sa maison n'a dû son salut qu'à son épouse, sortie donner des coups de louche en bois sur le crâne du félin. Han Besau, 55 ans, entendant son mari Tambun Gediu pousser des cris, n'a écouté que son courage. L'intrus s'est enfui sans réclamer son reste.

HANDI-TORTUE Tuly, une tortue anglaise qu'un rat avait amputée d'une patte avant tandis qu'elle hibernait, peut de nouveau prendre ses congénères de vitesse depuis qu'on lui a vissé une roue de jouet à la place du membre manquant. Philip Chubb, de Norwich, lui a fabriqué une prothèse fixée à la carapace à l'aide de métal et de bande velcro.

UN VEAU À DEUX TÊTES NÉ EN 2011 EN GEORGIE MANGE AVEC L'UNE ET L'AUTRE !

SANG DE GLACE Pour rafraîchir les tigres pendant le mois d'avril torride de 2011, le zoo de Londres leur a distribué des sorbets au sang.

BRILLANTE IDÉE Le Centre de la vie marine d'Helsinki, en Finlande, a trouvé un moyen écologique d'alimenter ses décorations de Noël : une anguille électrique. Quatre électrodes ont été mises au point pour capter les décharges de 650 volts de l'animal et distribuer ce courant aux ampoules, qui brillent d'autant plus lorsque l'anguille prend ses repas.

DAVID ET GOLIATH En 2010, au Dakota, on a vu le Jack Russell de Chad Strenge, pesant 7,7 kg, poursuivre un puma de 68 kg et l'obliger à se réfugier dans un arbre. Ah mais !

PETIT MAIS POILU La fourrure des chinchillas d'Amérique du Sud est si dense que chacun de leurs follicules arbore quelques 50 poils.

Ripley's
Le Big Livre de l'incroyable
ww.big-livre-de-lincroyable.com

69

Animaux

AU BAIN AVEC L'OURS

COMBIEN CE PETIT CHIEN ? Hong Dong, un jeune dogue roux du Tibet, a été vendu en 2011 pour environ 1,1 million d'euros. Il appartient à une race de chiens de garde réputés, spécifiques du Tibet et donc très recherchés, car introuvables ailleurs. Hong Dong, natif de Qingdao, pesait plus de 82 kg à l'âge de 11 mois.

XYLOPHAGE Une espèce récemment découverte de poisson-chat cuirassé du bassin amazonien se nourrit du bois des arbres abattus. Alors que les autres poissons-chats se servent de leurs dents pour râper les matières organiques à la surface des troncs immergés, celui-là ingère le bois proprement dit, le digère en moins de 4 heures et l'expulse sous forme d'excréments.

HIPPO-BROSSAGE Au zoo de Shanghai, en Chine, on se sert de brosses à dents géantes pour l'hygiène buccale des hippopotames adultes, dont la bouche mesure jusqu'à 1,20 mètre de large. Les fruits et légumes dont ils sont nourris leur encrasseraient les dents si elles n'étaient brossées trois fois par semaine.

EN AVANT MARCHE Treasure, caniche d'un an, préfère marcher debout sur ses pattes arrière, plutôt que sur les quatre. C'est son maître Dou Xianhui, de Jilin City, en Chine, qui lui a appris à se déplacer ainsi lorsqu'il était chiot ; depuis, Treasure est capable de marcher une demi-heure durant.

LES YEUX DE LA TÊTE Amanda Booth, une grand-mère australienne de Melbourne, dépense toutes ses économies, 15 000 dollars par an, pour payer des liftings à des shar-peïs, afin qu'ils ne souffrent pas de problèmes oculaires. La peau de ces chiens présente en effet de nombreux plis, forçant parfois leurs paupières à se retourner et leurs cils à frotter contre leur cornée, jusqu'à les rendre aveugles.

MIAM-MIAM En novembre 2011, plus de 15 baigneurs qui nageaient dans une rivière appréciée des touristes à Cáceres, au Brésil, ont laissé des orteils ou des morceaux de jambes et de chevilles lors d'une invasion de plusieurs milliers de piranhas. Ces poissons ne sont pas rares dans les environs, mais c'était la première fois qu'on en voyait en ville.

Les apparences peuvent être trompeuses. Ces jeunes visiteurs de la réserve d'ours polaires de Cochrane, au Canada, semblent nager à proximité d'un des plus féroces prédateurs qui soient… si ce n'est qu'une paroi de plexiglas de 25 cm d'épaisseur les en sépare, leur permettant de nager en toute sécurité !

première

de l'eau, dans son cottage près de
...aphe animalier Charlie Hamilton
... des milliers d'heures à prendre des
...-pêcheurs. Ci-dessous, l'incroyable
... oiseaux plongeant dans l'eau
... poisson, tel un éclair cérulescent.
...in-pêcheur replie ses ailes afin
... l'eau à la vitesse de 40 km/h,

AU SEC… OURS! Dans
une forêt de Tennesse, près
de Newport, un ours noir a
passé plus de trois semaines
la tête coincée dans un
récipient en plastique, avant
d'être libéré par des gardes
forestiers. Le malheureux
plantigrade a été bien puni
de sa gourmandise : il ne
pesait plus que 52 kg, la
moitié de son poids normal.

HORLOGE NAGEANTE
À Kaua'i, sur l'île d'Hawaii,
Curt Carish a pêché un
poisson qui avait avalé une
montre en or en parfait état
de marche.

QUE JE T'ÉMEU Les
Newby, dans l'Essex, ont
adopté un émeu apprivoisé.
Baptisé Beaky, cet oiseau
de 89 kg est né d'un œuf
couvé par Iain, qui travaille
dans un centre de protection
des animaux. Beaky fait si
bien partie de la famille qu'il
regarde la télé avec tout
le monde. Il avale 6,4 kg de
grain et 2,3 kg de fruits et
légumes par semaine, sans
compter les extra : clés
de voiture, éponges ou forêts
de perceuse !

LYNX ADOPTIF Un jeune lynx sauvage que
sa mère avait abandonné a été recueilli par une
épagneule de la réserve naturelle de Kadzidlowo,
en Pologne. Kraska, qui venait de donner
naissance à une portée de chiots, ne s'est pas fait
prier pour adopter le félin, âgé de six mois.

AU PAS DE L'OIE En juin 2011, dans l'État
américain de Washington, une bernache et
ses oisons ont eu droit à une escorte policière.
Trois voitures de police ont dû bloquer deux
voies de l'autoroute de Seattle, en pleine heure
de pointe, pour guider la petite famille vers
la plus proche sortie.

VOL À L'ARRACHÉ Sitôt échappé
du domicile pragois de son maître, le jeune
kangourou Benji n'a rien trouvé de plus pressé
que de bondir vers les jardins des voisins
pour s'emparer des sous-vêtements féminins
suspendus aux cordes à linge. Le marsupial a été
pris en flagrant délit par une de ses victimes.

QUI L'EÛT CRU ? Le *no man's land* le plus
surarmé au monde, celui qui sépare les deux
Corées, est devenu le refuge des grues de
Mandchourie, espèce d'oiseaux parmi les plus
rares. Dans cette zone interdite, où l'activité
humaine est quasi nulle, elles sont sûres de
ne pas être importunées.

TOUTOUÏE Shun Shun, chien du Xinjiang,
en Chine, a quatre oreilles. Les appendices
surnuméraires sont apparus derrière
les deux autres lorsqu'il n'était qu'un chiot ;
elles mesurent aujourd'hui plus de 10 cm, plus
que les oreilles normales !

EFFET BŒUF

En août 2011, ce bouvillon a reçu
le secours d'une association d'aide
aux animaux après s'être coincé la tête dans les barreaux d'une
échelle à Ayrshire, en Écosse. Le jeune bœuf, de race blanc bleu
belge, a pu rejoindre son troupeau sans dommage.

Femme à singes

Les cinq macaques de Connie Tibbs font partie de la famille. Ils jouent au trampoline dans le jardin de leur maison, dans l'Illinois, s'ébattent dans la piscine avec ses trois enfants et montent même à cheval. L'un d'eux n'a même pas besoin d'aide pour monter en selle ! Un autre, vêtu d'un pyjama, a quant à lui le privilège de dormir dans son lit, avec le consentement de son mari !

Connie toilette ses singes pour qu'ils soient propres et habille l'un d'eux de pyjamas pour qu'il dorme près d'elle.

Connie et ses copains macaques, chez elle, dans l'Illinois.

Connie est à ce point dévouée à ses singes qu'elle les emmène faire les courses.

LES LARMES SANGLANTES DU LÉZARD À CORNES DU TEXAS

Parfois appelé crapaud cornu, ce lézard n'est pas du genre à se dégonfler lorsqu'il s'agit de repousser les gêneurs. Quand un prédateur fait mine de l'attaquer, il lui crache du sang par les yeux. Alors que nos conduits lacrymaux ne pleurent que des larmes, cet animal fait mieux : il éjecte à plus de 1,50 mètre son propre sang, qui contient une toxine au goût infect. Une méthode de défense qui a d'autres adeptes. Ainsi, le grillon blindé d'Afrique du Sud sécrète non seulement du sang, mais aussi des vomissures par ses aisselles. Le pleurodèle de Waltl, quant à lui, se tort les côtes jusqu'à ce qu'elles saillent de sa peau et se transforment en défenses venimeuses ! Heureusement pour lui, ce triton d'Espagne et du Maroc n'est pas sensible aux blessures qu'il s'inflige lui-même de l'intérieur...

☒ TAPAGE LACUSTRE Quoiqu'il ne mesure que 2 mm, le batelier d'eau, petit insecte des marais qui se déplace verticalement à l'aide de deux longs bras en guise de rames, produit un bourdonnement de 99,2 décibels, ce qui, compte tenu de sa taille, en fait le plus bruyant des animaux – l'équivalent d'un tutti d'orchestre symphonique en pleine face !

☒ TOILES DE MAÎTRE L'araignée Darwin de Madagascar, découverte en 2011, est capable de tendre des toiles de 3 mètres carrés entre des supports distants de plus de 25 mètres.

☒ MÊME PAS MÂLE Dans un nid de *Mycocepurus smithii*, chacune de ces fourmis d'Amérique du Sud est une réplique de la reine. Cette espèce se reproduit de façon asexuée à partir d'une génitrice unique. Comme il n'y a que des femelles, pas de problèmes de partenaires !

FOURMIDABLES !

C'est à Mysore, en Inde, que le Dr Mohamed Babu a mis au point cette expérience saisissante consistant à abreuver des fourmis avec des gouttes d'eau teintées de colorants alimentaires rouge, bleu, vert et jaune. L'abdomen translucide de ces petits arthropodes se colore à mesure qu'ils absorbent le liquide. C'est Mme Babu qui en a eu l'idée, après avoir vu des fourmis blanchir autour d'une goutte de lait.

☒ MARCHE OU CRÈVE Lorsqu'elles forment un cercle, les fourmis légionnaires peuvent marcher en rond par milliers sans jamais s'arrêter, jusqu'à mourir de faim ou d'épuisement.

☒ LES DENTS DE LA MER Rapportées à sa petite taille, les dents du poisson-ogre sont les plus longues du monde sous-marin. Son crâne est percé de cavités où elles viennent se loger lorsqu'il ferme la gueule. Alors que ce poisson des abysses ne mesure que 15 cm, ses dents font jusqu'à 2 cm – un peu comme si le grand requin blanc arborait des dents de 76 cm !

☒ ABEILLES ROAD Quelque 14 millions d'abeilles se sont échappées d'une camionnette accidentée qui transportait plus de 400 ruches sur une autoroute de l'Idaho, en juillet 2011. Lorsque le véhicule s'est retourné, tout le miel s'est répandu sur la chaussée. Il a fallu le ramasser sous la menace des piqûres.

☒ TERMITES ERRANTS Le 27 avril 2011, à Taïwan, une branche d'arbre mangée par les termites s'est abattue sur une voie ferrée, provoquant la mort de cinq personnes et une centaine de blessés dans un accident de train.

☒ COASSER LA VOIX La grenouille de l'île de Maud, en Nouvelle-Zélande, ne coasse pas, n'a pas de pattes palmées et, lorsqu'elle saute, retombe sur le ventre.

☒ FEUX DE DÉTRESSE Une méduse abyssale au doux nom d'*Atolla wyvillei* déclenche des signaux lumineux lorsqu'elle est attaquée, de façon à attirer d'autres prédateurs qui la débarrasseront des premiers. Elle est si luminescente qu'on l'aperçoit à 90 mètres.

☒ COURSE À L'AVEUGLE Les plus rapides des *Cicindelinae*, sous-espèce de coléoptères tigrés, peuvent courir à 9 km/h, vitesse qui, en proportion de leur longueur, équivaut à 770 km/h pour un homme, soit dix-sept fois plus vite qu'Usain Bolt ! Ils se déplacent si vite que leur vision n'est pas synchrone avec leurs mouvements, si bien qu'une cécité momentanée les oblige à faire des haltes lorsqu'ils sont en chasse !

☒ LE LOIR EST CHER Une municipalité de Galles du Sud a dépensé 190 000 £ pour la sécurité des loirs. Trois passerelles ont été bâties afin que les petits rongeurs puissent franchir une route très fréquentée.

Ripley's
Le Big Livre de l'Incroyable
ww.big-livre-de-lincroyable.com

35 cm de long

TAILLE
RÉELLE

Chauve qui peut !

La scolopendre géante d'Amazonie est si puissante et si agile qu'elle peut attraper des chauves-souris et les dévorer. À l'âge adulte, ce myriapode atteint 35 cm – autant qu'un avant-bras – et grimpe aux parois des grottes. Tim Green, cameraman pour la BBC, a passé deux semaines dans une grotte du Venezuela pour filmer cette scène incroyable. La scolopendre, suspendue à la voûte, s'est saisie du mammifère avec quelques-unes de ses 46 pattes et l'a tuée avec son venin. Une heure plus tard, il n'en restait rien !

LA TÉTÉE

Ce fermier d'Hébron, ville palestinienne de Cisjordanie, allaite un chevreau à deux têtes. On nomme polycéphales les très rares animaux qui viennent au monde avec plus d'une tête.

HIPPOS MOBILE Avec une vitesse de pointe frisant les 40 km/h, l'hippopotame adulte coifferait un sprinter sur le poteau, sur une courte distance. La nuit, il peut parcourir jusqu'à 10 km à la recherche de nourriture.

ASSEZ MORDU En octobre 2010, le Japonais Yuki Yoneyama a réclamé une récompense de 200 00 yens (1 650 euros) pour la capture d'un macaque sauvage qui avait mordu plus de 100 personnes.

BAIN DE BOUE Le gobie barbu des côtes africaines prospère dans les boues toxiques, survit des heures sans oxygène et se nourrit de méduses.

BIQUE BIPÈDE Yang Yang, chèvre chinoise du Liaoning, était née sans pattes arrière. Le fermier Lu Sanlu lui apprit à marcher sur ses pattes de devant. Trois mois plus tard, la coquine faisait le tour de son enclos avec entrain.

ÇA LAISSE RONGEUR ! En mai 2011, la ville de New York a organisé un défilé de mode un peu particulier, puisque les top models étaient des rats. Affublés de tutus, de robes de mariée et autres falbalas, les petits rongeurs apprivoisés se montraient ainsi sous leur meilleur jour.

CHÈVRE SAVANTE Dans la province du Sichuan, en Chine, Zhao Huaiyun a dressé sa chèvre à jouer les chiens de garde. Non contente d'éloigner les chiens errants, la biquette s'assure que Zhao répond à ses appels : s'il n'entend pas son portable, elle court vers lui, pose ses pattes sur ses bras et bêle de plus belle !

MAÎTRES FLAMANDS Ou lorsque la vie imite l'art... Bobby Hook est l'auteur d'une incroyable photo aérienne. On y voit, au large de la côte mexicaine du Yucatan, une colonie de centaines de flamants roses qui a elle-même la forme d'un immense flamant rose !

AUX ABOIS Quoique né sans yeux, Rowan, le Spitz allemand de Sam Orchard, en Angleterre, est capable de se déplacer par écholocalisation, en aboyant à la ronde.

CLIC-CLAC !

Ce têtard âgé de 14 jours a tout l'air de sourire à l'objectif. Pour réaliser ce cliché, David Spears, photographe scientifique britannique, s'est servi d'un microscope électronique à haute résolution. La larve de grenouille révèle ainsi des traits invisibles à l'œil nu.

CRIS DU TÊTARD Des chercheurs argentins ont découvert une espèce de têtards capables de pousser des cris. Les larves carnivores de la grenouille cornue d'Argentine, qui dévorent les têtards des autres races, émettent en effet de petits sons métalliques.

PSITTACISME Excédée par la sirène d'un détecteur de fumée défectueux qui hurlait sans discontinuer depuis 7 jours dans sa maison du Devon, en Angleterre, Shanna Sexton a fini par faire appel à une équipe spécialisée... pour découvrir que le coupable n'était autre que Sammi, un perroquet gris du Gabon échappé d'une maison voisine et réfugié dans son jardin, qui imitait le ululement d'une alarme !

POIL AUX PATTES *Mormotomyia hirsuta*, l'« affreuse mouche poilue », n'a pas d'ailes et vit dans les crottes de chauves-souris d'une grotte du Kenya. Pour la première fois depuis 1948, on en a trouvé une en 2010.

COQS ROCK Pour dissuader les coqs rivaux de se voler dans les plumes, que font les fermiers de Chengdu, en Chine ? Ils équipent les volatiles de lunettes fumées à la John Lennon. Ayant plus de mal à se voir, ils deviennent moins agressifs.

ROULÉ-BOULÉ Pour échapper à ses prédateurs, le crapaud-galet, petit batracien noir du Venezuela, se met en boule et roule sur les parois des montagnes où il vit, sans se blesser – d'où son surnom. On a compté 103 petits et 321 œufs dans une seule couvée de crapaud-galet !

Ripley's
Le Big Livre de l'Incroyable
www.big-livre-de-lincroyable.com
75

Animaux

Pas vu, pas pris !

L'ingénieux mimétisme d'*Uroplatus phantasticus*, ou « gecko satanique à queue en feuille », lui permet de prendre les teintes de son environnement naturel, à Madagascar. Son corps torsadé et son camouflage le rendent indétectable sur fond de feuilles mortes.

CASTORAMA Les castors du parc national de Wood Buffalo, dans l'Alberta canadien, bâtissent et entretiennent depuis plusieurs dizaines d'années un incroyable barrage de 800 mètres de long.

HARENGS SERRÉS Les bancs de harengs de l'Atlantique peuvent s'étendre sur plus de 40 km et compter plusieurs millions de poissons.

MIEUX VAUT DARD Les ailes de plusieurs espèces d'oiseaux d'Amérique du Sud, connus sous le nom de kamichis, sont pourvues de petits dards qui leur servent pour se battre. Ils peuvent se casser, mais ils repoussent.

POIDS D'ESSAIM Une abeille ouvrière ne pèse que 90 mg. Aussi bien, un essaim de 50 000 abeilles pèse environ 4,5 kg. Une autre question ?

≪À VOUS DE JOUER

www.ripleys.com/submit

Diane Kolpin, éleveuse de volailles à Lake Placid, en Floride, a pris cette photo d'un poussin sans yeux. En lieu et place d'orbites, ce jeune poulet n'a que de la peau et des plumes. À force de soins, l'infortuné volatile est cependant parvenu à l'âge adulte.

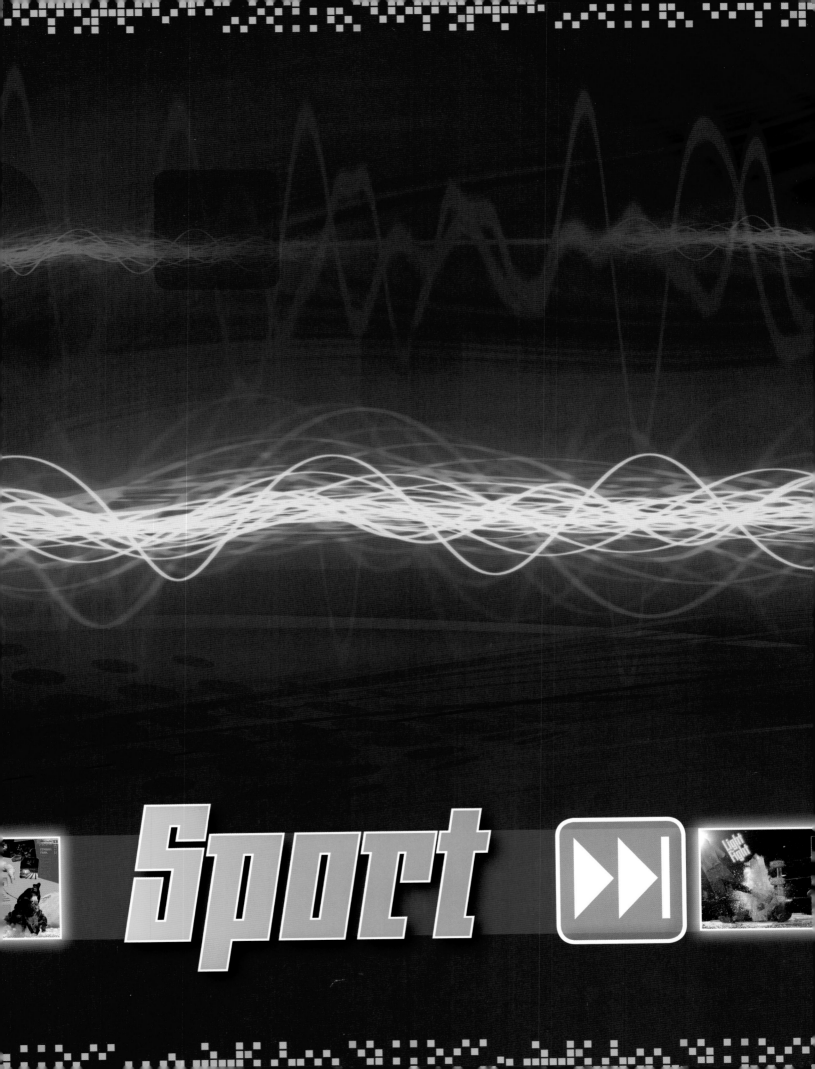

Sport

Combat de lumière

Ripley's
Le Big Livre de l'Inc.
www.big-livre-de-lincroy

L'un des sports les plus sanglants au monde est très certainement cette forme de combat japonais qui voit des catcheurs professionnels s'affronter à coups de tubes de néon. Après quelques minutes seulement, les deux opposants sont couverts de sang et d'innombrables débris de verre jonchent le ring. Il y a bien sûr un arbitre, mais ce qui semble prévaloir est que tous les coups sont permis. Les fans de sports extrêmes aiment tellement cette ultraviolence et tout ce sang répandu que de nombreuses variantes ont depuis vu le jour. Au Japon, on peut désormais assister à toutes sortes de combats de catch farfelus au cours desquels les adversaires s'affrontent armés de fil de fer barbelé, de postes de télévision, de chaises pliantes, de sécateurs, de râpes à fromage et même de cactus...

HÉROS SANS JAMBES

⭐ Anthony Robles, de l'Arizona, est né avec une seule jambe. Cela ne l'a pas empêché de devenir champion universitaire de lutte dans sa catégorie.

⭐ L'Indien Vinod Thakur, lui, n'en avait aucune à la naissance. Il a appris à marcher sur les mains. Sa prestation dans l'émission « India's Got Talent » l'a consacré nouveau phénomène international du hip-hop.

⭐ Originaire du Montana, Kevin Connolly, étudiant en photographie, a voyagé dans 15 pays sur un skate-board. Il a photographié plus de 32 000 personnes, capturant leur expression lorsqu'ils le voyaient pour la première fois et s'apercevaient qu'il était cul-de-jatte.

⭐ En 2006, Huang Jianming a gravi pendant plus de 2 heures les marches de la Grande Barrière de Chine. Il n'a pour cela utilisé que la force de ses bras, ayant perdu ses jambes en 1994 après avoir percuté un train de marchandises.

⭐ Lance Benson participe au marathon de New York sur une planche à roulettes. En 2005, il n'a mis que 3 h et 37 min pour franchir la ligne d'arrivée.

⭐ Xu Yuehua a perdu ses deux jambes à l'âge de 12 ans. Cela ne l'a pas empêchée de s'occuper pendant 37 ans de plus de 130 enfants dans un centre social de Xiangtan, en Chine.

⭐ Le Brésilien Italo Romano n'a plus de jambes depuis l'adolescence. C'est pourtant un génie du skate-board qui défie les lois de la gravité lors de compétitions internationales.

IL FAUT 3 000 VACHES PAR AN POUR FABRIQUER LES BALLONS EN CUIR DE LA LIGUE DE FOOTBALL AMÉRICAINE

® SERIAL BUTEUR
En 2011, l'Argentin Lionel Messi a marqué 59 buts et délivré 37 passes décisives en 70 matchs officiels. On pensait avoir tout vu. Mais en 2012, le joueur de football de Barcelone a fait trembler les filets à 91 reprises en 69 rencontres... Record mondial ! Et dire qu'enfant on l'avait cru perdu pour le sport à cause de ses problèmes de croissance. Grâce à un traitement aux hormones de croissance, il est aujourd'hui quadruple Ballon d'Or... Une légende est en marche.

® FOOTEUX À LA MODE
Les joueurs de l'équipe de foot US de l'université de l'Oregon portent à chaque match une tenue différente. Ils ont le choix entre 512 combinaisons de couleurs possibles et ne se décident qu'à la dernière minute...

® QUELLE CONSTANCE !
Entre 1992 et 2010, le quarterback Brett Favre a participé à 297 matchs consécutifs de football américain.

® LA COIFFURE QUI TUE
Nathan van Someren, un joueur de football australien des Simpson Tigers, s'est vu exclure par l'arbitre en 2011 au prétexte que les pointes de sa crête de Mohican auraient pu crever l'œil d'un joueur adverse.

® IL EST HAUT LE PANIER
En 2011, sur le toit d'un building de Perth, en Australie, les basketteurs de l'équipe How Ridiculous ont disputé un match à 67 mètres du sol. Fallait pas laisser tomber la balle...

Footballeur cul-de-jatte

Bobby Martin, de Dayton, Ohio, est né sans jambes et ne mesure que 90 cm. Il est pourtant un redoutable joueur de football américain. Encouragé très jeune par ses entraîneurs, il joue défenseur. Il est atteint d'une maladie rare, le syndrome de régression caudale, une malformation congénitale des segments inférieurs de la colonne vertébrale. Surmontant son handicap, le jeune père de 24 ans se montre même positif : « Ma taille est au contraire un atout pour jouer en défense. Pour plaquer l'adversaire, il faut un centre de gravité très bas. Qui peut me battre ? » Pour se déplacer sur le terrain, il utilise un skate-board. « Mes bras sont comme mes jambes, alors ils sont vraiment très forts. » Il est vrai qu'il est capable de soulever des haltères de 150 kg, soit trois fois son poids. Sa seule déception ? S'être fait exclure d'un match car il ne possédait pas l'équipement complet ! Et pour cause. Heureusement, le règlement a changé depuis.

ODDSCAN

NAGEUR COURAGE
Bien qu'amputé des deux jambes après un tremblement de terre dans le Sichuan, en 1998, le Chinois Dai Guohong est devenu l'un des meilleurs nageurs de son pays. Il s'est retrouvé enseveli sous des tonnes de gravats après l'effondrement du toit de son école, tuant 26 de ses camarades.

CHAMEAU SAUTEUR Au Yémen, pour pratiquer le jumping, il est conseillé d'avoir un chameau plutôt qu'un cheval ! Sans doute spectaculaire, mais est-ce confortable ?

LE TROUBLE-LÈVRE Une course de lévriers a dégénéré à Shepparton, en Australie, quand un véritable lièvre a déboulé sur le cynodrome face à la meute. Un lévrier, Ginny Lou, alors troisième, l'a pris en chasse. Le lièvre a réussi à lui échapper mais Ginny Lou a du coup fini bon dernier. Heureusement pour lui, la course a été annulée et recourue...

Rodéo de mouton

Pratiquer ce sport est réservé aux enfants de moins de 6 ans. L'objectif est de tenir au moins 6 secondes sur un mouton qui fait souvent plus de trois fois leur poids. Pour éviter les blessures, le port du casque hockey est obligatoire !

CÉLÈBRES & SPORTIFS

Le chanteur **BILLY JOEL** a été champion de boxe dans sa jeunesse.

HUGH LAURIE a pratiqué l'aviron. En 1980, il faisait partie de l'équipe de Cambridge qui a perdu contre Oxford.

En 1955, le chanteur **JOHNNY WATSON** était classé à la 85e place mondiale du concours d'obstacles.

L'acteur **RYAN O'NEAL** a boxé adolescent. Son palmarès : 4 défaites pour 18 victoires, dont 13 par KO.

L'actrice **GEENA DAVIS** a manqué de peu sa qualification aux JO de 2000 pour le tir à l'arc.

L'écrivain **EDGAR ALLAN POE** a longtemps détenu le record du saut en longueur de l'université de Virginie.

Le chanteur d'Iron Maiden, **BRUCE DICKINSON**, a une fois fini 7e des championnats d'Angleterre d'escrime.

L'acteur **CHUCK CONNORS** a joué professionnel en base-ball pour les Chicago Cubs et les Brooklyn Dodgers. Au basket, il a été pro chez les Boston Celtics.

SIR ATHUR CONAN DOYLE, le créateur de Sherlock Holmes, a joué au football dans l'équipe de Porsmouth et au cricket dans le club de Marylebone.

STUPIDES BLESSURES

- Le joueur de base-ball des Toronto Blue Jay, **GLENALLEN HILL**, s'est sévèrement coupé en pleine nuit après s'être écrasé sur une table en verre. Il venait de se réveiller d'un cauchemar où il était recouvert d'araignées.

- Le coureur cycliste **MARK CAVENDISH** jouait au snowboard sur une Wii quand il est tombé de la planche et s'est blessé au mollet.

- À la suite d'un violent éternuement, le joueur de base-ball des Chicago Cubs, **SAMMY SOSA**, s'est bloqué le dos. Faut arrêter les stéroïdes…

- Le golfeur écossais **SAM TORRANCE** s'est fracturé le sternum en sautant sur une plante de sa chambre d'hôtel, qu'il avait prise pour un cambrioleur. Somnambule ou aviné ?

6 COURSES EXTRÊMES

La **YUKON ARCTIC ULTRA** est une course qui se dispute à pied, à vélo et à ski par des températures qui atteindre les -50 °C, sans compter les rafales de vent. C'est la course la plus froide au monde.

La **TRANSALPINE RUN**, longue de 320 km, dure 8 jours à travers les Alpes. Certains jours, les coureurs doivent gravir jusqu'à 2500 mètres de dénivelé.

Le **MARATHON DES SABLES** se déroule pendant 6 jours dans le désert marocain. Il faut couvrir 240 km sous des températures pouvant dépasser 50 °C.

Le **MARATHON DU PÔLE NORD** est une course à pied sur glace qui a lieu par des températures avoisinant les - 30 °C.

Le **BADWATER ULTRA MARATHON** se déroule sur 217 km dans la Vallée de la mort, en Californie. Il débute à 86 mètres sous le niveau de la mer pour s'achever à une altitude de 2548 mètres. Et il n'est pas rare qu'il fasse 49 °C à l'ombre.

Le **MARATHON DE LA JUNGLE** couvre une distance de 240 km dans la jungle amazonienne. Pour se reposer, les concurrents dorment dans des hamacs.

Le Big Livre de l'incroyable
www.big-livre-de-lincroyable.com
83
Sport

- Le joueur de base-ball des Detroit Tigers **BRANDON INGE** s'est froissé un muscle en plaçant un oreiller sous la tête de son fils.

- L'ex-gardien de foot de Manchester, **ALEX STEPNEY**, s'est déboîté la mâchoire en criant après un de ses coéquipiers lors d'un match.

- En compétition à Rome, le sauteur en longueur **SALIM SDIRI** a reçu un javelot dans le dos. Le Finlandais Tero Pitkamaki a glissé au moment du lancer, raison pour laquelle la trajectoire a dévié. Le javelot s'est enfoncé d'une dizaine de centimètres, perforant le foie du Français.

- Le lanceur des Detroit Tigers **JOEL ZUMAYA** a manqué trois matchs consécutifs pour avoir passé trop de temps à jouer Guitar Hero sur PS2.

- Le boxeur américain **DANIEL CARUSO** s'est lui-même fracturé le nez en se donnant des coups sur la figure pour se motiver avant un match.

- Le footballeur **PAULO DIOGO** a perdu un doigt en célébrant le but qu'il venait de marquer pour le club suisse du Servette de Genève. Il s'est précipité vers les supporters massés derrière un grillage, mais son alliance est restée accrochée, lui arrachant le doigt.

- Le joueur de base-ball des Boston Red Sox **WADE BOGGS** s'est fait mal au dos en perdant l'équilibre alors qu'il enfilait ses bottes de cow-boy.

- Le joueur de cricket néo-zélandais **TREVOR FRANKLIN** a dû stopper sa carrière 18 mois après avoir été renversé par un chariot à bagages électrique.

- Le joueur de base-ball des San Diego Padres **ADAM EATON** s'est lui-même planté un couteau dans le ventre en voulant ouvrir l'emballage d'un DVD.

- Le 28 juin 1997, lors du championnat WBA des super lourds, le boxeur **MIKE TYSON** a arraché avec les dents un bout de l'oreille droite d'Evander Holyfield avant de le recracher sur le ring.

BIZARRES COMPETS

- Chaque année, en Finlande, se déroule une course où les hommes portent leur épouse sur le dos. Le vainqueur gagne le poids de cette dernière en bière.

- Dans les rues de Dawson, au Canada, des équipes tirent sur 2,4 km des carrioles sur lesquelles reposent des toilettes décorées. Il faut bien sûr que quelqu'un reste assis dessus pendant la course.

- En Australie, on organise d'immenses lâchers de moutons dans des prairies. Les participants doivent les compter.

- Un championnat de lutte dans le jus de viande a lieu tous les ans à Lancashire, en Angleterre.

- À Manitou Springs, Colorado, se déroule une course de cercueils colorés. Tous les participants sont vivants !

- À Sydney, en Australie, une course est réservée aux femmes portant des chaussures à talons hauts.

- Les Gallois organisent le championnat mondial de nage en marécage boueux. Les participants portent tous un masque et un tuba. Histoire de ne pas boire la tasse.

- Lors du championnat de cracher de noyaux de cerise, à Eau Claire, Michigan, les meilleurs compétiteurs envoient leur noyau à près de 30 mètres.

9 SUPERSTITIEUX

- Le joueur de base-ball WADE BOGGS mangeait toujours du poulet avant ses matchs. Avant d'entrer en jeu, il écrivait toujours dans la poussière le mot chai, qui signifie « vie » en hébreu.

- Le champion de golf américain JACK NICKLAUS avait toujours dans sa poche trois pièce d'un penny pour lui porter chance.

- La star du basket MICHAEL JORDAN portait toujours son short fétiche de l'université de Caroline du Nord sous celui des Chicago Bulls. Il a donc au début fallu lui rallonger son short, ce qui a lancé la mode en NBA.

- L'ancienne star de base-ball des New York Mets, TURK WENDELL avait l'habitude de se brosser les dents entre chaque tour de batte. Il traçait aussi trois croix dans la poussière avant chaque lancer.

- Quand il gagnait un match lors d'un tournoi, l'ancien tennisman croate GORAN IVASINEVIC répétait à l'identique ce qu'il avait fait la veille. Il allait par exemple dans le même restaurant et commandait le même plat.

- Chaque veille de match, le basketteur JASON TERRY s'endort avec le short de l'équipe qu'il va affronter le lendemain. Il joue toujours avec des chaussettes hautes.

- Le golfeur sud-africain GARY PLAYER ne joue qu'avec des balles portant un numéro pair.

- La joueuse de tennis SERENA WILLIAMS fait toujours rebondir la balle 5 fois avant son premier service, 2 fois avant le second.

- Entre chaque tiers-temps, le gardien de l'équipe de hockey des Philadelphia Flyers, PELLE LINDBERGH, boit toujours la même chose : une boisson suédoise appelée Pripps. Mais seulement si elle lui est servie avec deux glaçons et apportée par le même entraîneur.

Mamie costaud

À 75 ans, Ernestine Shepherd de Baltimore, Maryland, est la doyenne des bodybuilders femmes en activité. Elle se réveille chaque matin à 3 heures pour méditer puis part courir 16 kilomètres. Elle ne s'est mise au sport, qu'à 56 ans, mais elle a depuis couru 9 marathons et remporté 2 compétitions de bodybuilding. Rencontre avec une mamie énergique...

L'interview

Avez-vous toujours pris soin de votre corps ? *Je ne suis jamais entrée dans une salle de sport avant l'âge de 56 ans. Ma sœur et moi avions été invitées à un pique-nique. On nous avait dit que nous pouvions apporter nos maillots de bain. Quand on les a enfilés, ma sœur m'a dit : « Waouh, on n'a vraiment pas l'air en forme. Il faut qu'on se reprenne. » Alors on a commencé à s'entraîner, on a senti le changement dans nos corps et on a aimé ça.*

Vous avez débuté un programme de fitness spécial à 71 ans. Racontez-nous comment ça s'est passé. *Je voulais depuis longtemps pratiquer le body-building quand j'ai rencontré l'entraîneur Yohnnie Shambourger, un ancien M. Univers. Il a alors développé pour moi un programme d'entraînement spécifique. En 7 mois, mon corps a connu une incroyable transformation et j'étais à même de rivaliser avec des concurrentes deux fois plus jeunes que moi.*

Qu'avez-vous ressenti quand vous êtes devenue championne du monde ? *Une joie énorme. De nombreuses personnes sont venues me voir pour me féliciter, me demander comment c'était possible. Rien que de les entendre, c'était formidable.*

Quelle est votre journée type ? *Je me lève à 3 heures chaque matin. Je médite puis je prends mon petit-déjeuner. Ensuite, je m'habille et je pars courir. En rentrant, je prends un second petit-déjeuner et vais à la gym. Je rentre déjeuner à la maison, me repose un peu, puis repars à la gym, souvent jusqu'à 8 ou 9 heures du soir.*

Suivez-vous un régime particulier ? *Oui, et il est particulièrement strict. Cela fait 10 ans que je le suis – sans mentir ! À mon réveil, j'avale une banane. Après avoir couru, je bois beaucoup d'eau. Pour le petit-déjeuner, je me prépare quatre œufs à la coque. J'en mange un entier. Pour les autres, je ne conserve que le blanc. Je mange aussi beaucoup de poulet, de dinde, de thon, des légumes et du riz brun. Mais mon secret, c'est le blanc d'œuf.*

RECORDS FOUS - RECORDS FOUS - RECORDS FOUS - RECORDS FOUS - RECORDS

CHAMPIONNE DU MONDE SENIOR DE BODYBUILDING

RECORDS FOUS - RECORDS FOUS - RECORDS FOUS - RECORDS FOUS - RECORDS

Quelle pourrait être votre devise ? *Pour mener une vie saine comme la mienne, je dirais qu'il faut manger sainement et surtout ne jamais relâcher les efforts. Chaque jour, il faut s'entraîner avec assiduité et intensité. C'est ainsi que j'ai pu conserver une telle santé !*

ODD**SCAN** Ripley's Believe It or Not!

Sport

☒ **FOU DE GYM** À 102 ans, l'ancien postier chinois Shi Xiaochun fait chaque jours des séries de pompes, parfois même sur une seule main.

☒ **C'EST PAS LÀ** Le joueur de tennis serbe Bojana Jovanovski a mal débuté le tournoi de Carlsbad, Californie. Il a bien atterri à Carlsbad, mais au Nouveau-Mexique, à 1 450 kilomètres de là...

☒ **LONG SAUT** L'Algérien Taig Khris a effectué le 2 juillet 2011 le plus long saut en rollerblades. Il a établi son record de 29 mètres sur le parvis du Sacré-Cœur, à Montmartre.

☒ **MAMIE KUNG-FU** Zhao Yufang, est une grand-mère chinoise de 82 ans, experte en kung-fu. Très jeune, elle a voulu pratiquer le kung-fu, mais le maître local refusait de le lui enseigner. Elle a alors appris toute seule avant de revenir défier le maître... et le battre.

☒ **FOOT À VÉLO** Fondé en 2008 au Texas, un championnat réunit des équipes qui pratiquent le football américain sur un monocycle. Les joueurs portent des casques mais pas de protection aux épaules.

☒ **COURS, SUMO** Kelly Gneiting, un sumotori américain, pèse 180 kg. Il est l'homme le plus gros à avoir terminé un marathon. C'était à Los Angeles, en 2011. Il lui a fallu 9 h 48 min et 52 sec pour couvrir la distance. Il est vrai qu'il n'a couru que les 12 premiers km. Il a ensuite terminé en marchant.

☒ **LE FROMAGE QUI (GUÉ)RIT** La skieuse américaine Lindsey Vonn souffrait d'un tibia douloureux qui pouvait compromettre sa participation aux JO de Vancouver. Les crèmes n'y faisaient rien. C'est alors qu'elle eut l'idée de se badigeonner la jambe avec du fromage à tartiner. Miracle ! Elle a remporté la médaille d'or de la descente.

☒ **DIXIÈME DAN** Sensei Keiko Fukuda, de Los Angeles, ne mesure que 1,47 m pour 45,4 kg. Elle est pourtant la première femme de l'histoire à avoir accroché un 10ᵉ dan à sa ceinture noire. Seulement trois autres judokas ont atteint ce stade. Mais ce sont des hommes. À 98 ans, elle donne encore 3 cours par semaine.

LA DESCENTE DU VOLCAN

Les clients d'un hôtel de León, au Nicaragua, peuvent aller jusqu'au sommet du Cerro Negro puis dévaler les pentes du volcan haut de 500 mètres sur des sortes de luges. La vitesse peut parfois dépasser les 80 km/h. Reste à espérer que le volcan ne se réveille pas au moment de commencer la descente.

☒ **DIAMANT PERDU** Pendant une heure, 9 joueurs de foot des Miami Dolphins ont cherché en vain un diamant de 50 000 $. Leur coéquipier Kendall Langford avait tout simplement oublié d'enlever sa boucle d'oreille avant l'entraînement.

☒ **PORTE-BONHEUR** Le joueur de base-ball Mark Reynolds a réussi des *home runs* le jour de son anniversaire en 2009 et 2010.

☒ **JET SKI EXPRESS** Jeremy Burfoot, d'Auckland, Nouvelle-Zélande, a établi le record de distance parcourue en jet ski sur 24 heures : 2 287 km avec des pointes à plus de 110 km/h.

☒ **ÉCHEC ET MAT** Le 21 octobre 2010, à Tel Aviv, le grand maître israélien Alik Gershon a disputé 523 parties d'échecs simultanées. Il en a remporté 454 !

AÏE !!! MON PIED !!!

La juge arbitre Lia Marie Laurenco s'est fait transpercer le pied par un javelot lors des échauffements précédant une compétition nationale qui se déroulait à São Paulo, au Brésil. Elle a immédiatement été conduite à l'hôpital le plus proche pour être opérée.

DRÔLE D'OBSTACLE

À Brisbane, en Australie, le club de golf de Carbrook possède quelques obstacles uniques au monde : des requins. Une douzaine de requins bouledogues sillonnent en effet le lac qui jouxte les trous 12 et 15 du parcours. Leurs ailerons qui dépassent de la surface doivent sûrement distraire les golfeurs. Mais il est à parier qu'aucun n'aurait à l'idée d'aller rechercher une balle tombée à l'eau. Aucune envie de se retrouver face à un mangeur d'hommes de 150 kg.

SPORT MORTEL Le football américain était un sport dangereux à ses débuts. En 1905, durant la saison universitaire, 18 joueurs sont morts sur le terrain, tandis que 150 autres furent sérieusement blessés.

TROP FACILE Jason Kresse, de Freeport, Texas, pêchait le vivaneau rouge dans le golfe de Mexico, en mars 2011, quand un requin mako de 170 kg a jailli hors de l'eau pour venir s'échouer sur le pont de son bateau avant de mourir quelques heures plus tard.

LE SAUT DE LA MORT Le 11 novembre 2010, le kiteboarder Lewis Crathern a profité d'un vent soufflant à plus de 100 km/h pour devenir le premier Anglais à sauter par-dessus la jetée de Brighton, haute de 15 mètres. Il était sorti en mer depuis 2 heures quand il a enfin trouvé la vague pour réaliser son exploit.

MALADROITS Le gardien néerlandais Maarten Stekelenburg, pourtant réputé pour être l'un des meilleurs gardiens de son pays – donc d'avoir la main sûre –, a vu sa réputation ternie en mai 2011 quand il a accidentellement laissé tomber le trophée du toit du bus qui promenait les joueurs en ville pour fêter le titre de champion de l'Ajax d'Amsterdam. Bizarrement, la même mésaventure était arrivée quelques semaines plus tôt à Sergio Ramos, un joueur du Real Madrid.

TRAVAIL D'ÉQUIPE Cinq coureurs – Brad Weiss, Chris Solarz, Terence Gerchberg, Stephen England et Francis Laros – ont terminé le marathon de Coudesport, Pennsylvanie, en 3 h et 26 min, alors qu'ils couraient attachés les uns aux autres. C'est ça l'esprit d'équipe.

Vague monstre

Le 27 janvier 2013, le surfer hawaïen Garrett McNamara, 45 ans, a sans doute établi un nouveau record, battant celui qu'il avait lui-même établi le 1er novembre 2011 en surfant sur une vague géante de 23,77 mètres sur le spot de Praia do Norte, au Portugal. Ce véritable mur d'eau équivaut à la hauteur d'un immeuble de 9 étages.

R TRAVERSÉE EN KITE Deux Russes, adeptes des sports extrêmes, Yevgeny Novozheev et Konstantin Aksyonov, sont devenus les premiers à franchir les 97 km que compte le détroit de Béring entre la Russie et l'Alaska en kiteboard. Durant leur trajet de 7 jours, ils ont survécu à une eau à 1 °C, une tempête et une collision avec une baleine !

R ÉQUIPE EN CARTON Une équipe d'imposteurs s'est rendue au Bahreïn pour y disputer un match amical contre l'équipe nationale du royaume. Les locaux se sont facilement imposés 3-0 contre une très faible formation du Togo. Et pour cause. Aucun des joueurs togolais n'avait jamais endossé la tunique de son pays. C'était une équipe de bric et de broc montée par un organisateur véreux.

R DOUBLE UN En janvier 2011, le golfeur écossais Adam Smith a réussi la prouesse de rentrer deux trous en un au cours du même parcours sur le golf de Stonehaven.

R EXTRA LARGE L'ancien international de foot gallois, Robbie Savage, a enfilé les uns sur les autres 72 maillots des différentes équipes composant la ligue de football anglaise.

R ROBOT LANCEUR Un robot créé par des ingénieurs de l'université de Pennsylvanie a effectué en 2011 le premier lancer lors d'un match de Major League opposant les Phillies de Philadelphie aux Brewers de Milwaukee. L'histoire ne dit pas si le batteur a réussi à reprendre victorieusement la balle.

R IRON MAN Âgé de 70 ans, le pasteur Bob Kurtz est surnommé l'Iron Man du golf (l'homme de fer). En juin 2011, sur le parcours du Quail Creek Resort, à Hartselle, dans l'Alabama, il a enchaîné 1 850 trous en 7 jours. Bien qu'ayant joué 16 heures par jour sous une température de 38 °C, il a rendu une carte de 2 au-dessus du par.

R VIRÉ DE LA MASCOTTE Une des mascottes (ces personnes qui courent déguisées autour du terrain pour mettre de l'ambiance dans le stade) de l'équipe de base-ball des Pittsburgh Pirates a été licenciée pour avoir critiqué la direction de l'équipe sur sa page Facebook.

R STEVE LE VEINARD En mars 2011, Steve Whiteley, un habitant du Devon, en Angleterre, s'est rendu sur le champ de courses d'Exeter. Il a misé 2 £. Il est reparti avec le pactole. Il a en effet empoché plus de 1,4 million de £ ! Cet ancien chauffagiste de 61 ans, qui ne se rend que deux fois par an sur un hippodrome, a trouvé le vainqueur des 6 courses. Pourquoi a-t-il gagné autant ? Le jockey de la dernière n'avait jamais remporté la moindre victoire.

À UN CHEVEU

Ce jour-là, Raimana van Bastolaer a bien failli perdre la tête. Sinon plus. Elle a en effet failli se faire décapiter par le jet-ski de son petit ami, Reef McIntosh. À Hawaï, les vagues sont si hautes que les surfeurs se font remorquer par un jet-ski pour atteindre les bons spots. Mais Reef est tombé à l'eau et le jet-ski fou est passé à trois centimètres du visage de Raimana.

LE 2 JUILLET 2011, UN RECORD DU MONDE A ÉTÉ BATTU : 272 BODYBOARDERS SONT ENTRÉS ENSEMBLE DANS L'EAU AU PORTUGAL

R HARLEY ENDURANCE En 2011, le Hoka Hey Motorcycle Challenge a traversé 48 États des États-Unis et une partie du Canada, de Mesa, en Arizona, à Sydney, dans le Nova Scotia – soit un périple de 48 000 km. Seuls les possesseurs de Harley-Davidson sont autorisés à participer à cette course, mais ils ne sont pas autorisés à dormir à moins de 3 mètres de leur engin – ce qui exclut l'hôtel. C'est Will Barclay, de Floride, qui a gagné la course, comme l'année passée.

R PÊCHE SURPRISE L'Anglais John Goldfinch d'Exeter s'est débattu pendant plusieurs minutes avec sa canne à pêche pour remonter ce qu'il croyait être un énorme poisson. Il avait lancé sa ligne quelques secondes plus tôt à 15 mètres de la côte, pensant attraper des maquereaux. En fait, c'est un nageur qu'il a attrapé. Heureusement pour lui, ce dernier portait une combinaison.

QUEL PROGRAMME !

- SÉRÉNADE EN PET MAJEUR
- JET DE CIGARETTES
- SAUT DANS LA BOUE
- PIED DE PORC SOUS-MARIN
- CRACHAT DE PÉPINS DE MELON
- CONCOURS DE GRIMACES
- À LA POURSUITE DE L'ENJOLIVEUR FOU
- PLONGEON DANS LA BENNE À ORDURES

SAUT DANS LA BOUE

Cette épreuve est sans doute celle qui rencontre le plus franc succès. Il suffit de prendre son élan pour atterrir à plat ventre dans une mare de boue. Évidemment, plus les éclaboussures atteignent les spectateurs, mieux c'est.

PIED DE PORC SOUS-MARIN

Caitlin Craft a la tête plongée dans un récipient rempli d'eau. Avec les dents, elle va devoir ressortir le pied de porc qui s'y trouve. Le gagnant de l'épreuve est celui qui en extrait le plus grand nombre pendant le temps imparti.

LE PORTEUR DE TORCHE

Comme aux jeux Olympiques, il faut une torche pour déclarer la cérémonie ouverte. Chez les ploucs, elle est faite de canettes de bière collées les unes aux autres.

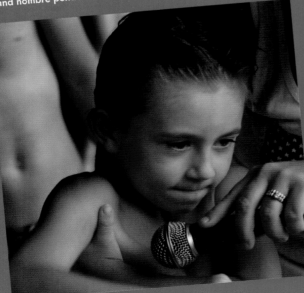

SÉRÉNADE EN PET MAJEUR

Voilà une épreuve à laquelle tout le monde peut participer. On glisse une main sous son aisselle et on laisse s'échapper un long chapelet de sons rappelant celui des flatulences.

LANCER DE CUVETTE

Oui, il s'agit bien d'une cuvette de toilette. Le but du jeu : la lancer le plus loin possible.

Ripley's
Le Big Livre de l'Incroyable
www.big-livre-de-lincroyable.com
89
Sport

Quand on a su qu'Atlanta accueillerait les JO de 1996, toute l'Amérique s'est moquée, disant que les Jeux allaient être organisés par une bande de ploucs (en anglais « Rednecks », surnom des habitants de cette région). Le manager d'une radio locale a alors décidé de forcer le trait en décidant de créer les Jeux des Ploucs, à East Dublin, en Georgie. 500 participants étaient attendus. Ils furent 5 000 à participer à cet événement à nul autre pareil...

Depuis, ces Jeux qui se déroulent sur une journée sont devenus un rendez-vous incontournable pour bon nombre d'Américains. Comme vous allez le constater, les disciplines sont toutes plus loufoques les unes que les autres. Et rarement de bon goût... Les règles, elles aussi, sont fantaisistes. Mais le principal est que tout le monde s'amuse dans une ambiance bon enfant.

L'une des compétitions les plus créatives des Jeux est sans conteste la sérénade en pet majeur. Les participants coincent une main sous leur aisselle pour en tirer une série de sons. La plupart se contentent d'un concert qui ressemble à s'y méprendre à des bruits de pets. Mais, en 2000, un concurrent a ému le public en interprétant l'air de « Dixie », une célèbre chanson populaire.

Nombreux sont ceux qui reviennent chaque année. C'est le cas de Rawni et Rob Sprague qui se sont même mariés en 2008 pendant les Jeux. Comme il se doit, elle portait une robe blanche, lui un smoking de la même couleur... Et tous deux ont plongé, main dans la main, dans la mare de boue. Depuis, ils renouvellent leurs vœux chaque année en étant les premiers à se jeter dans la fosse...

Comme aux jeux Olympiques, les vainqueurs reçoivent un trophée. Pas une médaille, mais une canette de bière vide écrasée... À la leur !

Plouc attitude

CHAMPION DE CIRE

Le boxeur Bernard Hopkins, champion du monde des poids moyens, est passé au siège de Ripley, à Orlando, Floride, en août 2011, afin que soit réalisée sa statue de cire grandeur nature. Il fallait rendre hommage à ce boxeur qui est à ce jour le plus vieux champion du monde de l'histoire de la boxe. À 46 ans, le 21 mai 2011, il a battu le Canadien Jean Pascal pour retrouver une nouvelle ceinture mondiale. Lui ériger une statue de cire a cependant duré bien plus longtemps qu'un combat de boxe. Il a fallu plus de deux jours pour fabriquer sa statue.

On a d'abord appliqué à Bernard Hopkins une fine couche d'une silicone spéciale sur le crâne. Puis on lui a ensuite posé un moule que l'on a laissé sécher avant de le lui enlever délicatement. On a ensuite répété l'opération sur la totalité de son corps, ce qui a pris deux jours. Les sculpteurs de chez Ripley ont ensuite reconstitué un mannequin entier à l'intérieur duquel ils ont coulé la cire avant de fignoler les détails. Les moules en silicone étaient si précis que l'on pouvait voir ses rides et tous les pores de sa peau. Chapeau !

OLLIES RECORD Le 16 juillet 2011, Eric Carlin de Mount Laurel, en Pennsylvanie, alors âgé de 18 ans, a enchaîné 247 ollies consécutifs sans que jamais l'un de ses pieds ne touche le sol. Pour rappel, le ollie est la figure de base du skate-board qui permet de le faire décoller du sol sans s'aider de la main alors que les deux pieds sont sur la planche.

POLO DES ALPAGES Au Pakistan, un tournoi de polo oppose chaque année les deux villes de Gilgit et Chitral. Particularité : il se déroule à 3 734 mètres d'altitude.

COURSE DES NEIGES La Ciaspolada est une course qui se déroule tous les ans depuis 1972 dans les Dolomites au milieu de l'hiver. Les 6 000 coureurs italiens portent des chaussures de montagne pour couvrir les 8 kilomètres.

L'AMIE DES PÊCHEURS Heather était une carpe de 40 ans pesant 23,6 kg. Elle avait été pêchée des centaines de fois mais toujours relâchée. On l'a retrouvée morte dans son étang anglais.

MATCH INTERNATIONAL Le 23 janvier 2011, au début du match de football de Premier League anglaise opposant Blackburn à West Bromwich, les 22 joueurs sur la pelouse étaient tous de nationalités différentes.

TRIPLE BACK Le premier triple backflip arrière en BMX a été réalisé par le Néo-Zélandais Jed Mildon le 28 mai 2011 dans sa ville natale de Taupo. Il a réalisé cet exploit après avoir dévalé une rampe de 20 mètres recourbée en fin de parcours.

LE SHÉRIF EST UN SINGE Les autorités indiennes avaient dressé 38 singes pour effrayer leurs congénères et protéger le village des athlètes lors des Jeux du Commonwealth, en 2010.

Ripley's
Le Big Livre de l'Incroyable
www.big-livre-de-lincroyable.com
91

Sport

FLIPPANT FLIPPER

À Auckland, en Nouvelle-Zélande, les skate-boarders et autres adeptes du BMX disposent d'un parc en forme de flipper. Comme dans un véritable flipper, l'impulsion du départ leur est donnée par un « bras » géant qui leur donne de la vitesse. Ils peuvent aussi marquer des points en tapant contre les bumpers ou en rebondissant contre les flips.

POLO CHÈVRE

Le buzkashi est un sport traditionnel en Asie centrale. C'est même le sport national en Afghanistan. C'est le cousin lointain du polo, sauf que la balle n'est autre qu'une carcasse de chèvre dont on a coupé la tête. Chaque équipe doit propulser la bête dans la zone de but adverse. Les gagnants repartent avec la carcasse qu'ils peuvent déguster !

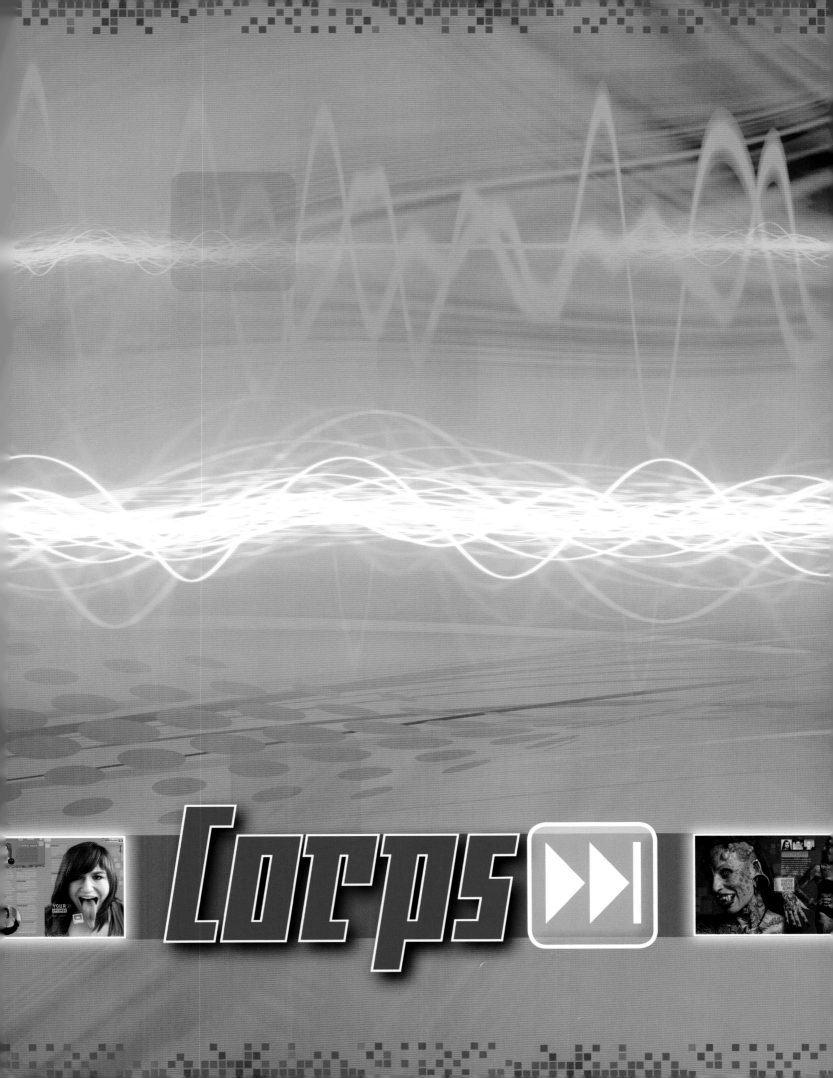

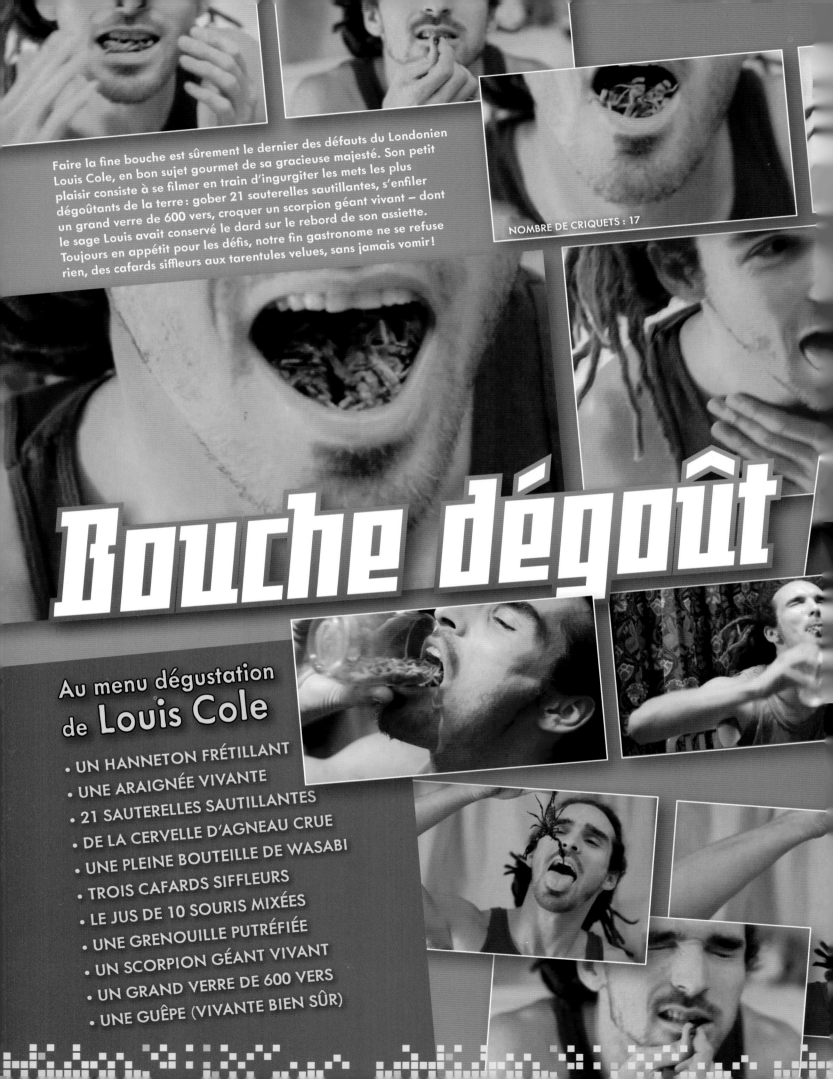

Faire la fine bouche est sûrement le dernier des défauts du Londonien Louis Cole, en bon sujet gourmet de sa gracieuse majesté. Son petit plaisir consiste à se filmer en train d'ingurgiter les mets les plus dégoûtants de la terre : gober 21 sauterelles sautillantes, s'enfiler un grand verre de 600 vers, croquer un scorpion géant vivant – dont le sage Louis avait conservé le dard sur le rebord de son assiette. Toujours en appétit pour les défis, notre fin gastronome ne se refuse rien, des cafards siffleurs aux tarentules velues, sans jamais vomir !

NOMBRE DE CRIQUETS : 17

Bouche dégoût

Au menu dégustation de Louis Cole

- UN HANNETON FRÉTILLANT
- UNE ARAIGNÉE VIVANTE
- 21 SAUTERELLES SAUTILLANTES
- DE LA CERVELLE D'AGNEAU CRUE
- UNE PLEINE BOUTEILLE DE WASABI
- TROIS CAFARDS SIFFLEURS
- LE JUS DE 10 SOURIS MIXÉES
- UNE GRENOUILLE PUTRÉFIÉE
- UN SCORPION GÉANT VIVANT
- UN GRAND VERRE DE 600 VERS
- UNE GUÊPE (VIVANTE BIEN SÛR)

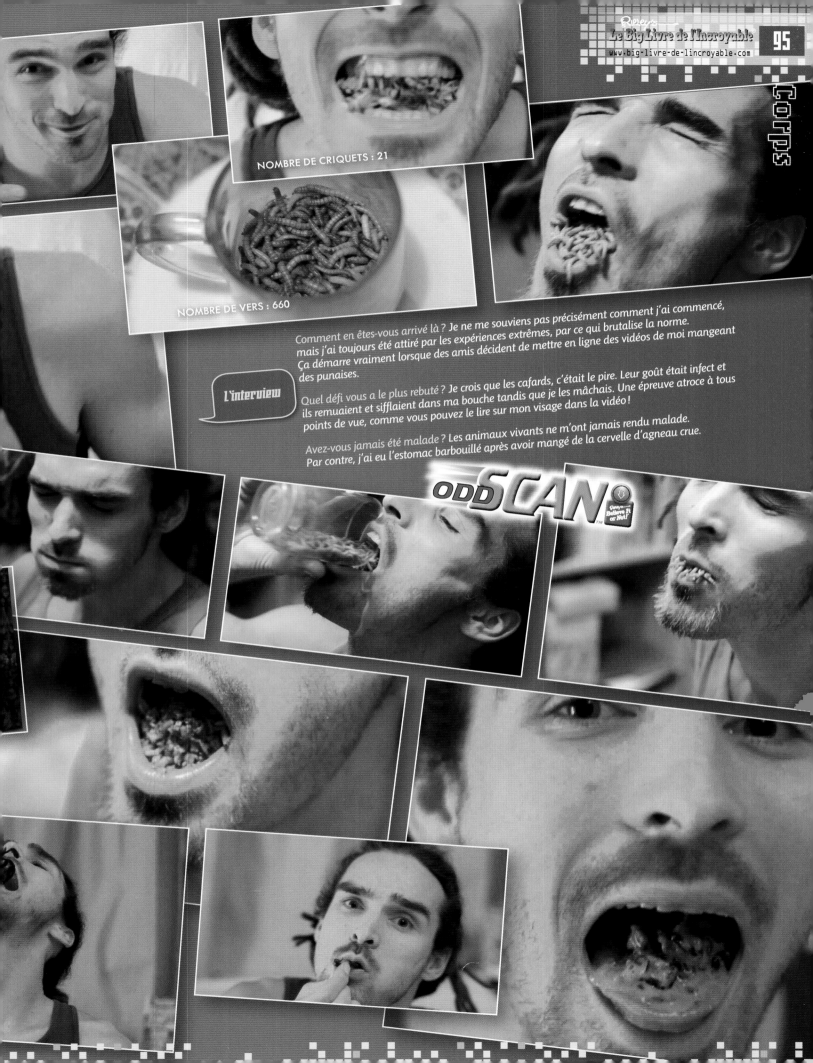

Ripley's
Le Big Livre de l'Incroyable
www.big-livre-de-lincroyable.com
95

corps

NOMBRE DE CRIQUETS : 21

NOMBRE DE VERS : 660

L'interview

Comment en êtes-vous arrivé là ? Je ne me souviens pas précisément comment j'ai commencé, mais j'ai toujours été attiré par les expériences extrêmes, par ce qui brutalise la norme. Ça démarre vraiment lorsque des amis décident de mettre en ligne des vidéos de moi mangeant des punaises.

Quel défi vous a le plus rebuté ? Je crois que les cafards, c'était le pire. Leur goût était infect et ils remuaient et sifflaient dans ma bouche tandis que je les mâchais. Une épreuve atroce à tous points de vue, comme vous pouvez le lire sur mon visage dans la vidéo !

Avez-vous jamais été malade ? Les animaux vivants ne m'ont jamais rendu malade. Par contre, j'ai eu l'estomac barbouillé après avoir mangé de la cervelle d'agneau crue.

ODDSCAN

Ripley's Believe It or Not!

POUCE-PIED

Li Zicheng, de Huiyang, en Chine, a un orteil dans la main! Amputé d'un pouce dans un accident de travail, les docteurs lui ont proposé un échange standard, et transplanté un orteil de son pied gauche à la place du pouce de la main droite. Li Zicheng a cessé de sucer son pouce.

Ⓡ LUEUR BLEUE La « lueur des anges » est un phénomène rare observé parfois sur les plaies des blessés au champ de bataille. La faute à une bactérie luminescente contenue dans l'intestin des vers.

Ⓡ FAUX ORTEILS Probablement les premières prothèses au monde, ces faux orteils remontent à l'époque de l'Égypte Ancienne, il y a 2 600 ans. L'un de ces faux doigts de pied, en cuir et en bois, appartient au Musée égyptien du Caire, tandis que l'autre, composé de tissu, de colle et de plâtre, peut être admiré au British Museum de Londres. Des volontaires ayant perdu leur orteil droit ont accepté d'en tester des répliques, afin de prouver que ces membres n'avaient pas été simplement ajoutés aux momies à des fins religieuses ou rituelles.

LA MAIN BALADEUSE

Durant près de 20 ans, cette femme du New Jersey a été régulièrement attaquée par sa propre main. Karen Byrne souffrait du syndrome de la main étrangère, un désordre neurologique heureusement rare. Sa main gauche tentait de la gifler, de la frapper, volait des objets dans son propre sac à main, ou écrasait les cigarettes que sa main droite venait d'allumer. Ses pieds étaient également atteints. Il arrivait, alors qu'elle souhaitait tourner à gauche, que l'un de ses pieds décide d'aller à droite, l'obligeant ainsi à tourner en rond.

Les problèmes de Karen sont apparus après une opération destinées à soigner son épilepsie. Son chirurgien a sectionné le *corpus callosum*, qui gère les relations entre les deux lobes du cerveau. Bien que l'opération l'ait guérie de son épilepsie, une étrange lutte de pouvoir interne l'a remplacée. L'hémisphère droit du cerveau, qui contrôle nos membres gauches, est généralement dominé par l'hémisphère gauche, qui a toujours le dernier mot. Le cerveau droit de Karen a bassement profité de la rupture du *corpus callosum* pour contester les ordres de la partie gauche !

Ⓡ CIEL MA JAMBE Beth Krohn, heureux pêcheur d'Alexandria, dans le Minnesota, a remonté la jambe perdue trois ans plus tôt par Pam Riley lors d'un bain dans le lac Ida. Beth a retrouvé Pam grâce à la fabrique locale de prothèses.

Ⓡ EX-DOYENNE DE L'HUMANITÉ Une femme du nom d'Antisa Khvichava, vivant au fin fond des montagnes de Géorgie, aurait fêté ses 132 ans le 8 juillet 2012, avant de mourir deux mois plus tard de vieillesse. Son certificat de naissance n'a jamais été retrouvé, mais sa famille apporte des preuves à l'appui, qui en feraient l'ex-doyenne de l'humanité.

Ⓡ DEUX LUNETTES Ben Duvall, du Missouri, est né avec une luette supplémentaire – ce petit bout de chair qui pendouille au fond de la gorge.

Ⓡ CROQUE ORTEILS Le chien de James Little, un diabétique de Roseburg, dans l'Oregon, lui a barboté trois orteils durant son sommeil. L'instinct l'aurait poussé à débarrasser le sexagénaire de membres malades, rendus insensibles par le diabète.

À VOUS DE JOUER

www.ripleys.com/submit

Ricki Nakamura, de Seattle, dans l'État de Washington, peut aplatir son nez et le tordre en tout sens, sans ressentir la moindre douleur. Enrhumés s'abstenir.

Ripley's
Le Big Livre de l'Incroyable
www.big-livre-de-lincroyable.com
97

Corps

LA PLUS
PETITE
PERSONNE
AU MONDE

RECORDS FOUS · RECORDS FOUS · RECORDS FOUS
RECORDS FOUS · RECORDS FOUS · RECORDS FOUS

Micro Mexicaine

La Mexicaine Lucia Zarate (1864-90) fut l'une des personnes les plus petites au monde. Adulte, elle ne mesurait que 50 cm et pesait 2,3 kg. Pesant 225 g et mesurant 18 cm à la naissance, elle avait cessé de grandir à l'âge de 1 an.

Émigrée aux États-Unis à 12 ans, elle devint un phénomène de foire, célébrée comme la « Mexicaine lilliputienne » et payée 700 dollars la semaine en moyenne. Une petite fortune pour l'époque, avec laquelle elle s'est offert un ranch.

Lucia portait des microbijoux taillés à sa mesure, si petits qu'un musée de curiosités offrait une bague en diamant à tout bébé capable d'enfiler l'une des siennes.

Hélas, Lucia mourra d'hypothermie à 26 ans. Bloqué par le blizzard, son wagon de cirque n'a pu être dégagé de la neige qu'une semaine plus tard. Trop tard, la plus petite femme du monde avait cessé de vivre.

GREATEST WONDER OF THE AGE.
SENORITA
LUCIA ZARATE
THE MEXICAN LILIPUTIAN.
THIS YOUNG LADY IS
15 YEARS OF AGE! 20 INCHES HIGH!
AND
WEIGHS ONLY 5 POUNDS!
IS PERFECT IN FORM AND FEATURE.

Tom Thumb is a giant compared with her—this wonderful Mexican Pigmy. It would be difficult to exaggerate the wonder of this human curiosity. The plain truth makes it strange enough.
You must see, hear and feel, and even then you will leave wondering.

J. WOOD, PHOTO., 208 BOWERY.

CROTTE ART

Scatalog, une œuvre inspirée de la recherche médicale des designers Alexandra Daisy Ginsberg et James King, montre comment une bactérie baptisée *E. chromi* peut modifier la couleur des selles humaines, à des fins prosaïquement médicales. Une équipe de biologistes de l'université de Cambridge a en effet manipulé génétiquement une bactérie qui, lorsqu'elle détecte certaines maladies au passage de l'estomac, prend une couleur différente – rouge, verte, jaune, marron, bleue ou violette – selon la maladie. L'histoire ne dit pas si l'œuvre est inodore.

La femme vampire

l'interview

Ripley's rencontre Maria José Cristerna, l'artiste mexicaine tatouée qui s'est transformée en femme vampire.

R MORTE D'EFFROI Quoi de plus mortel que d'assister à ses propres funérailles ? Fagilyu Mukhametzyanov, 49 ans, originaire de Kazan en Russie, avait été déclarée morte par erreur. Réveillée lors de son enterrement, le choc lui fut fatal.

R CORDE AU COU Pendu en 1821 pour avoir assassiné son ex, John Horwood a finalement été enterré par ses descendants 190 ans après. Le squelette de l'aïeul était exposé au laboratoire des sciences de l'université de Bristol, au Royaume-Uni, la corde toujours pendue à son cou. Après son exécution, le corps avait été disséqué en public et sa peau utilisée pour couvrir un ouvrage racontant son crime.

R BRANCHÉ Le cœur de cet adolescent italien était frappé d'une atrophie musculaire mortelle, le syndrome de Duchenne. Il a été sauvé par la première greffe de cœur artificiel jamais pratiquée sur un enfant – l'implant devrait lui donner vingt ans de vie en plus. Son nouveau cœur est alimenté par une prise logée derrière l'oreille gauche et connectée à une batterie, portée dans une ceinture. Chaque nuit, il recharge sa batterie.

PEAU D'HERBE

Tous les Chinois n'ont pas comme lui l'écologie dans la peau. L'artiste Yang Zhichao s'est fait implanter des herbes de la rivière Suzhou dans le dos, sans anesthésie. Le chirurgien a introduit les plantes fraîchement cueillies dans deux profondes entailles. Exercé à supporter des souffrances intenses, Yang s'était déjà fait implanter différents objets dans la jambe ou l'estomac. Il s'est aussi fait tatouer au fer rouge.

R SOUDANAIS SÉPARÉ La probabilité de réussir était mince : une sur dix millions ! C'est donc un exploit pour l'équipe britannique de l'hôpital pour enfants de Great Ormond Street, qui a séparé deux frères soudanais dont les têtes étaient collées à la naissance – Rital et Ritag Gaboura. Ils ne partageaient pas de tissus neuronaux, mais des artères vitales, et les flux sanguins entre leurs deux cerveaux rendaient l'opération délicate.

R COUPE PHARAON Les Égyptiens anciens se faisaient des coupes à la Marilyn Monroe ou Rihanna, révèle une étude d'échantillons de cheveux de momies. Ils ne lésinaient pas sur le gel à base de graisse, se frisaient les cheveux à l'aide de pinces et raffolaient des tresses.

R DÉBRANCHÉE Durant près de deux mois, en 2008, une jeune femme de Manchester, au Royaume-Uni, est retournée en 1992, dans la peau d'une écolière de 15 ans préparant ses exams. Les téléphones portables et Internet étaient un mystère pour elle, et elle ne se souvenait pas avoir donné naissance à Léo, son fils de 11 ans. Naomi Jacobs a souffert pendant huit semaines d'ictus amnésique, une perte de mémoire normalement brève et transitoire, dont elle ne se remettra vraiment que trois ans plus tard.

R RÉVÉLATION Elle était droitière et sans talent. Son accident de voiture l'a révélée gauchère et peintre talentueuse. Taisia Sidorova a perdu la moitié de son cerveau en 2008 lors d'une collision grave à Saint Petersbourg. Une chance ?

Par quoi avez-vous commencé ? J'ai débuté par un piercing à 12 ans, puis ça a été les oreilles trouées. Vous imaginez ce que ça pouvait donner de voir ça à l'époque sur une fille de 12 ans Mon premier tatouage, ça a été l'étoile noire, sur l'épaule gauche. À 14 ans, j'ai convaincu mon père de m'y emmener. Depuis, je n'ai pas cessé de me transformer.

Vous feriez-vous retirer des tatouages ? Jamais, car ils font partie de moi. Ce serait tenter d'effacer quelque chose de vivant, un bout de mon histoire, et ça, c'est impossible ! Ceux auxquels je tiens le plus sont sur mes genoux : les quatre yeux, qui représentent mes enfants. Pourquoi des yeux ? Parce qu'ils sont sans cesse là à me regarder, à m'imiter et que je dois du coup m'efforcer d'être meilleure. Et les cœurs brisés sur mes cuisses, ce sont mes parents, tous deux morts d'une crise cardiaque à dix années d'écart. Comme ça, ils resteront pour toujours dans mon cœur, ils continuent à vivre sur moi, avec moi.

Combien de tatouages avez-vous ? J'ai cessé de compter. Ils couvrent mon corps à 95 % et l'espace restant leur sert de cadre, comme si j'étais un tableau.

Que recherchez-vous, à travers ce look inhabituel ? À vrai dire, je ne cherche rien d'autre qu'à être moi-même. Je ne cherche ni à déplaire ni à plaire à quiconque, juste à m'exprimer librement, comme je le veux. Je suis par exemple une mère responsable, et mon apparence dans ce domaine est le dernier de mes soucis. Chacun choisit comme il l'entend ses stéréotypes de beauté, et chacun sait que la beauté est subjective. Je me trouve belle !

Tournez la page

Ripley's
Le Big Livre de l'Incroyable **101**
www.big-livre-de-lincroyable.com

corps

La femme vampire

Si Maria Jose Cristerna n'est pas une vraie vampire, elle en a tout l'air. L'artiste mexicaine a transformé son corps de mille manières avec force tatouages, implants de titane sous la peau, piercings en pagaille, lobes d'oreilles écartelés et crocs taillés en pointe. Cristerna, mère de quatre enfants, s'est réinventée en vampire. Pour que la force soit en elle !

ODDSCAN

Ripley's Believe It or Not!

ANCE • PERFORMANCE • PERFORMANCE • PERFO

LA FEMME AU CORPS LE PLUS MODIFIÉ !

ANCE • PERFORMANCE • PERFORMANCE • PERFO

26 ans !

VITE VIEILLE

Une jeune Vietnamienne s'est retrouvée en quelques jours dans la peau d'une vieille femme. Nguyen Thi Phuong a contracté cette maladie en 2008, qui a affaissé sa peau et creusé des rides sur son visage et son corps en un temps record. À 26 ans, elle semble en avoir 70 et elle en est tellement affectée qu'elle porte un masque en public. Les médecins, déconcertés, spéculent encore sur la cause de son vieillissement. Sans doute une allergie aux fruits de mer.

⊠ SAGE FEMME Gladys Morris, de Oldham au Royaume-Uni, enseigne le yoga quatre fois par semaine. Elle a trois arrière-petits-enfants et pratique le yoga depuis un demi-siècle. Elle a 89 ans.

⊠ OURS EN CAGE Un prisonnier hollandais se trouvait trop à l'étroit dans sa cellule. Condamné à deux ans de prison pour fraude, il a porté plainte en 2011. Haut de 2 m et pesant 229 kg, il ne pouvait utiliser les toilettes de sa cellule et dormait mal, tenaillé par la peur de tomber du lit. Le juge a rejeté sa plainte.

⊠ JEUNE GRAND-MÈRE À 23 ans, la Roumaine Rifca Stanescu est devenue en 2011 la plus jeune grand-mère au monde. Elle n'avait que 12 ans lorsqu'elle a donné naissance à sa fille, Maria, qui lui a donné à 11 ans son premier petit-fils, Ion.

⊠ MÉGA KYSTE Son kyste aux ovaires était si énorme qu'elle semblait être enceinte. Il avait grossi d'environ 5 cm par semaine jusqu'à atteindre la taille de deux ballons de football et peser 9,2 kg quand Jane Alexander, de Fife en Écosse, s'est enfin décidée à le faire enlever.

⊠ TIRE-LANGUE L'amour de la langue n'a pas de limite pour Rhiannon Brooksbank-Jones, étudiante linguiste zélée de Nottingham, au Royaume-Uni, qui se l'est faite allonger d'environ 1 cm afin de pouvoir prononcer couramment le sud-coréen. Sa langue était en effet trop courte pour lui permettre de prononcer correctement la lettre « L » en coréen.

⊠ ÉTRANGERS FARCEURS Le syndrome d'illusion de Fregoli conduit celui qui en souffre à prendre les étrangers pour des personnes qu'il connaît bien – mais qui s'amuseraient à se déguiser.

⊠ POIDS SUR ORBITE En levant un poids de 10 kg accroché à une de ses orbites, Rakesh Kumar a battu son record en juillet 2011. À ses heures perdues, il soulève aussi 81 kg avec une oreille ou tire un bus scolaire accroché à une dent.

⊠ MODE AL QAÏDA Un professeur de l'État de Washington, Gary Weddle, s'était juré de se laisser pousser la barbe jusqu'à ce qu'Oussama Ben Laden soit capturé ou tué. Il n'a pu se raser qu'après l'exécution du chef d'Al Qaïda, le 2 mai 2011.

⊠ CŒUR ARTIFICIEL Charles Okeke a défrayé la chronique en 2010 en rentrant chez lui avec un cœur artificiel. Implanté dans la clinique de Phoenix, dans l'Arizona, son cœur était alimenté par des batteries portées dans un sac à dos de 6 kg. L'expérience a duré 263 jours, le temps de lui trouver un cœur humain compatible.

⊠ BELLES AMYGDALES Le record du monde de la plus grosse amygdale jamais extraite a été remporté haut la main par Justin Werner, 21 ans, de Topeka dans le Kansas. Sa plus belle amygdale mesurait 5,25 cm de long, 2,75 de large et 1,75 d'épaisseur. L'autre n'était pas en reste. Depuis, Justin respire.

⊠ VERTICALITÉ RÉDUITE Avec seulement 69 cm à 22 ans, Bridgette Jordan de l'Illinois est la femme vivante la plus petite au monde. Elle et son frère de 20 ans, Brad, qui mesure 97 cm, souffrent de la même affection congénitale.

POITRINE RECORD

Ne cherchez pas dans le commerce, la taille de soutien-gorge de l'Américaine Annie Hawkins-Turner – nom de scène Norma Stitz – n'existe pas. Ses seins naturels sont les plus généreux au monde. Ils pèsent 51 kg, soit un tiers de son poids total, mesurent 1,07 m de long et ils continuent de grossir !

Ripley's
Le Big Livre de l'Incroyable
www.big-livre-de-lincroyable.com
103

Corps

🅡 **PAPILLES** Des chercheurs de l'Université de Maryland ont découvert que les poumons ont des papilles gustatives, capables de détecter l'amertume, bien qu'elles ne soient pas connectées au cerveau.

🅡 **COUPES BUDGÉTAIRES** Pour réaliser des économies d'électricité, la société de construction japonaise Maeda a décidé que tous ses employés auraient la même coupe de cheveux. Courte, pour qu'ils passent moins de temps sous les sèche-cheveux !

🅡 **POMPE L'AIR** Quand il était enfant, le petit Zhang Xijiang de Xiamen, en Chine, a découvert qu'il était capable de pomper de l'air par les oreilles. Il a commencé par des ballons, a continué avec des pneus de voiture. Et maintenant il fume.

À VOUS ›› DE JOUER

www.ripleys.com/submit

LANGUE PENDUE

À tout juste 14 ans, Adrianne Lewis, du Michigan, a déjà la langue bien pendue : ses 8,75 cm lui valent le doux surnom de « mini Gene Simmons », en hommage à un chanteur des Kiss — dont l'organe mesurait précisément le double.

TAILLE RÉELLE

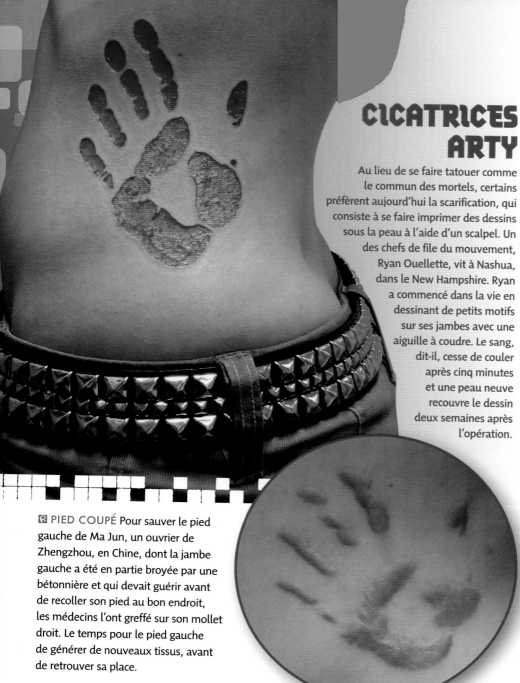

CICATRICES ARTY

Au lieu de se faire tatouer comme le commun des mortels, certains préfèrent aujourd'hui la scarification, qui consiste à se faire imprimer des dessins sous la peau à l'aide d'un scalpel. Un des chefs de file du mouvement, Ryan Ouellette, vit à Nashua, dans le New Hampshire. Ryan a commencé dans la vie en dessinant de petits motifs sur ses jambes avec une aiguille à coudre. Le sang, dit-il, cesse de couler après cinq minutes et une peau neuve recouvre le dessin deux semaines après l'opération.

◼ PIED COUPÉ Pour sauver le pied gauche de Ma Jun, un ouvrier de Zhengzhou, en Chine, dont la jambe gauche a été en partie broyée par une bétonnière et qui devait guérir avant de recoller son pied au bon endroit, les médecins l'ont greffé sur son mollet droit. Le temps pour le pied gauche de générer de nouveaux tissus, avant de retrouver sa place.

◼ DOIGTS BIONIQUES Toute petite, Chloe Holmes, au Royaume-Uni, a perdu ses doigts de mains après un empoisonnement du sang. On lui en a greffé de tout neufs sur la main gauche, à l'âge de 15 ans. Ses doigts bioniques sont contrôlés par ses propres nerfs, qui communiquent par signaux électriques.

◼ EMBROCHÉ Le visage transpercé par une barre de métal de 5 cm de diamètre, Andrew Linn a survécu. Ayant perdu conscience au volant, ce résident de Las Vegas est sorti de la route, pour venir s'encastrer dans une barrière en métal. Le tube de métal est alors entré d'un côté de son nez, pour ressortir par son cou.

◼ INDICS Après l'incendie de la maison de ses voisins, Grant Dey, de Christchurch en Nouvelle-Zélande, a été trahi par ses tatouages – des flammes, qui couvrent son visage. Il a été jugé et condamné.

◼ FAIT SUER L'exposition à certains colorants, produits chimiques ou aliments fait suer les personnes atteintes de chromhydrose de toutes les couleurs : rouge, bleu, vert, jaune ou noir.

◼ SILENCE SUR LE COURT ! Les célèbres cris que pousse la joueuse de tennis russe Maria Sharapova dépassent fréquemment les 100 décibèls – soit l'équivalent du fracas d'un train de marchandises lancé à pleine vitesse.

◼ PROPHÉTIE OU IDIOTIE ? Lorsqu'il a été arrêté en mai 2011, pour une agression en Caroline du Sud, Robert Kennedy arborait sur son front un tatouage prévenant : « Prière de m'excuser si je dis ou fait quelque chose de stupide. Merci. »

◼ CHARMING Le joyeux parc d'attraction de Thorpe, dans le Surrey, au Royaume-Uni, a demandé à ses visiteurs de bien vouloir faire don de leurs urines les plus odorantes afin de recréer, en brûlant de surcroît des cheveux et quelques charognes décomposées, l'odeur la plus putride pour son spectacle d'horreur. La plus fétide a reçu un prix de 750 $.

◼ ADOLFETTE Des scientifiques britanniques ont conçu le plan, durant la Seconde Guerre mondiale, d'introduire des hormones féminines dans la nourriture d'Adolf Hitler. La mission de ces estrogènes était de tempérer les instincts belliqueux du chef nazi, voire de le transformer en femme...

MARQUÉS AU FER

L'artiste canadien du *body art* Blair est le spécialiste du marquage au fer. Il crée des motifs complexes en chauffant une pièce de métal, qu'il applique ensuite comme un pinceau sur le corps. Pas de séance de marquage, disent les volontaires, sans sa bonne odeur de bacon.

TÊTE PERDUE Des scientifiques ont authentifié en 2010 la tête du roi Henri IV. Assassiné en 1610 puis enterré à la basilique Saint-Denis, son corps a été jeté à la fosse commune durant la Révolution, mais sa tête – volée – a réapparu chez des collectionneurs. Bien conservée, elle a été authentifiée grâce à une tâche de naissance, un trou à l'oreille et une estafilade.

DOUBLÉS Kathryn Crills, d'Ephrata en Pennsylvanie, est l'heureuse matriarche de trois générations de vraies jumelles monozygotes – ses propres filles Karen et Sharon (nées le 7 août 1959), qui lui ont donné ses petites-filles Mélanie et Michelle (nées le 22 septembre 1973) et ses arrière-petites-filles Maleah et Makelah (nées le 16 avril 2010).

MÉTALLIQUE Rolf Buchholz, informaticien à Dortmund, en Allemagne, porte quelque 453 bagues et broches.

ATTRACTION Personne n'ayant récupéré la dépouille de Cancetto Farmica, travailleur du cirque mort en 1911, la chambre funéraire de Laurinburg, en Caroline du Nord, l'exposa jusqu'en 1972.

L'interview

D'où t'est venue l'envie de te tailler les oreilles en pointe ? Je portais déjà depuis des années de fausses oreilles d'elfe, comme d'autres portent des colliers. C'était mon look, ma façon de dire qui je suis, d'afficher ma personnalité. Je n'ai pas peur de sortir dans la rue avec une cape en velours râpée et une épée. Croyez-moi, je suis une vraie elfe moderne !

As-tu souffert ? L'opération s'est faite sous anesthésie, sans douleur. Tout le long, j'avais un grand sourire jusqu'aux oreilles ! Quand l'anesthésie s'est dissipée, j'ai commencé à avoir mal, et j'ai dû faire très attention pendant deux semaines à la façon dont je dormais.

Combien de temps cela a pris pour cicatriser ? J'ai pu enlever les fils après une semaine. Mais j'ai dû continuer de serrer mes oreilles dans du sparadrap pendant encore deux semaines pour les forcer à garder cette forme étrange. Après, cela a pris encore un an avant qu'elles prennent la forme qu'elles ont aujourd'hui.

Comment les gens ont-ils réagi ? Très bien. Quand je lis des choses négatives sur le Net, je m'en moque. Ces gens ne me connaissent pas, ceux qui me connaissent m'ont soutenue à fond. Russ Foxx m'a dit : « Je ne modifie pas tes oreilles, je les répare. » Cette opération n'a qu'un but, me permettre d'être ce que je suis, ce que j'ai toujours été. Quand on me dit : « Tu ne trouveras pas de travail avec ça », je me marre. J'ai travaillé depuis comme nounou, avec des personnes handicapées, j'enseigne l'histoire, les arts martiaux et j'ai un groupe qui cartonne : The Figures.

Et tu te sens bien maintenant ? J'adore mes oreilles, clair et net ! J'aime leur finesse et suis ravie que Russ ait fait un si bon boulot que la plupart des gens n'imaginent pas qu'elles ont été transformées. Elles font partie de mon style et collent parfaitement avec ma conception merveilleuse de la vie.

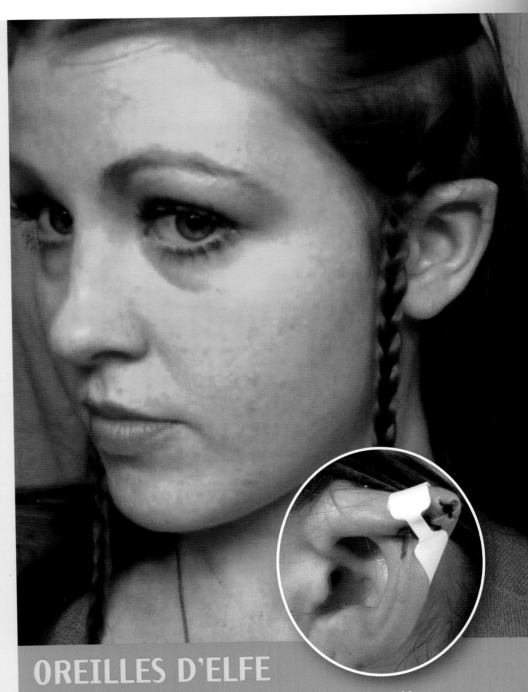

OREILLES D'ELFE

Une opération de chirurgie complexe a permis à Kimberleigh Smithbower Roseblade, de Vancouver au Canada, de se faire tailler des oreilles d'elfe plus vraies que nature. L'artiste de *body art* Russ Foxx, qui a conduit les opérations, lui a coupé un morceau d'oreille avant de les replier et de les coudre. Kimberleigh, qui portait déjà chaque matin de fausses oreilles d'elfe, est plus que ravie d'en avoir enfin de vraies !

DÉBROUILLARD Après s'être méchamment entaillé la jambe dans un accident domestique, un Suédois de 32 ans, agacé de devoir attendre aux urgences de l'hôpital a dérobé du fil et une aiguille, puis il a recousu sa plaie.

COMATHEUSE Plongée dans le coma depuis trois jours, une adolescente de 15 ans, du Northamptonshire, au Royaume-Uni, a été sauvée par les maths ! Elle s'est réveillée quand son père lui a demandé de calculer des sommes simples. Toutes les autres tentatives pour stimuler son cerveau avaient échoué.

COMA ASSIMIL Après un coma de 24 heures, une Croate de 13 ans s'est mise à parler couramment l'Allemand, qu'elle venait de commencer à étudier en classe. L'inconvénient de cette méthode : elle ne parle plus croate !

HUIT PATTES Deepak Paswan n'est pas une araignée, mais il est né avec huit membres – parmi lesquels les bras, jambes et fesses d'un jumeau parasite logé dans sa poitrine. Bien qu'atrophiés, ces membres ont grandi avec Deepak, 7 ans, qui vit à Bihar en Inde. Une opération complexe l'en a libéré en 2010.

LOBES EN ÉCHARPE Un fermier de Taïwan, Jian Tianjin, a des lobes d'oreilles si longs (16 cm) qu'ils touchent ses épaules et peuvent s'enrouler autour de son cou. Pratique en hiver !

FAMILLE NOMBREUSE Après avoir donné naissance à deux séries de quadruplés (en 2004 et 2005), Dale Chalk, du Queensland, en Australie, a eu des jumeaux en 2009 !

À UNE MAIN Être né avec une seule main n'a pas empêché Kevin Shields, de Fort William en Écosse, de devenir un maître de l'escalade et de venir à bout de dangereuses parois de glace.

Police poilue

Une étudiante en design de Tokyo, au Japon, a eu l'idée saugrenue de créer sa propre police de caractères en photographiant les poils (de jambe) de son petit ami. Le professeur de Mayuko Kanazawa lui avait demandé de se passer d'ordinateur. Pas de remonter des milliers d'années avant Gutenberg !

TRÈS COLLANT

« L'homme aimant » de Géorgie a montré ses talents en 2011, en se collant 50 cuillères autour du torse. Etibar Elchyev, à 40 ans, vit a Marneuli, où il égaille aussi les banquets en portant un homme assis sur un capot de voiture. Sans les mains !

BORN AGAIN Des médecins texans ont partiellement sorti un fœtus de 25 semaines de l'utérus de sa mère, pour lui retirer une tumeur cancéreuse de la taille d'un grain de raisin. Une fois libérée de sa tumeur, la petite Macie est retournée vivre une dizaine de jours encore dans le ventre de sa mère pour naître à nouveau – en excellente santé.

SANS LA QUEUE Des chirurgiens chinois ont retiré une queue de 13 cm à une fillette de quatre ans. Hong Hong, de la province d'Anhui, était née avec cette protubérance, qui avait depuis doublé de taille. Un phénomène lié à une tumeur située dans sa colonne vertébrale.

Le Big Livre de l'Incroyable®
www-big-livre-de-lincroyable.com
107

Corps

Pieds de biche

Kathy Hayes, de Los Angeles, en Californie, s'est laissé pousser les ongles de pied dans des proportions incroyables. L'anthropologue les taille à 13 cm et les conserve bien polis et vernis, en parfaite condition. Conséquence de cette passion, Kathy ne peut mettre qu'une seule sorte de chaussures : des sandales ouvertes à double semelle.

MAINS VELUES Le premier Américain à subir une transplantation des deux mains, Jeff Kepner, de Géorgie, a été surpris de les découvrir si velues. Le donneur était bien plus poilu que lui.

APPÉTIT D'ACIER Des médecins péruviens ont retiré 900 g de ferraille – clous, pièces de monnaie, fils de cuivre, etc. – de l'estomac de Requelme Abanto Avarado. Celui-ci ingurgitait du métal depuis des mois, avalant même un jour de grand appétit 17 clous de 12,5 cm.

SAUT DE L'ANGE Zhu Xinping est une miraculée. Cette Chinoise de 2 ans, habitant Jianyang dans la province du Sichuan, n'a eu qu'une jambe cassée après être tombée sur un tas de terre du 21e étage de son immeuble.

SCIE SAUVEUSE Bloqué sous une poutre de ciment dans l'effondrement d'un bâtiment lors du tremblement de terre de 2009 en Indonésie, le jeune Ramlan, 18 ans, n'a pas hésité à scier sa propre jambe pour s'en sortir.

MÉCANO Bien qu'aveugle de longue date, un homme de 48 ans, dans l'Ohio, prépare son diplôme de mécano.

BALLE DE L'AN Un Polonais de 35 ans est venu se plaindre à l'hôpital de Bochum, en Allemagne, d'une grosseur à la nuque. C'était une balle de calibre 22. Ce n'est qu'à ce moment-là qu'il s'est souvenu avoir reçu un coup à la tête lors d'un nouvel an, sans doute très animé.

ACROBATE TRONC Né sans jambes, Lu Li – de Dengfeng, en Chine – vit de son métier d'acrobate. Cet étonnant artiste de rue attire les foules en marchant sur les mains, en charmant des serpents et en crachant du feu.

UNE PIZZA RÉA ! Grâce à l'intervention d'un livreur de pizza, George Linn, du Colorado, a survécu à une crise cardiaque.

L'ENVERGURE DE VOS DEUX BRAS OUVERTS EST ÉGALE À VOTRE HAUTEUR

LINCOLN DÉMÉNAGE Depuis qu'il est dans son cercueil, le président américain Abraham Lincoln a déjà déménagé 17 fois, pour le protéger des pilleurs de tombes.

AGILE COMME UNE ANGUILLE

Après avoir lu sur Internet que les anguilles ont la propriété de nettoyer les peaux mortes, Zhang Nan, de Honghu en Chine, n'a fait ni une ni deux. Il s'est fait couler un bain avec une dizaine d'entre elles. Rapidement, une vive douleur traverse le pénis de Zhang, qui s'aperçoit qu'une anguille est en train de remonter son urètre. Incapable de l'arrêter car trop glissante, il se met alors à uriner. En vain. L'anguille est trop agile malgré l'étroitesse du conduit. Le bain d'anguille se termine à l'hôpital, où Zhang a dû passer trois heures sur le billard avant que les médecins ne parviennent à retirer le reptile de 15 cm, qui s'était invité dans sa vessie.

◪ BRICOLAGE Un Californien de 63 ans a été admis à l'hôpital après avoir tenté d'opérer son hernie en s'ouvrant le ventre avec un couteau de cuisine de 15 cm. Ah, le système de santé à l'américaine !

◪ TRANSPERCÉ Wu Moude travaillait sur un chantier en Chine, lorsqu'il est tombé sur une barre en fer qui a transpercé sa mâchoire et s'est enfoncée de 15 cm dans son crâne. Il a survécu.

◪ CASTAFIORE Avec le seul son de sa voix, le vocaliste américain Jaime Ventura peut fracasser un verre à vin. Sa voix peut atteindre les 120 décibels, plus fort qu'une moto lancée à 100 km/h. Et en chantant ?

◪ OREILLES DE POINTE Un chirurgien esthétique de New York propose à ses patients de leur tailler les oreilles en pointe, en mode Dr Spock, ce qui améliorerait, dit-il, leur capacité d'écoute musicale.

◪ KYSTE GÉANT Anne Warren, de Westport en Nouvelle-Zélande, a développé un kyste aux ovaires géant de 10 kg, gros comme des triplés. La tumeur a grandi durant des années sans qu'elle s'en rende compte, jusqu'à ce qu'elle affecte d'autres organes.

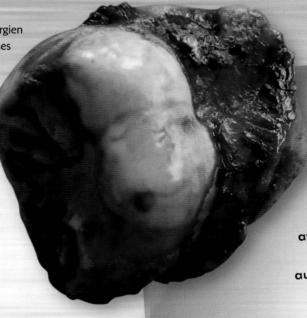

NEZ BOUCHÉ

Cela faisait plus de cinq ans que Feng Fujia avait le nez bouché, et qu'il empestait tellement que ses collègues l'évitaient. Les médecins n'en ont pas cru leurs yeux en découvrant sur ses radios qu'une dent avait poussé dans ses narines, jusqu'à les obstruer. Un choc, lorsqu'il était petit, aurait pu faire remonter une de ses dents, qui se serait ensuite développée.

HYGIÈNE BUCCO-DENTAIRE

Ce soir-là, rentrée ivre comme une soupe, Jinan n'aurait jamais dû se laver les dents. Mal lui en a pris, et surtout des douleurs à l'estomac, où les chirurgiens ont retrouvé sa brosse à dents un mois après. La Chinoise s'était endormie en se brossant les dents. Elle pensait qu'on lui avait retiré sa brosse durant son sommeil. « Je ne comprends pas comment j'ai fait pour l'avaler », s'interroge l'ingénue.

◪ NUMÉRO D'URGENCE À 3 ans, Vincent Lamitie, de North Ridgeville dans l'Ohio, a pu sauver son père inconscient en composant le numéro d'urgence (911), qu'il avait retenu d'un dessin animé.

◪ PRÉCIEUSE DENT Victime d'un tir en pleine face, Walter Davis, de La Nouvelle-Orléans en Louisiane, a été sauvé par sa dent en or, sur laquelle le tir a ricoché.

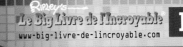

Ripley's
Le Big Livre de l'Incroyable
www-big-livre-de-lincroyable.com
109

Corps

BALLE PERDUE

Un Polonais, qui ne devait pas être totalement frais lors des douze coups de minuit, ne s'est pas inquiété plus que ça d'avoir reçu une balle dans la tête le soir du nouvel an, dans la ville allemande de Herne. Ce n'est que cinq ans plus tard, grâce à une radiographie, qu'il s'en est rendu compte.

OÙ EST CHARLIE ?

Le Britannique John Mosley, de Norwich, s'est fait tatouer dans le dos une scène de la série de livres jeux *Où est Charlie ?* comprenant pas moins de 150 personnages. La séance a duré 24 heures, le temps pour le tatoueur Rytch Soddy de dessiner toute une série de Dark Vador, pirates, vikings, cow-boys.

ÉPONGE OUBLIÉE

L'Australienne Helen O'Hagan a vécu plus de quinze ans avec une éponge chirurgicale dans l'abdomen, oubliée lors d'une opération pratiquée en 1992. Elle souffrait de crampes et de fièvres mystérieuses jusqu'à ce qu'une radio détecte l'intruse, en 2007.

DENTIER PARE-BALLE

Heureux propriétaire d'un bar à Alta Floresta, au Brésil, un octogénaire victime d'une agression par balle a eu la vie sauve grâce à son dentier. Sans lui, Zacarias Pacheco serait probablement mort ; grâce à lui, la balle a été détournée de sa trajectoire.

Culture ventrale

Un ouvrier Chinois, Wang Yongjun, qui s'était coupé un doigt sur une scie électrique, a pu le récupérer grâce à un greffon placé sur son ventre durant un mois, le temps que la peau et les muscles se reforment. Une fois le bout de son doigt rétabli, il a pu retrouver sa place.

HÉRISSON

Lors d'une explosion survenue à Xian, en Chine, dans une fabrique de béton armé, l'ouvrier Wang Tao a été empalé par pas moins de treize tiges de métal, toutes fichées dans ses cuisses et ses hanches. Ses collègues ont dû les couper à la meule pour faire entrer Tao dans l'ambulance.

DOIGT DE FER

Certains moines Shaolin parviennent à faire tourner leur corps – comme un poirier – sur un doigt, dit le « doigt de fer ». À 91 ans, l'honorable Hai-Tank, du temple de Sil Lum en Chine, maîtrise ce talent rare, fruit d'une force de concentration exceptionnelle.

DIMANCHE À CHICAGO

Baillant aux corneilles dans une rue de Chicago, un homme de 39 ans a reçu une balle dans la bouche. Il l'a recrachée sur-le-champ avec une dent, sans blessure majeure. RAS.

ABDOMEN

Le Chinois Wu Zhilong a de telles tablettes de chocolat qu'il peut s'en servir pour tirer une voiture de 2,2 tonnes sur 20 mètres, ou tenir grâce à son abdomen un marmite en fer sans que personne ne parvienne à la lui enlever.

DENTS ARTIFICIELLES

Des chercheurs de l'Université des sciences de Tokyo, au Japon, sont parvenus à cultiver des dents artificielles à partir de cellules souches. Portées par des souris, elles pouvaient mâcher et étaient sensibles à la douleur.

VIEUX OS

Une femme de Marathon, en Floride, a découvert des restes humains dans son jardin. Après expertise, ces os remontaient en fait à 2 400 ans.

MUSÉES DES CURIOSITÉ

Les musées des curiosités étaient extrêmement populaires aux USA au XIXᵉ siècle. Pour quelques sous, les visiteurs se trouvaient propulsés dans un monde improbable peuplé de nains, de géants, de femmes à barbe et de spectacles incroyables.

Le forain P.T. Barnum entre dans la légende en ouvrant son premier musée des curiosités à New York en 1841. S'y retrouvent pêle-mêle toutes les bizarreries humaines, des momies, des bocaux remplis de créatures mystérieuses, et le fameux Feejee Mermaid – obtenu en cousant une tête de singe sur un poisson !

Un concurrent – George B. Bunnell – ouvre un second musée des curiosités à New York en 1876, où l'on peut voir le plus grand couple du monde – le capitaine Bates et Anna Swan – et applaudir...

Phineas Taylor Barnum inaugure son premier musée des curiosités à New York en 1841. « Je veux, disait-il, que tout le monde en parle et s'émerveille ; je veux que tous les hommes et les femmes de ce pays se passent le mot : "Il n'y a pas d'endroit aux États-Unis où l'on peut en voir autant pour 25 cents." » Barnum place un orchestre sur le balcon pour attirer les foules et il renouvelle sans cesse les attractions. Sa collection comprenait 600 000 curiosités en 1849, et 850 000 en 1865 lorsqu'elle est détruite par un incendie.

Ripley's
Le Big Livre de l'incroyable
www.big-livre-de-lincroyable.com
111

Corps

Percilla Lauther et Emmitt Bejano – la « femme singe » et l'« homme crocodile » – se rencontrent et tombent amoureux au cours d'une tournée dans les années 1930. Née en 1911 à Puerto Rico, Percilla souffrait d'hypertrichose, un dérèglement hormonal qui se manifeste par une pilosité envahissante. Emmitt avait la peau caleuse. Incapable de transpirer, il devait prendre des bains d'eau glacée entre chaque spectacle. Ils fuguent ensemble en 1938, mais reviennent se produire quelques années plus tard, comme « les plus extraordinaires mariés du monde ». Fatigués de la scène, ils se retirent en Floride, jusqu'à la mort de Emmitt en 1995. Percilla décide de se raser de près, pour la première fois de sa vie, avant de décéder à son tour, en 2001.

STRANGEST MARRIED COUPLE
PERCILLA Monkey Girl — EMMITT Alligator Boy

Jennie Lee and Elvira Snow, also known as "The Snow Twins" and "Zip and Pip," suffered from microcephaly, a condition characterized by abnormally small craniums. They were commonly known as "pinheads." They performed and traveled for many years.

Martha, le petit génie manchot, était l'un des clous du Hubert's Museum dans les années 1920. Née sans bras et les jambes raccourcies, elle mangeait, écrivait et tapait à la machine avec ses pieds.

l'amiral Point et le major Atome, deux célèbres nains, ou encore deux sauvages de Bornéo. Montreurs de force, les deux frères – nés en fait dans l'Ohio – ont gagné quelque 200 000 $ dans leur vie, somme considérable pour l'époque.

Un troisième établissement ouvre dans les années 1920 sur Times Square : le Hubert's Museum. On peut y admirer l'avaleuse de sabres lady Estelline, l'homme-femme Albert-Alberta, Susie la fille à la peau d'éléphant, le cirque des mouches du professeur Heckler, Martha le petit génie manchot, ou encore Zip la tête d'épingle. Hubert's restera ouvert jusqu'en 1965 ; le ticket d'entrée a doublé, mais reste très compétitif pour un tel voyage dans l'étrange.

Ongles !

LES INSECTES-ONGLES

Après les ours en peluche de nombril, le Big Livre de l'Incroyable vous présente les incroyables sculptures en « ivoire humain », réalisées cette fois avec des ongles de pied par la même artiste de l'extrême : Rachel Betty Case ! Une matière première qu'elle commence à collecter dès 2003, auprès de collègues et professeurs de son école d'art, située en Pennsylvanie. Deux ans plus tard, Rachel a amassé suffisamment de rognures d'ongles pour se mettre au travail. Les réactions outrées ne tardent pas et l'artiste avoue qu'elle est devenue « accro au plaisir de choquer les gens et de travailler avec les matériaux les plus farfelus ».

☒ MAGNÉTIQUE
Fourchettes, couteaux, ciseaux et poêles à frire collent à la poitrine, au dos et au ventre du jeune Brésilien David Amorim, 7 ans.

☒ POITRINE DE RÊVE
À 83 ans, Marie Kolstad, en Californie, s'est payé une poitrine de rêve, pour environ 6 000 euros. De peur qu'ils s'y opposent, mamy avait caché son opération jusqu'au dernier moment à ses quatre enfants, treize petits-enfants et douze arrière-petits-enfants.

☒ JAMBE DE PLOMB Un matin de 2010, Tracy Durham, de l'Illinois, se réveille avec un mal de jambe. Dans la nuit, il a pris une balle sans s'en rendre compte.

☒ CHAT INGRAT Quand le petit Deng Rui, de Tengchong en Chine, trébuche et tombe au fond d'un puits asséché, l'enfant de 4 ans y trouve vite de la compagnie : un chat est déjà tombé avant lui. Repêchés deux jours plus tard, les deux rescapés sont remontés sains et saufs. Mais le chat se carapate, sans demander son reste !

☒ DOUILLET Les médecins à qui Li Fu, de la province de Yuanjiang en Chine, vient se plaindre d'un mauvais goût dans la bouche et de maux de tête, lui font passer une radio. « Cher Monsieur, vous avez une lame de couteau de 10 cm au fond de la gorge », lui annoncent-ils. L'homme s'est alors souvenu d'un coup de couteau, reçu quatre ans plus tôt, lors d'un cambriolage.

☒ FEMME AU VOLANT Une conductrice émérite de Melbourne, en Australie, a réussi l'exploit de se faire écraser deux fois par sa propre voiture ! Ayant oublié de serrer son frein à main sur un parking, elle est renversée une première fois par son véhicule. Déjà sérieusement blessée, elle ne peut se relever lorsque sa voiture, ayant rebondi sur une barrière, revient l'écraser une seconde fois.

☒ GRAND SAIGNEUR En soixante ans, John Sheppard, de Fort Myers en Floride, a donné au total 150 litres de son sang, sauvant, estime-t-on, un millier de vies.

☒ D'ARTAGNAN Des chirurgiens du Hunan sont parvenus à sauver un Chinois âgé de 15 ans, victime d'un coup d'épée fiché pile entre les deux yeux. La lame s'était enfoncée de 5 cm dans le front de Zhang Bin. D'Artagnan en herbe a encore besoin d'entraînement.

☒ TRAHI PAR UNE RADIO Un voleur de diamant de Marbella, en Espagne, a été confondu grâce à une radiographie de son estomac, qui a révélé qu'il avait avalé le précieux brillant.

☒ YEUX BRILLANTS Durant six ans, le Britannique Stephen Mabbutt entendait ses yeux rouler dans ses orbites. Les symptômes sont apparus en 2005, accompagnés d'une douleur sourde sur un côté de la tête. Diagnostic : une maladie rare, le syndrome de déhiscence du canal semi-circulaire supérieur, qui faisait qu'il entendait distinctement tous ses bruits internes. Jusqu'à son opération réussie en 2011, Stephen entendait battre son cœur en permanence, et manger était pour lui une expérience pénible, assourdissante !

CLIN D'ŒIL

En un clin d'œil, l'après-midi jardinage tourne au film d'horreur pour ce retraité de 86 ans de Phoenix, dans l'Arizona, qui taillait son prunier lorsqu'il s'est enfoncé maladroitement son sécateur dans la prunelle. Ayant jeté l'outil au bas de l'échelle, il est tombé et s'est empalé sur un des manches, qui est rentré par son orbite jusqu'à atteindre ses amygdales. Seule une moitié du sécateur ressortait hors de sa tête lorsqu'il est entré à l'hôpital, où les médecins ont, plus incroyable encore, sauvé son œil !

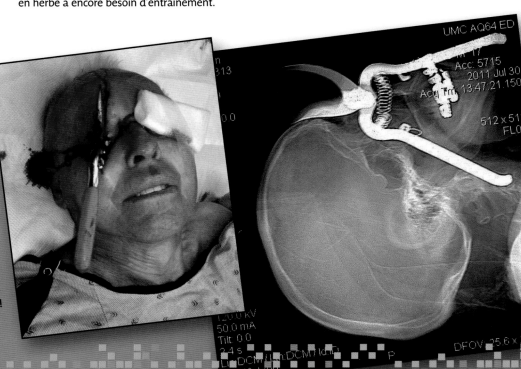

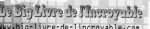

Le Big Livre de l'Incroyable
www.big-livre-de-lincroyable.com
113

Corps

Friture à mains nues !

Le chef thaïlandais Kann Trichan ne s'embarrasse pas d'ustensiles de cuisine, il retire sa friture à mains nues de l'huile bouillante – environ 200 °C. Il ne ressent ni ne montre aucune trace de brûlure. Un talent découvert il y a sept ans, lorsqu'en s'aspergeant par accident d'huile bouillante il n'a rien ressenti. L'effet Leidenfrost, qui transforme la vapeur d'eau en isolant thermique au-delà de 160 °C, pourrait expliquer ce phénomène ; expérience non conseillée !

400°F/200°C!

PERFORATIONS ORDINAIRES

● **GRILLES MÉTALLIQUES.** Nick Blossom a survécu à une chute du troisième étage d'un immeuble de New York, après s'être empalé la tête sur des grilles métalliques.

● **BARRE DE MÉTAL.** Ezra Bias, de Spokane dans l'État de Washington, livrait des pizzas lorsqu'une barre de métal a transpercé son pare-brise – et lui-même !

● **TIGES DE FER.** En Inde, un ouvrier du nom d'Anil Kumar a réchappé à des perforations multiples de l'abdomen, de l'intestin et du dos subies tandis qu'il pilotait sa moto derrière un camion, d'où des tiges de métal de 3 cm de diamètre se sont échappées en route.

● **COUTEAU À BEURRE.** Tyler Hemmert, de Vancouver dans l'État de Washington, n'a eu qu'une fêlure crânienne après qu'un de ses petits camarades lui a planté un couteau à beurre au-dessus de l'oreille.

● **BRANCHE D'ARBRE.** Michelle Childers circulait en voiture dans l'Idaho lorsqu'une branche de 45 cm de long a surgi par sa fenêtre ouverte et lui a transpercé le cou, manquant de peu sa trachée-artère.

● **CROCHET MÉTALLIQUE.** Un bébé de 17 mois, Jessiah Jackson de Leland en Caroline du Nord, a survécu après être tombé de sa chaise sur un crochet en métal qui a pourtant pénétré de 5 cm dans sa boîte crânienne.

● **TIGE DE BAMBOU** Dez Heal, un adolescent de Lynchburg, dans l'État de Virginie, a échappé de peu à la mort lorsqu'il s'est empalé sur la longue tige de bambou avec laquelle il s'amusait.

La légende de Joseph Merrick restera gravée à jamais dans les mémoires grâce au film de David Lynch, qui l'immortalise dans *Elephant Man* en 1980. John Hurt incarne sa courte et triste vie, revêtant (photo de gauche) une cape et un masque identiques à ceux qu'il portait pour ne pas effrayer les passants lorsqu'il sortait dans la rue. Chaque jour de tournage, John Hurt passait sept heures au maquillage. Le film a reçu sept nominations aux Césars.

PHOTO DU FILM

PHOTO DU FILM

Joseph Merrick est né en 1862 à Leicester, en Grande-Bretagne. À l'âge de 21 mois, ses lèvres ont commencé à enfler. Sa peau a pris peu à peu une apparence calleuse et flasque, son bras droit s'est mis à gonfler, et une excroissance osseuse est apparue sur son front. Il était aussi sujet à de nombreuses chutes, qui l'ont laissé boiteux. Il perd sa mère lorsqu'il a 11 ans. Son père lui trouve un emploi de représentant de commerce, mais son élocution était loin d'être convaincante, sans parler de son apparence, qui faisait fuir les clientes.

Sa bouche, qui dépassait de 23 cm la taille normale, l'empêchait de manger aisément. À l'âge de 20 ans, Joseph subit une opération chirurgicale, afin d'ôter une partie de sa protubérance buccale. Malgré tout, sa boîte crânienne reste extrêmement lourde. Il dormira dès lors en position assise, toute sa vie durant, de peur de se rompre le cou en relevant la tête de l'oreiller. Rapidement, Joseph réalise qu'il ne pourra échapper à la misère et à l'assistance publique qu'en se servant de sa difformité. Il fait ses débuts d'artiste dans une boutique du East End de Londres, où il entame sa carrière d'« Elephant Man ». Des images de créature monstrueuse, mi-homme mi-éléphant, assurent la promotion du spectacle. Les spectateurs londoniens, bien qu'assurés que l'homme éléphant « n'était pas là pour faire peur mais pour montrer la voie, les éclairer », ne peuvent retenir de grands cris d'effroi lorsqu'on lui retire, dans un grand geste théâtral, sa cagoule blanche !

Quand le gouvernement britannique interdit les spectacles de « monstres » en 1886, Joseph Merrick entame une tournée en Europe. Mais il doit rentrer au pays lorsque son agent l'arnaque et lui vole ses économies – l'équivalent de plus de 5 000 euros à l'époque. De retour à Londres, on le présente à un chirurgien qui s'intéresse à son cas, le docteur Frederick Treves, et qui le prendra sous sa protection au Royal Hospital de Londres, où il sera hébergé et étudié jusqu'à la fin de ses jours.

En dépit de ses problèmes de santé et de ses difficultés de communication, ses visiteurs étaient frappés par son intelligence et sa sensibilité. Il écrivait à ses amis de nombreuses lettres et poèmes sur sa condition et était parvenu à construire, malgré ses mains déformées, une église en modèle réduit qui reste aujourd'hui encore exposée au Royal Hospital de Londres. Joseph Merrick devient alors une attraction prisée de la haute société – et reçoit même un jour la visite de la princesse de Galles, dont il garde un souvenir « très ému ». Chaque Noël, la princesse lui enverra par la suite une délicate carte postale. Malheureusement, ses difformités ne cessent de s'aggraver et sa tête continue d'enfler. On le retrouve mort dans son lit, le 11 avril 1890. Sans doute épuisé, il a tenté de dormir allongé, mais son cou s'est brisé comme il le craignait. Joseph Merrick est mort asphyxié.

Joseph Merrick était la grande curiosité de l'Angleterre victorienne. Bien que né en bonne santé, son apparence s'est rapidement détériorée. Son visage grumeleux était devenu si hideux qu'il devait porter une cagoule de drap blanc sur la tête, pour éviter aux passants de tomber dans les pommes lorsqu'il marchait dans la rue. Surnommé « Elephant Man », Joseph expliquait lui-même sa condition par le fait que sa mère, alors enceinte de lui, avait été renversée et effrayée par un éléphant dans une fête foraine.

LES SYMPTÔMES DE MERRICK

- Une peau épaisse et grumeleuse.

- Une excroissance osseuse au front.

- Une mâchoire avancée, rendant son élocution et ses repas difficiles.

- Un torse tordu.

- Un bras droit gonflé et déformé, nettement plus épais que le bras gauche.

- Des pieds larges et épais.

- Un doigt de main de 13 cm de circonférence, soit le double de la taille normale.

- Une peau couverte d'excroissances verruqueuses, exhalant une odeur déplaisante.

- Une tête si lourde qu'il ne pouvait dormir couché.

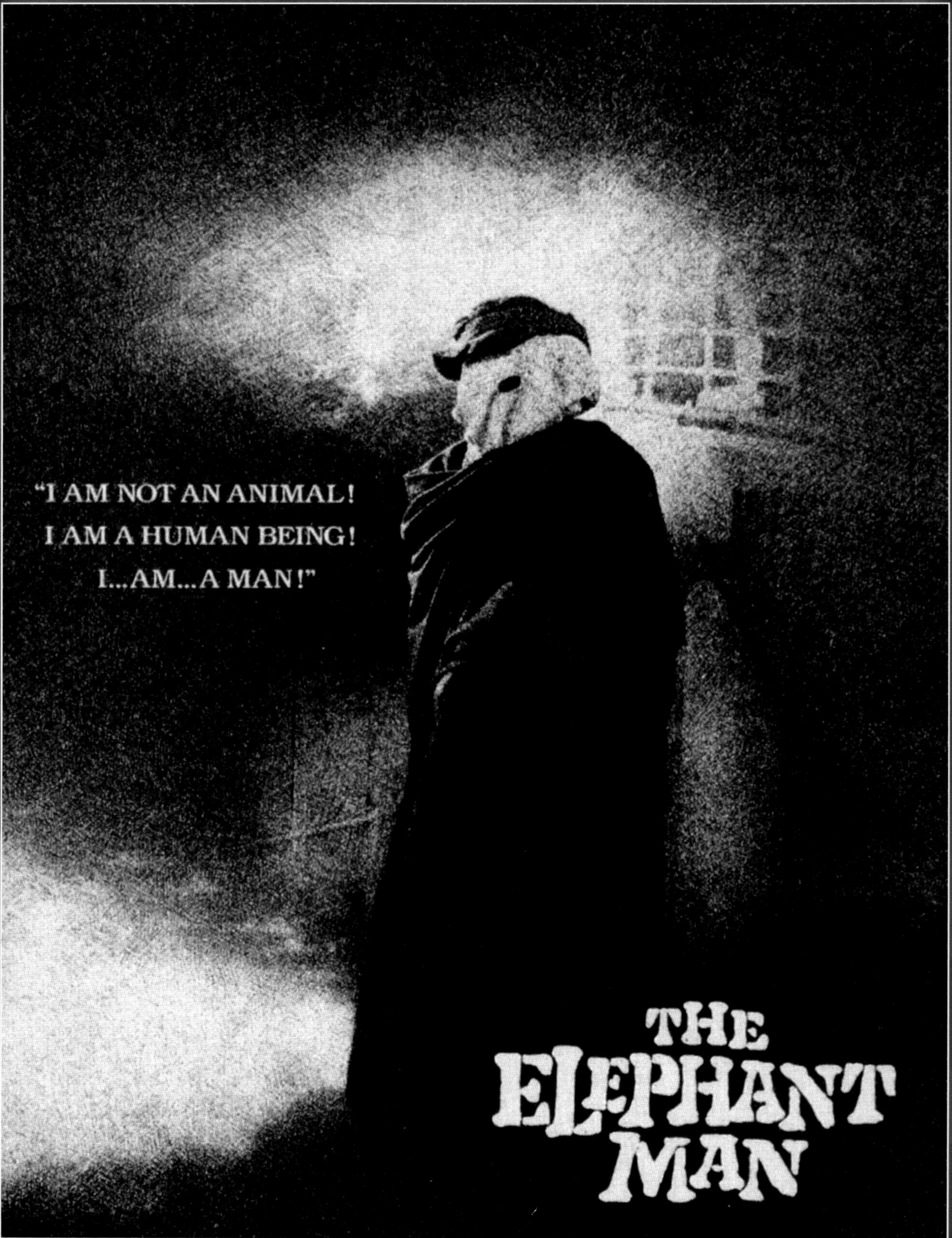

"I AM NOT AN ANIMAL!
I AM A HUMAN BEING!
I...AM...A MAN!"

THE
ELEPHANT
MAN

Affiche du film *Elephant Man*,
interprété par John Hurt en 1980.

Elephant Man

Les origines exactes du terrible syndrome d'« Elephant Man » ont fait l'objet de plus d'un siècle de spéculations scientifiques. À la fin du XIXe siècle, les docteurs pensaient que Joseph Merrick souffrait d'éléphantiasis inflammatoire. Aujourd'hui, les spécialistes optent plutôt pour une neurofibromatose de type 1, une maladie neurologique qui affecte les tissus et les os, ou pour le syndrome de Protée, une maladie génétique à l'origine de déformations — ou encore pour une combinaison de causes multiples.

Parasites

◀ VER CORRIDA

Le loa loa est un parasite filaire africain heureusement très rare, qui se présente sous la forme de petits vers blancs très mobiles sous la surface du blanc de l'œil. Comportant peu de risque pour la vision, le loa loa peut toutefois provoquer des inflammations et des allergies lorsque les petits vers font la corrida autour du globe oculaire.

CANNELLONIS GÉANTS ▶

Cette belle poignée de cannellonis est en fait un nématome géant, extrait de l'intestin d'un enfant au Kenya. Pour que la vie du ver commence, il faut d'abord qu'un œuf soit introduit – par la nourriture – dans l'intestin. Sa larve circule ensuite par les vaisseaux sanguins, jusqu'à l'estomac. De là, le ver retourne ensuite vers l'intestin, où son cycle de vie redémarre. Environ 1 milliard de personnes en sont affectées dans le monde.

« PLUS DE CENT ESPÈCES DE VERS PARASITES PEUVENT S'INTRODUIRE DANS LE CORPS HUMAIN »

FEU ROUGE ▼

Cette trace rouge très abrasive sur le pied de cette femme de 33 ans montre le mouvement douloureux d'une larve de ver parasite.

Ripley's
Le Big Livre de l'Incroyable
www.big-livre-de-lincroyable.com
119

Corps

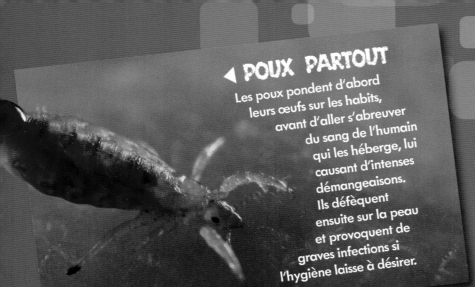

◀ POUX PARTOUT

Les poux pondent d'abord leurs œufs sur les habits, avant d'aller s'abreuver du sang de l'humain qui les héberge, lui causant d'intenses démangeaisons. Ils défèquent ensuite sur la peau et provoquent de graves infections si l'hygiène laisse à désirer.

▲ TÉNIA POUR TOUS

Le ténia, qui n'a pas de tube digestif, absorbe les aliments à moitié digérés par la peau, dans l'intestin de son hôte. Pas de jaloux: humains, poissons, rats ou chiens, chaque espèce animale a son ténia.

PUCE CHIQUE ▶

Découverte en Afrique ou en Amérique tropicale, la « puce chique » se loge sous les pieds ou – plus douloureux – sous les ongles de pied. La puce enceinte peut décupler de volume, provoquant des inflammations, des ulcères, le tétanos ou la gangrène. Le dernier chic pour l'été !

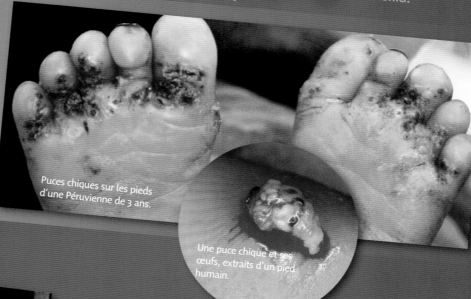

Puces chiques sur les pieds d'une Péruvienne de 3 ans.

Une puce chique et ses œufs, extraits d'un pied humain.

AVANT

APRÈS

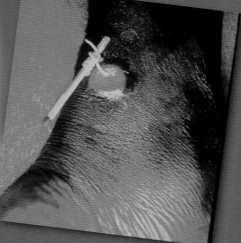

▲ DRACUNCULOSE

Le ver parasite de la dracunculose est souvent ingéré avec de l'eau non filtrée. Il peut ensuite grossir sous la peau, jusqu'à atteindre 90 cm de long.

TICS ▶

Gourmands, les tics avalent tellement de sang qu'ils gonflent comme des ballons. Ils ne peuvent ni sauter ni voler, mais transmettent de nombreuses maladies mortelles.

TOP MOUMOUTE

Avec ses 1,3 mètre de circonférence, la coupe « afro » de Aevin Dugas bat tous les records du monde. Ce travailleur social de la Nouvelle-Orléans cultive ses bouclettes depuis une douzaine d'années. Mais il se les coupe parfois profil bas, car elles restreignent son champ de vision en voiture et font un effet bouillotte sur la tête en plein été.

⊞ BAILLEMENT DE TITAN Le cours de sciences politiques captivait tant Holly Thomson, du Northampton, au Royaume-Uni, qu'elle en a bâillé à s'en décrocher la mâchoire ! Cinq heures durant, elle est restée bloquée, la mâchoire grande ouverte, avant qu'un médecin ait l'idée de l'ouvrir plus grand encore pour la débloquer.

⊞ LE PLUS PETIT Un jeune Philippin de 18 ans a été déclaré en 2011 l'homme le plus petit au monde. Junrey Balawing mesure 60 cm de haut, soit quelques centimètres de moins qu'un enfant de 1 an de taille moyenne. Il a cessé de grandir à l'âge de 2 ans.

⊞ TÊTE BIEN FAITE vaut mieux que tête bien pleine, dit-on. Helen Hollis, 47 ans, a obtenu un diplôme de philosophie à l'université de Derby au Royaume-Uni, cinq ans après l'ablation partielle du lobe droit de son cerveau. Cette opération à haut risque était destinée à mettre fin à ses crises d'épilepsie, qui survenaient au rythme invivable de quarante par mois.

⊞ MAUDITS JUMEAUX En dix-sept ans, Gladys Bulinya, qui vit au Kenya près du lac Victoria, a donné naissance à six séries de jumeaux. Après son sixième accouchement, son mari et son entourage en ont conclu qu'elle était possédée, du fait des jumeaux, et lui ont tourné le dos.

⊞ PERLE D'OREILLE Lorsque Calvin Wright, d'Athens dans l'État de Géorgie, arrive à l'hôpital avec une bronchite aiguë, l'infirmière lui ausculte l'oreille et découvre une perle de collier, qui était là depuis 41 ans. Lorsqu'il était enfant, le collier de sa mère s'était brisé et sa petite sœur, en jouant, lui en avait mis deux dans les oreilles. Les médecins en avaient retiré une, mais l'autre était restée !

⊞ PAPY PRINT Cet arrière-grand-père vivant près de Manchester, au Royaume-Uni, n'a cessé durant un demi-siècle de se faire imprimer des chiffres, des lettres et des dessins sur toutes les parties du corps. Tommy Wells compte plus de 1 000 tatouages, sans oublier les plantes de pied, les fesses, les lèvres et les parties génitales.

CHAQUE ANNÉE, PLUS DE DIX TONNES DE DÉCHETS VENANT DES BASES D'ANTARCTIQUE SONT ENFOUIES EN CALIFORNIE

⊞ SANS LES MAINS Né sans mains, un enfant de 10 ans de Readfield, dans le Maine, a remporté un concours national de calligraphie. Il manie avec virtuosité un stylo qu'il tient entre ses deux bras, qui se terminent juste avant le niveau des coudes.

⊞ PINCEAUX MÊLÉS Cet Indien détenait le record mondial d'empreintes digitales, avec 14 doigts de la main (mais pas de pouces) et 20 doigts de pied. Grâce à la chirurgie, Akshat Saxena, de l'Uttar Pradesh, s'est débarrassé des superflus, avec lesquels il s'est payé des pouces.

CHEVEUX D'ART

L'artiste Adrienne Antonson a une drôle de passion : elle triture dans tous les sens des cheveux humains, pour produire de magnifiques insectes. Grâce à quelques gouttes de colle pour les modeler, ses mantes religieuses, mites et autres mouches prennent vie. Adrienne apprécie particulièrement les cheveux colorés et pense utiliser son art pour monter des séances de thérapie artistique, en direction des chauves, bien sûr.

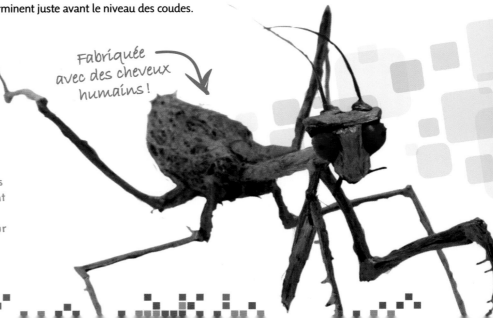

Fabriquée avec des cheveux humains !

Ripley's
Le Big Livre de l'Incroyable 121
www.big-livre-de-lincroyable.com

Corps

L'homme culbuto

Né sans bras ni jambes, avec juste une tête et un tronc, William Thomas Goy se montre au début du XXe siècle au cirque Barnum & Bailey. Baptisé « l'homme culbuto », il lui suffisait de balancer son corps pour traverser une pièce sans effortS.

Élevé à Londres, en Grande-Bretagne, il pouvait écrire avec sa bouche, s'asseoir et descendre d'une chaise sans aide, faire ses lacets et même conduire une camionnette. Goy s'est marié avec Mary Jane, haute de 1,67 mètre à côté de ses 68 cm, qui lui a donné six enfants.

Ce n'est qu'en 1914 qu'un chasseur de curiosités le découvre dans un hospice de Londres, lui propose un contrat et le produit l'année suivante aux États-Unis. Goy ne vivra que six mois de plus, mais décrira cette période comme la plus heureuse de sa vie, car il a enfin pu montrer au monde son étonnante intelligence.

🔲 SYDNEY DISNEY Un écrivain de Sydney, en Australie, a fait les frais d'une attraction imprévue, tandis qu'il nageait tranquillement dans une piscine. Un préposé à l'entretien a ouvert la valve d'évacuation, et Allan Baillie a été littéralement aspiré par la bonde. La circonférence du conduit d'évacuation était inférieure à celle de son corps, mais la pression aidant il a pu faire tout le voyage avant d'être recraché sur une plage voisine, comme un bouchon de champagne !

🔲 MOUCHÉ DU COUDE Lors d'une performance à Berlin, en 2010, le cascadeur allemand Joe Alexander a brisé avec son coude une pile de vingt-quatre parpaings. Pour montrer sa parfaite maîtrise, il tenait dans la main un œuf resté intact.

🔲 BLOCKS DANS LA TÊTE La délicieuse pratique du « blockhead » consiste à s'enfoncer des objets dans les narines : trente-six personnes s'y sont adonnées sur scène en novembre 2010 à Wilkes-Barre, en Pennsylvanie, pour un show massif !

🔲 PROF EN HERBE Le petit Sruti Pandey n'avait que 4 ans lorsqu'il a commencé d'enseigner la pratique du yoga aux adultes lors d'une retraite organisée dans l'Uttar Pradesh, en Inde.

🔲 ORTEILS AGILES Après avoir perdu ses deux mains dans un accident à l'âge de 3 ans, le Chinois Luo Yanbo a appris à manger, écrire et se brosser les dents avec ses pieds. Sa grand-mère lui a appris à utiliser des baguettes et il est devenu si agile des orteils qu'il peut passer des appels avec son téléphone portable.

🔲 SO BRITISH Après s'être fait arracher plusieurs dents, Karen Butler, de l'Oregon, s'est réveillée de son anesthésie avec un net accent anglais – bien qu'elle n'a jamais voyagé hors des États-Unis. Ce trouble neurologique rare, dont seulement une centaine de cas ont été recensés à ce jour dans le monde, serait provoqué par un choc survenu dans la partie du cerveau contrôlant les fonctions du langage.

🔲 HAUT LA MAIN Un mystique indien, portant le nom de Sadhu Amar Bharati Urdhavaahu, garde le bras droit levé depuis des décennies, en signe de dévotion.

POUR QUELQUES DOLLARS DE PLUS

Pas franchement doué pour les attaques de trains, le célèbre bandit de l'Oklahoma Elmer McCurdy s'est sans doute fait moins d'argent de son vivant qu'après sa mort. Abattu lors d'une fusillade, ses derniers mots sont devenus un grand classique du western : « Vous ne m'aurez jamais vivant ! » Ce n'est qu'après, que sa vraie carrière publique a commencé. Personne ne venant le réclamer, le croque-mort l'a embaumé et affublé d'un panneau – « Le bandit qui ne se rend jamais » –, invitant les visiteurs à glisser des pièces dans la bouche du macchabée. L'affaire devint si rentable que de nombreux montreurs de foire offrirent alors de le racheter. L'un d'eux est finalement arrivé à ses fins, faisant croire qu'il était le frère de McCurdy et qu'il souhaitait l'enterrer. Mais le croque-mort l'a revu une semaine plus tard, montré dans une fête foraine.

Durant une soixantaine d'années, la dépouille de McCurdy a fait la tournée des musées de cire et des foires, jusqu'à ce qu'un gérant de maison hantée du Dakota du Sud ne la refuse – il ne la trouvait plus suffisamment réaliste. En 1976, durant le tournage d'un épisode de la série télévisée *L'homme qui valait trois milliards*, un assistant décroche d'une potence ce qu'il croit être un mannequin. Lorsqu'un bras se décroche, révélant des restes du corps momifié, il a la peur de sa vie. C'était Elmer McCurdy. L'année suivante, un médecin légiste de l'Oklahoma ordonne qu'il soit enterré et que son cercueil soit coulé dans du ciment afin qu'il repose enfin en paix.

🔲 SUMO PLIABLE Ce sumo contorsionniste d'Edmonton, au Canada, peut se plier en deux, malgré son ventre imposant, pour embrasser les plantes de ses pieds avec ses joues. Matt Alaeddine pèse plus de 180 kg et a baptisé sa figure le « sumo fendu ».

🔲 BIKER EMPALÉ Victime d'un accident de moto en janvier 2011, un jeune habitant de New Delhi, en Inde, a vu sa poitrine empalée par des barres de métal de 2,5 cm. Les médecins l'ont sauvé.

🔲 TATOUAGE FUNÉRAIRE Andrew et Helen Bird sont des frère et sœur qui habitent Stoke-on-Trent, au Royaume-Uni. En mémoire de leur grand-père décédé, les deux petits-enfants dévoués se sont fait tatouer un mélange d'encre et de cendres funéraires du papy. Andrew s'est fait graver un extrait d'un poème de Reginald Alef au bras, Helen une rose dans le dos.

🔲 DÉCAPITATION INTERNE Lors d'un violent crash en voiture, la tête d'un enfant de 2 ans s'est décollée de sa colonne vertébrale – lésion baptisée « dislocation atlanto-occipitale », ou décapitation interne. Les chirurgiens de l'hôpital de Phoenix, dans l'Arizona, ont placé la tête de Micah Andrews entre deux sacs de sable avant de ressouder la base de son crâne à l'aide d'un implant en titane. Deux mois après, Micah a pu rentrer chez lui, capable à nouveau de parler et de marcher.

🔲 TUMEUR GÉANTE Cette adolescente chinoise a perdu un tiers de son poids lorsqu'on lui a enlevé du dos, en 2011, une tumeur géante qui grossissait depuis sa naissance. Soit 19 kg. Apparue d'abord à sa taille, elle a d'abord pris la taille de deux haricots, puis celle d'une pêche, d'une noix de coco, et finalement celle d'un sac de sable qui, posé sur son dos, envahissait aussi sa poitrine et avait déjà repoussé l'omoplate droite. Il était temps !

🔲 BALLE ROUILLÉE Ce n'est qu'en 2011 que les médecins de Wang Tianqing, de Zhangjiakou en Chine, ont compris pourquoi il souffrait d'épilepsie depuis des décennies. Celui-ci avait reçu une balle dans la tête, en 1988, sans réaliser sur le moment à quoi correspondait le choc. Rouillée, elle mesurait 2 cm de long.

🔲 MAL DE DOS À 80 ans, le Chinois Chen Daorong n'a plus de problèmes de dos. Pour les soigner, il est devenu contorsionniste en 1999. Maintenant, il est si souple qu'il serre son cou entre ses jambes, fait le grand écart et dors la tête sur une jambe. Mieux qu'avec un oreiller.

🔲 ÉLECTROCUTÉ Lorsqu'un câble à haute tension sectionné par des voleurs de cuivre, chargé de 23 000 volts, traverse son pare-brise, Joseph Ferrato, d'Akron dans l'Ohio, reçoit un choc. Il s'en tire toutefois avec de légères contusions.

Ripley's
Le Big Livre de l'Incroyable
123
www.big-livre-de-lincroyable.com

Corps

À fleur de peau

Pas facile d'être une *fashion victim*. La tendance ultime est au corset de grand-mère, oui, mais cousu à fleur de peau. Une seule heure de souffrance est nécessaire, le temps d'insérer de jolis anneaux sous la peau, dans les parties du corps où elle est plus relâchée, souvent le dos, la poitrine ou le cou. Malheureusement, cette modification du corps ne peut être que temporaire : après quelques semaines, les anneaux sont expulsés, laissant des cicatrices – souvent permanentes – à la place. Faut-il souffrir pour être belle !

Transport ▶▶|

MARCHÉ EN TRAIN

Le chemin de fer de Maeklong (Thaïlande) traverse un marché, ce qui oblige les vendeurs à retirer très vite leurs marchandises de la voie lorsque le train arrive. Frôlant les marchands à quelques centimètres près, le train écrase sans pitié les fruits et légumes laissés sur son passage.

TGV PAS BRIDÉ Un train qui relie Pékin et Shanghai peut atteindre la vitesse incroyable de 486 km/h ! Ce nouveau train à grande vitesse a réduit de moitié le temps de trajet entre les deux villes, qui est passé de 10 à 5 heures.

L'INDE DES RAILS Les chemins de fer de l'Inde transportent environ 6 milliards de passagers chaque année, soit l'équivalent de la presque totalité de la population du globe.

RADEAU DE PLOMB En 2011, Anthony Smith, un papy anglais de 85 ans, a traversé l'océan Atlantique sur un radeau de 12 mètres fait de tuyaux de plomberie et de conduites de gaz. Avec ses trois hommes d'équipage, tous âgés de plus de 55 ans, il a relié les îles Canaries à l'archipel des Caraïbes, 2 800 km plus loin, en 66 jours.

CHOU, TON BATEAU ! Alex Chou, de Taiwan, a conçu un bateau écologique, fabriqué à partir de 700 bouteilles de plastique. le *Forever*, propulsé à la fois par le vent et l'énergie solaire, a fait son premier voyage en juin 2011.

AVION À LA CAVE Après avoir mis 9 ans à construire un avion biplace dans le sous-sol de sa maison de Pennsylvanie, Dan Reeves a réalisé qu'il était trop grand pour passer dans l'escalier. Il a donc creusé une tranchée et abattu l'une des parois de la cave pour remonter son avion à la lumière du jour, en le tirant à l'aide d'une lourde chaîne.

IL COULE C'EST COOL

Love, Love, un bateau créé par l'artiste Julien Berthier, flotte incliné à 45 degrés, pour donner l'impression qu'il coule. Berthier a pris la moitié d'un yacht 6,5 m, l'a rebouchée avec de la fibre de verre, a repositionné la quille, installé un nouveau siège et placé deux moteurs électriques sous la coque. Lorsque le bateau a fait une apparition sur le lac de Constance, en Allemagne, des dizaines de personnes ont appelé les secours pour signaler qu'un plaisancier était en train de sombrer.

Le Big Livre de l'Incroyable
www.big-livre-de-lincroyable.com
127

Transport

☒ VOITURE À SON PIED Un fabricant de chaussures chinois a transformé une chaussure géante en voiture électrique. Cette voiture-chaussure de 3 mètres de long et 90 cm de haut a une carrosserie en cuir qui a nécessité six mois de travail et la peau de cinq bœufs. Sa batterie, placée sous le conducteur (dans le talon), lui permet de transporter deux personnes sur 400 km, à une vitesse maximale de 32 km/h.

☒ PÉDALEUR DE SABLE Luttant contre la chaleur extrême et les tempêtes de sable, Reza Pakravan, un Anglais, a parcouru 1 734 km à travers le Sahara en 13 jours et 5 heures, à raison de plus de 130 km par jour. La chaleur était si forte qu'il devait boire quotidiennement 7 litres d'eau pour ne pas se déshydrater.

☒ TRICYCLIQUE ÉLECTRIQUE Quatre ingénieurs de Hambourg (Allemagne) ont mis au point un tricycle alimenté uniquement par deux visseuses électriques de 18 volts. Le EX, qui pèse 20 kg, peut atteindre les 30 km/h. Il se conduit en position allongée, tête la première ; on actionne les freins et l'accélérateur avec les mains, et la roue arrière avec les jambes.

☒ CRASH À 1 MILLION À Monaco, en juillet 2011, une conductrice a provoqué un accident à 1 million de $, alors qu'elle tentait de négocier le virage de la célèbre Place du Casino. Sa Bentley Azure à 375 000 $ a déchiré le flanc d'une Mercedes à 110 000 $, avant de percuter une Ferrari à 200 000 $, une Aston Martin Rapide à 225 000 $ et une Porsche 911 à 120 000 $.

☒ LE BUS DE L'AMOUR Phill Openshaw, un Anglais, a utilisé l'affichage numérique à l'avant de son bus pour demander en mariage sa copine, Sam Woodward. Au moment d'arriver à l'arrêt où elle l'attendait, il a remplacé les indications habituelles par : « Sam, veux-tu m'épouser ? » Elle est montée et elle a dit yes !

Un doux dingue

Cet homme a été pris en photo à Jaipur (Inde), alors qu'il transportait le châssis d'une vieille voiture sur son tricycle, la tête passée à travers le capot ouvert pour voir la route.

☒ TROU QUI PÈTE À Montréal, en juillet 2011, une brusque inondation a provoqué l'explosion d'une bouche d'égout, soulevant une voiture en stationnement. Un véritable geyser est sorti de la bouche d'égout, projetant plusieurs fois en l'air l'arrière du véhicule, heureusement inoccupé à cet instant.

IMMANQUABLE

Une conductrice pressée de sortir de sa voiture pour prendre en photo la ville d'Alassio, en Italie, a tout simplement oublié d'enclencher le frein à main... laissant son véhicule dévaler la colline et plonger dans le toit d'une maison. L'avant s'est enfoncé dans une baignoire, heureusement vide.

LAISSE BÉTON !

Voulant brusquement faire demi-tour et changer de voie pour échapper aux bouchons, cette automobiliste s'est retrouvée plantée, avec sa Lexus à 70 000 $, dans une dalle de ciment fraîchement coulée.

SALE POSITION

Cette saleuse des services de la voirie de New York, en équilibre instable au-dessus du vide, est rentrée dans le mur au 2e étage d'un garage du Queens. Les pompiers ont dû secourir le conducteur au moyen d'une grue à nacelle.

TAPE-CUL

Trompée par un panneau mal placé, cette automobiliste s'est engagée avec sa voiture dans les escaliers d'un centre commercial de Liuzhou, en Chine. À la surprise des commerçants, elle est tout simplement sortie de son véhicule et l'a abandonné là, le temps d'appeler une dépanneuse.

FACE AU TROU !

Alors qu'elle roulait, de nuit, sur une route de campagne près d'Arnsberg, en Allemagne, cette conductrice a senti le sol se dérober sous elle. Sa voiture a piqué du nez, mais elle en est sortie indemne.

CONDUCTEURS FOUS

TREMPETTE

Ce conducteur de Monterey, en Californie, a échappé par miracle à de graves blessures : il a propulsé sa BMW dans une piscine en contrebas d'un parking, franchissant au passage une terrasse. Par chance, il n'y avait personne dans la piscine ni sur les transats. On pense qu'il a confondu la pédale d'accélérateur et la pédale de frein...

MAIRE CASSEUR

Arturas Zuokas, maire de Vilnius, la capitale de la Lituanie, a surpris les passants en écrasant, à l'aide d'un véhicule blindé, une voiture mal garée. Cette mise en scène faisait partie d'une campagne médiatique contre l'invasion des voitures de luxe.

R MINI MINI Lester Atherfold, mécanicien néo-zélandais à la retraite, a rapetissé de 60 cm sa Mini modèle 1964 pour qu'elle puisse tenir dans son garage. Il l'a fait passer d'une longueur de 3 mètres à 2,40, après avoir enlevé un gros morceau au milieu, raccourci le châssis et remplacé la transmission ainsi que l'embrayage.

R CLOCHE PAPALE La « Papamobile », la voiture d'apparat du pape, possède un blindage de 8 mm à l'épreuve des balles, et son propre système d'alimentation en air pour contrer toute attaque chimique.

R RÉVEIL BRUTAL Duane Innes, un habitant de Kent, dans l'État de Washington, a délibérément percuté avec sa voiture le pick-up de Bill Pace, un conducteur de 80 ans. Il a ainsi sauvé le vieil homme qui s'était endormi au volant.

R VESPA DE BOIS Carlos Alberto, un menuisier portugais, a réalisé une réplique de scooter presque entièrement en bois. Et l'engin fonctionne.

R DANSEURS EN BOÎTE En décembre 2010, à New York, les membres de la compagnie de danse Pilobolus ont réussi à s'entasser à 26 dans une Austin Mini.

R LE COUP DU BOL La compagnie de bus Longxiang, de la ville de Changsha, en Chine, oblige ses chauffeurs à suspendre un bol rempli d'eau à l'intérieur de leur véhicule, pour leur rappeler qu'ils doivent conduire avec calme et prudence.

R MOTAULT Markus Sell, de Jonschwil, en Suisse, a soudé la moitié arrière d'une Renault Clio à la moitié avant d'une moto. Alors qu'il fonçait à 115 km/h sur son engin, la police l'a arrêté, craignant un accident.

R HAUTE VOLÉE En octobre 2010, près de Madrid, un avion de papier équipé d'une mini caméra a été largué dans la haute atmosphère, pour étudier sa descente sur terre. Cette prouesse a pu être réalisée en l'attachant à un ballon-sonde météo, qui est monté à 27 000 mètres avant de le relâcher.

R GARÉE AU SALON L'Anglais Jon Ryder, de Sheffield, est tellement dingue de sa Ferrari 335 modèle 1996 qu'il la gare dans son salon. Il peut ainsi l'admirer sans bouger de son canapé.

R GPS : GUIDE PAS SÛR Un Britannique et sa femme sont rentrés avec leur Renault dans le mur d'une église près d'Immenstadt, en Allemagne, obéissant tout simplement à leur GPS qui leur indiquait de tourner à droite, où il n'y avait pas de route. Bilan : quelques blessures superficielles et 30 000 $ de dégâts matériels.

Chaîne de moto

KAZAKH KE ÇA ?

En arrêtant un van qui zigzaguait, les policiers de Bargteheide, en Allemagne, ont eu la surprise de découvrir à l'intérieur une voiture neuve soigneusement couchée sur le côté. Cette brillante idée devait éviter à deux hommes qui voulaient rapatrier au Kazakhstan leur Mazda 626 de payer des frais de remorque. Ils avaient même prévu un matelas pour ne pas rayer la carrosserie... Résultat : voiture et van confisqués jusqu'à ce qu'ils trouvent une solution plus classique.

POIDS (TRÈS) LOURD Un camion transportant des tuyaux d'acier, dont le poids en charge était monté à 98 tonnes, est passé à travers le tablier du pont de Dongrong, près de Changchun. en Chine. La route s'est brusquement effondrée sous lui. Tombant dans la rivière, il a laissé un trou béant de 14 mètres sur 5.

TOUT EN LACETS La California Ridge Route, qui relie Los Angeles à Bakersfield à travers les montagnes, ne comporte pas moins de 697 virages. Elle ne fait pourtant que 58 km de long !

GLACE À L'EAU Dave Mountfield a fait en 2010 la tournée des plages de Brighton avec sa camionnette de marchand de glaces. Particularité : amphibie, elle peut atteindre la vitesse de 5 nœuds et, quand elle se lance dans l'eau, elle claironne « Sailing » (« Je mets les voiles »), le tube de Rod Stewart.

MONSTRE D'ACIER

On dirait un monstre, mais c'est une vraie moto... C'est à un artiste thaïlandais, Roongrojna Sangwongprisarn, qu'on doit cette spectaculaire création. Roongrojna a recyclé plusieurs épaves de motos, de voitures et de vélos pour réaliser sa rutilante sculpture d'acier. Et en plus, elle roule !

Chaînes de vélo

Tuyaux d'échappement

Embrayage

Ressorts et câbles

TITANIC

Le *Titanic* en construction au chantier naval Harland & Wolff, à Belfast en Irlande. Le pont s'élevait à 18 mètres au-dessus de l'eau.

Au moment de son lancement, le *Titanic* n'était pas seulement le plus grand navire du monde, c'était aussi le plus grand objet mobile jamais créé. Pourtant, ce paquebot de luxe n'a fait qu'un seul voyage, en avril 1912, qui s'est terminé en catastrophe. Cent ans plus tard, son histoire reste impressionnante.

Après avoir quitté Southampton, en Angleterre, direction New York, le *Titanic* a heurté un iceberg au cœur de la nuit, en plein Atlantique Nord, et a coulé dès les premières heures du 15 avril. Sur les 1 523 personnes qui ont péri, seuls 328 corps ont été retrouvés, dont 128 étaient méconnaissables. La température de l'eau était de - 2 °C et la plupart des passagers ont succombé à une crise cardiaque ou sont morts d'hypothermie. Plus de 62 % des passagers de 1re classe ont été sauvés, contre seulement 25 % de ceux qui voyageaient en 3e classe.

La coque du *Titanic* n'a été déchirée que sur à peine 1,1 m2. Pourtant, par la faute de sa conception même, ce navire prétendument « insubmersible » a coulé en un peu plus de deux heures et demie.

Millvina Dean, dernier survivant du *Titanic*, est décédée le 31 mai 2009. Elle avait à peine 9 semaines au moment de la tragédie ; elle était le plus jeune passager. Son père est mort sur le *Titanic*, mais sa mère et son frère ont survécu.

Ces ouvriers du chantier naval ont l'air minuscule à côté de l'une des trois hélices géantes du *Titanic*, d'une envergure de 7,30 mètres.

Réalisant qu'il ne pourrait pas s'en tirer, Benjamin Guggenheim, magnat de l'industrie minière, accompagné de son domestique, est allé se mettre en tenue de soirée, puis est réapparu sur le pont et a lancé : « Nous sommes prêts à couler en gentlemen. »

À bord se trouvaient 13 couples célébrant leur lune de miel.

Plus de 5 000 objets, dont la vaisselle en porcelaine des salles à manger, ont été récupérés sur l'épave du navire.

L'épave du *Titanic* a été découverte le 1er septembre 1985 par Robert Ballard, un chasseur de trésors. Elle gisait par 3 660 mètres de fond, presque intacte, au large des côtes de Terre-Neuve. Pour descendre à cette profondeur, 6 fois plus importante que ce que peut supporter un simple plongeur, Ballard a utilisé dès 1986 un petit sous-marin, mais ce n'est qu'en 1998 qu'une partie de la coque a pu être remontée.

🄡 IL LUI VOLE SA MORT La mère de Hart Thomas, un pompier de Southampton, a été bouleversée en apprenant que son fils avait sombré avec le navire... et plus émue encore lorsqu'il est rentré, un mois plus tard. Hart, ivre, avait perdu son livret de marin dans un pub et un imposteur s'en était emparé, le remplaçant sur le *Titanic* au prix de sa vie.

🄡 LE POUVOIR DES FILLES Comme il n'y avait pas assez d'hommes pour faire avancer le canot où elle avait pris place, l'Américaine Margaret Brown a enlevé son gilet de sauvetage et s'est mise à ramer. Ses efforts ont inspiré d'autres femmes, qui ont aussi donné un coup de main. Hollywood a fait un film de son histoire, *The Unsinkable Molly Brown*.

DANS LES CALES

- ☐ **34 000 kg** de viande fraîche
- ☐ **11 400 kg** de volaille et de gibier
- ☐ **5 000 kg** de poisson frais
- ☐ **40 000** œufs
- ☐ **36 000** oranges
- ☐ **16 000** citrons
- ☐ **20 000** bouteilles de bière
- ☐ **1 500** bouteilles de vin
- ☐ **40 tonnes** de patates
- ☐ **5 700 litres** de lait frais
- ☐ **12 000** assiettes
- ☐ **8 000** gobelets en verre taillé
- ☐ **45 000** serviettes de table
- ☐ **15 000** taies d'oreiller
- ☐ **25 000** serviettes de toilette
- ☐ **18 000** draps de lit

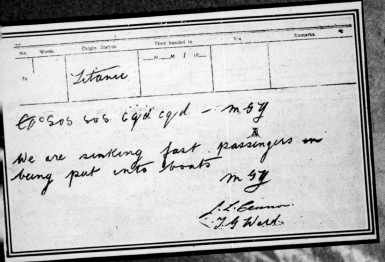

L'iceberg que le *Titanic* a heurté dominait la surface de l'eau d'environ 23 mètres, soit à peu près la hauteur d'un immeuble de 7 étages. Comme 90 % de la masse d'un iceberg est généralement en dessous de la surface, il devait mesurer 180 mètres sous l'eau.

PAUVRE RICHE Le plus riche des passagers était un homme d'affaires américain, le colonel John Jacob Astor IV, qui possédait une grande partie de Manhattan et dont la fortune était estimée à 150 millions de $. Aujourd'hui, cela équivaudrait à 102,2 milliards, de quoi faire de lui l'une des plus grosses fortunes du monde. Il n'a pas survécu à la catastrophe.

STRICT NÉCESSAIRE Billy Carter, de Philadelphie, emportait dans ses bagages 60 chemises, 15 paires de chaussures, 24 sticks pour jouer au polo et une Renault toute neuve ! Mais tout, y compris la voiture, est parti au fond avec le *Titanic*. Sauf Carter lui-même, qui a survécu.

MANQUÉ PAR CHANCE Au moins 55 passagers ont annulé leur réservation à la dernière minute et 22 membres d'équipage ont manqué le bateau. Parmi eux, trois frères, Bertram, Tom et Alfred Slade, engagés pour travailler dans la soute à charbon, mais qui se sont arrêtés dans un pub de Southampton pour boire un verre et ont été empêchés de monter à bord du paquebot après avoir été retardés par le passage d'un train de marchandises...

VISION MACABRE En Écosse, dans la nuit du 14 avril 1912, une jeune fille agonisante nommée Jessie a prédit au capitaine W. Rex Sowden, de l'Armée du Salut, la tragédie qui se produirait trois heures et demie plus tard. Elle a parlé d'un grand naufrage, de gens qui se noient et d'un certain Wally jouant du violon. Parmi les noyés figurera bien un musicien, Wallace Hartley, que Sowden avait connu quand il était enfant.

MORT À L'AMENDE Aucun membre de l'orchestre du *Titanic* n'a survécu, ce qui n'a pas empêché l'Agence Black Talent, qui avait engagé les musiciens, d'envoyer à la famille du violoniste Jock Hume une facture de 3,50 $ pour son uniforme non restitué.

Aucun reste humain n'a jamais été découvert dans ni autour de l'épave du *Titanic*. Tous les corps qui ont coulé ont été dévorés par les poissons ou les crustacés. Il ne reste que les chaussures et les bottes des victimes. Elles gisent encore au fond de l'océan.

Quelques souvenirs du *Titanic*, dont une montre de poche récupérée sur l'épave, qui s'est arrêtée une heure après le naufrage.

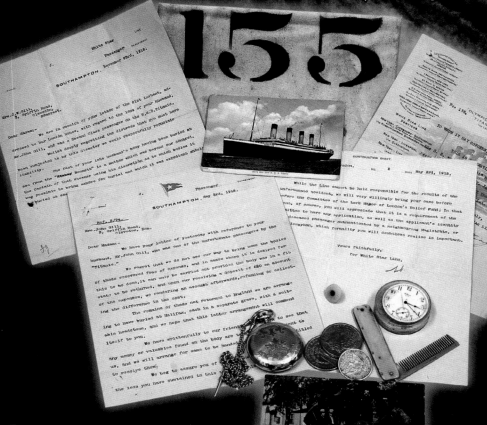

PLANQUE RISQUÉE

En Floride, on a vu un conducteur piloter calmement sa Mazda à la vitesse de 65 km/h sous un énorme poids lourd à 18 roues... et ce pendant plus d'une minute. Cet exploit téméraire, filmé par un automobiliste abasourdi, s'inspirait d'une scène du film *Fast and Furious* (2001), où l'acteur Vin Diesel roule en voiture sous un camion qu'un gang essaie de voler.

☒ **RONNY PARKEUR** Ronny Wechselberger, un cascadeur allemand, a réussi à caser sa Volkswagen Polo dans une place de parking d'à peine 26 cm plus longue que son véhicule. Il a procédé par à-coups, utilisant le frein à main pour ne déplacer que l'arrière de son véhicule.

☒ **HACHOIR VOLANT** La société Vanguard Defense Industries a développé un hélicoptère miniature télécommandé, pour traquer les pirates au large de l'Afrique orientale ou lutter contre la criminalité dans les rues des États-Unis. L'UAV Shadowhawk mesure 2,1 mètres, pèse 22 kg et vole à une vitesse de pointe de 112 km/h. Il peut tirer des grenades, des balles de Taser ou des cartouches, et il est capable de filmer et d'envoyer les images en temps réel.

☒ **JEEP À GO GO** Le 12 août 2011, plus de 1100 Jeep ont convergé de tous les États-Unis vers Butler en Pennsylvanie à l'occasion du Bantam Heritage Jeep Festival, pour battre le record mondial du plus grand défilé de Jeep.

☒ **HÉROS DU COIN** Hugh McManaway, un bénévole, a si longtemps réglé la circulation à un carrefour très fréquenté de la ville de Charlotte, en Caroline du Nord, que la municipalité a fini par ériger une statue à sa mémoire.

☒ **GOUDRON D'INDE** Même si l'Inde a déjà 3 200 000 km de routes, ce qui la place au 3e rang mondial derrière les USA et la Chine, le gouvernement en construit 24 km par jour, pour répondre à l'expansion de la voiture.

☒ **CHAUFFARD DE BUS** Le Venezuela a pour la première fois retiré son permis à un conducteur – celui d'un minibus surchargé qui roulait à toute allure, alors qu'il lui manquait l'une de ses roues arrière. Les droits des conducteurs sont très bien protégés au Venezuela, où la première loi de retrait de permis n'a été votée qu'en 2008. Le chauffeur de bus n'a été suspendu que pour 12 mois.

☒ **BÉBÉ PILOTE** Dans le Michigan, un jeune garçon de 7 ans a emprunté la Pontiac Sunfire de son beau-père pour tenter d'aller voir son père. Pieds nus et en pyjama, si petit qu'il était obligé de se coucher pour atteindre les pédales, il a réussi à parcourir 32 km et à atteindre la vitesse de 113 km/h avant d'être arrêté par une patrouille de police.

☒ **CERVEAU QUI DÉRAILLE** Toyota a inventé un vélo à « dérailleur mental ». Pour piloter le Prius X Parlee (PXP), il suffit de porter un casque spécialement conçu, dont les électrodes captent les signaux du cerveau afin de les envoyer vers une sorte de boîte de vitesses montée sous le siège de la bicyclette.

☒ **LE FEU AUX PNEUS** 25 pompiers londoniens ont parcouru 48 000 km à travers le monde à bord d'un camion de pompiers baptisé *Martha*. Leur périple de 9 mois les a conduits dans 28 pays, dont la Russie, la Chine, l'Australie, la Nouvelle-Zélande et les États-Unis.

☒ **YAMA AUTO OK** Les étudiants de l'Okayama Sanyo High School, à Asakuchi, au Japon, ont construit une monoplace électrique qui n'est haute que de 45 cm mais peut atteindre la vitesse de 50 km/h.

Ferrari sur pattes

Charly Molinelli, un designer de meubles français, a comprimé l'épave d'une Ferrari F40 pour en faire une table de salon. On lui avait demandé de créer une pièce unique ; sachant que son client était fan de sports mécaniques, Molinelli a réussi à se procurer les débris d'une Ferrari grâce à un ami travaillant dans une casse de voitures.

Le Big Livre de l'Incroyable
www.big-livre-de-lincroyable.com
137

Transport

À VOUS DE JOUER

www.ripleys.com/submit

Joe Pires, de Geneva, en Floride, s'est construit une maison qui a un atout caché ; le bas de la façade se soulève à la manière d'une porte de garage, par simple télécommande, révélant un grand hangar abritant ses autos et son ULM. Il lui suffit de monter à bord et de rouler sur la pelouse (qui fait aussi piste de décollage !) pour s'envoler.

PARKING VERTICAL

Bien avant les parkings actuels, le stockage vertical des voitures fut inventé aux USA dès le début des années 1920, pour économiser de la place.

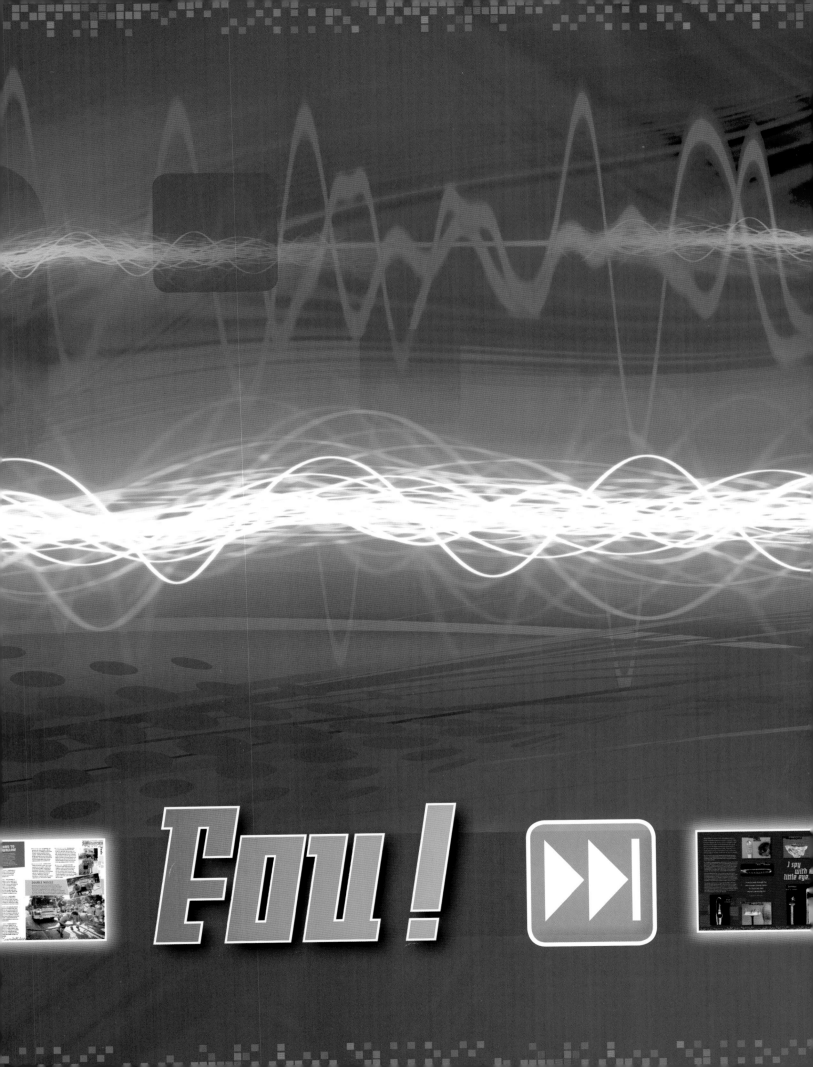

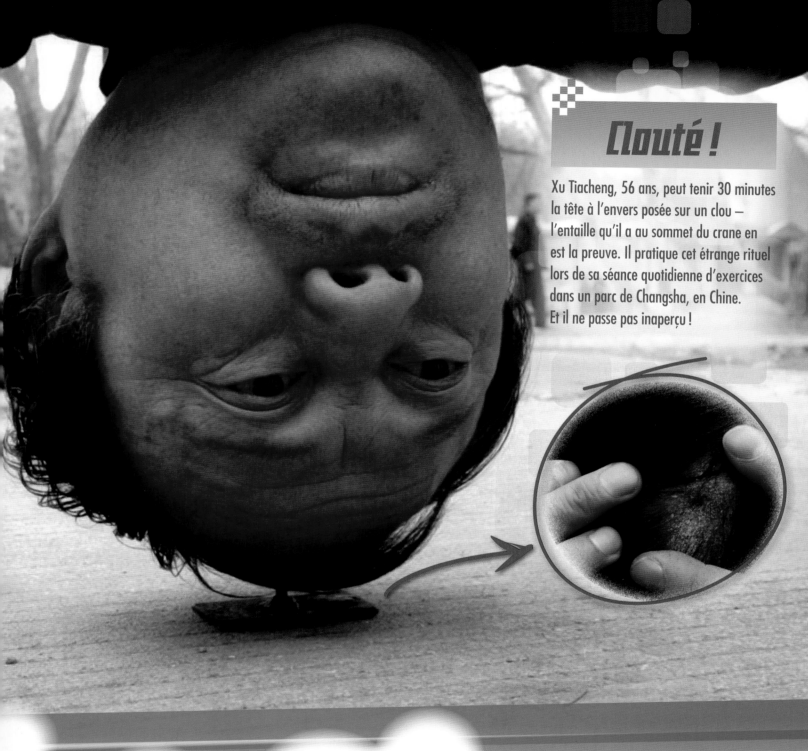

Clouté !

Xu Tiacheng, 56 ans, peut tenir 30 minutes la tête à l'envers posée sur un clou — l'entaille qu'il a au sommet du crane en est la preuve. Il pratique cet étrange rituel lors de sa séance quotidienne d'exercices dans un parc de Changsha, en Chine. Et il ne passe pas inaperçu !

JE CHANGE D'AVION

Le parachutiste autrichien Paul Steiner a réussi une incroyable cascade aérienne : il est passé d'un planeur à un autre à 2000 mètres d'altitude, alors que les deux avions évoluaient à 160 km/h. Il est d'abord sorti du cockpit du premier, s'est glissé sur l'aile, puis a effectué une figure acrobatique pour pouvoir se retourner et prendre pied sur la carlingue du second qui volait au-dessous. Le premier planeur s'est alors mis à voler la tête en bas, et Steiner s'est redressé pour former le trait d'union entre les deux.

Steiner est assis sur l'aile du premier planeur.

Fou !

Joel Wahl

Ripley
RETOUR

⊠ À COUTEAU RETOURNÉ Xi Guanghai, un professeur chinois de physique âgé de 57 ans, effectue 4 000 pompes par jour – les mains posées sur les lames de couteaux de boucher maintenus en place par des étaux en bois ! Ses mains sont désormais si calleuses qu'il ne sent plus la douleur.

⊠ VTT GRIMPEUR À Vienne, en Autriche, l'étonnant cycliste polonais Krystian Herba est monté au sommet d'un immeuble haut de 202 mètres. Il lui a fallu 18 min et 9 sec pour gravir les 48 étages en faisant des bonds avec son VTT.

⊠ SAUTS À RÉPÉTITION L'Écossais Scott Huntly a réalisé 107 sauts à l'élastique consécutifs du haut d'un pont de 214 mètres enjambant une rivière sud-africaine.

UNE UNIVERSITÉ TCHÈQUE A CRÉÉ UN ROBOT CAPABLE DE JONGLER AVEC 5 BOULES DE BILLARD

⊠ COURS OU COURS En 2010, 6 militaires anglais et américains on couru les 5 648 km qui séparent New York de Santa Monica, Californie. Leur périple de 8 semaines leur aura fait traverser 3 déserts, 10 chaînes de montagnes, 16 États et 789 villes. À noter que l'un d'eux, Mark Ormrod, était amputé des deux jambes et d'un bras pour avoir sauté sur une mine en Afghanistan, en décembre 2007.

⊠ PAPICHUTISTE
En mars 2011, Fred Mack de Newtown Square, Pennsylvanie, a fêté son 100ᵉ anniversaire en s'offrant un saut en parachute. En tandem, certes, mais il a quand même sauté de 3 960 mètres. Il s'était offert son baptême de parachutisme à 95 ans !

Benji Williams

⊠ LE ROI DU YO-YO James Buffington a créé un yo-yo dont la ficelle fait plus de 12 mètres. Et il sait le manier. Il en fait la démonstration à Chicago, du haut d'un petit immeubles de trois étages.

⊠ TOP POSITION En mai 2011, l'Israélien Hezi Dean a passé 35 heures juché sur une petite plateforme au sommet d'un mât haut comme un immeuble de 9 étages. Une grue l'a hélitreuillé jusqu'en haut. Pour redescendre, il a sauté dans le vide. Une pile de cartons a amorti sa chute.

⊠ ASCENSION SAINTE
En décembre 2010, le Tchèque Anatol Stykan a gravi les 253 marches menant au Sacré-Cœur de Montmartre, à Paris, en portant sa compagne en équilibre sur son crane.

À VOUS DE JOUER
www.ripleys.com/submit

Benji Williams, de Los Angeles, fait des boules avec des élastiques depuis qu'il est âgé de 6 ans. Il a profité de ses vacances en Floride pour venir admirer au musée Ripley d'Orlando la plus grosse boule composée d'élastiques jamais réalisée. Elle est l'œuvre de Joel Waul et pèse la bagatelle de 4 282 kg. Celle de Benji ne fait que 45 kg. Mais elle grossit à vue d'œil.

⊠ CARTES SOUS-MARINES Un groupe de 16 plongeurs allemands a joué aux cartes sous l'eau pendant 36 heures d'affilée. Ils étaient assis au fond d'une piscine de Geiselhoering et ont disputé des parties d'un jeu traditionnel bavarois appelé « tête de mouton ».

⊠ BÉBÉ NAGEUR Âgée de 4 ans, Tae Smith de Poole, en Angleterre, a effectué 101 longueurs de bassin – soit environ 2 km – cinq mois seulement après avoir appris à nager. Elle devait en effectuer 30 mais a refusé de sortir de l'eau.

Il effectue une figure pour se retrouver sous l'aile.

Debout sur la carlingue du second planeur, il tient le premier d'une main.

GRANDE GUEULE

Le 4 juillet 2011, Dinesh Shivnath Upadhyaya, de Bombay, en Inde, a établi un nouveau record du monde en introduisant 800 pailles dans sa bouche et en tenant ainsi 30 secondes consécutives.

800 pailles

RECORDS FOUS • RECORDS FOUS • RECORDS FOUS • RECORDS FOUS • RECORDS

LE PLUS DE TRUCS EN BOUCHE

RECORDS FOUS • RECORDS FOUS • RECORDS FOUS • RECORDS FOUS • RECORDS

92 crayons

CHÈRES CANETTES Les élèves et les profs d'une école élémentaire du New Jersey ont créé une chaîne composée de 10 714 capsules de canettes de soda.

LE CANADA À VÉLO En 2011, Kevin Robbins, de Fort McMurray, au Canada, a traversé son pays à vélo de Vancouver à St. John's en seulement 22 jours, battant le précédent record d'une journée et demie. Il a couvert la distance de 7 200 km en effectuant en moyenne 323 km chaque jour.

GROS KILT Steve Campbell, un Écossais vivant aux États-Unis, a commandé 142 m² de tissu – écossais – pour confectionner le plus grand kilt au monde. Ceci pour habiller une statue haute de 24 mètres, à Tulsa, dans l'Oklahoma, lors du festival écossais de la ville. Le kilt XXXXXL mesurait 7,6 mètres de long pour un tour de taille de 14,6.

RECORDS EN BOUCHE

• 800 PAILLES	Dinesh Upadhyaya (Inde)
• 159 CIGARETTES	Jim Mouth (USA)
• 159 ABEILLES VIVANTES	Norman Gaary (USA)
• 92 CRAYONS	Dinesh Upadhyaya (Inde)
• 57 GRAINS DE RAISIN	Shobhit Keshvdass (Inde)
• 41 CIGARES	Jim Mouth (USA)
• 22 SCORPIONS VIVANTS	Maged Almalki (Arabie saoudite)
• 11 CROTALES VIVANTS	Jackie Bibby (USA)
• 11 CANCRELATS VIVANTS	Travis Fessler (USA)
• 5 BALLES DE TENNIS	Augie (chien américain)

Marcher sur l'eau

Le kiteboarder polonais Maciek Kozierski défie les lois de la physique en marchant sur l'eau – ou plutôt en courant. Il a réalisé son exploit en Israël, sur la mer de Galilée, là où il est dit dans le Nouveau Testament que Jésus en a fait de même. Après 50 tentatives infructueuses, dues à de mauvaises conditions météo, il a enfin réussi. Il a pris un maximum de vitesse avec son kiteboard, lâché sa voile, puis quitté sa planche en courant. Grâce à son élan, il a ainsi pu enchaîner plusieurs foulées.

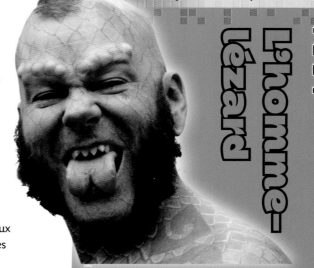

Ripley's
Le Big Livre de l'Incroyable 143
www.big-livre-de-lincroyable.com

Fou !

L'homme-lézard

Ripley a rencontré Erik Sprague, alias l'homme-lézard, pour évoquer son incroyable transformation.

L'interview

Pourquoi avez-vous décidé de devenir l'homme-lézard ? Au début, je réfléchissais à des œuvres d'art qui auraient le corps pour support. Je portais aussi un intérêt à la transformation du corps humain. La combinaison de ces deux envies s'est fondue en un seul et même projet. J'ai choisi le lézard à cause de sa symbolique, mais aussi parce que je pensais que le résultat serait cool !

Et qu'en pense le public ? Dès le début, j'ai eu la chance de susciter l'intérêt du public, qui a suivi ma transformation. Avant, c'était plus de l'étonnement : « Qu'est-ce que c'est que ça ? » Maintenant, c'est : « Regarde, c'est le type qu'on a vu à la télé ! » En partie grâce à Ripley.

Quelle est la transformation dont vous êtes le plus fier ? Ma langue coupée en deux est sans doute ce qui a fait ma popularité. Mais, moi, ce que je préfère, c'est le trou d'un diamètre de 1,25 cm que j'ai dans la cloison nasale. Il est maintenu ouvert par un anneau en métal. C'est aussi un souvenir personnel car c'est un ami aujourd'hui décédé qui me l'a percé.

Arrivez-vous à manger normalement ? Oui, sauf les pommes ! À cause de mes dents taillées en pointe, je ne peux plus mordre dedans. Il faut d'abord que je les coupe en lamelles.

Estimez-vous être « fini » ? Pas encore. Il me reste encore au moins une centaine d'heures de tatouage pour me sentir achevé. Mais qui dit qu'après je n'aurais pas de nouvelles idées ?

ROUE D'ARTIFICE Le 18 juin 2011, l'entreprise Lilly, basée sur l'île de Malte, et spécialisée dans les spectacles pyrotechniques, a allumé la plus grande roue d'artifice, d'un diamètre de 32 mètres.

PAPY DOC Le Dr John Burson, un ORL de 76 ans de Villa Rica, en Géorgie, a été envoyé en Afghanistan pour y soigner les soldats de l'US Army – la quatrième fois qu'il se retrouvait dans un pays en guerre depuis 2005.

ÉCHAPPÉE SOUS-MARINE Le 27 octobre 2010, Thomas Blacke, un illusionniste américain, s'est libéré de ses menottes dans le temps record de 8,34 secondes, alors qu'il était sous l'eau.

FUNAMBULE DE LA MORT En août 2011, alors que le vent soufflait fort, le casse-cou autrichien Michael Kemeter a marché sur un fil au-dessus du vide entre deux sommets du Grossglockner. Il a traversé les 45 mètres entre les deux extrémités à 793 mètres d'altitude. Il était certes retenu par un filin de sécurité mais il évoluait pieds et torse nus, malgré le froid, pour réduire la résistance au vent. La semaine précédente, il avait battu un record en réussissant une traversée sur un fil long de 160 mètres.

MONTGOLFIER JUNIOR Le 4 juin 2011, le jeune Bobby Bradley d'Albuquerque, Nouveau-Mexique, est devenu le plus jeune pilote à diriger en solo une montgolfière. Âgé de 9 ans, et seul à bord du ballon, il a effectué un vol de 26 minutes au-dessus de son État natal avant d'effectuer un atterrissage qui s'est déroulé sans problème.

MARCHE SOUS-MARINE Le 5 août 2011, Joe Wilkie de Tonawanda, New York, a établi un record : en 1 min et 15 sec, il a parcouru en marchant 73,6 mètres sous l'eau au fond d'une piscine, sans jamais remonter à la surface pour reprendre son souffle. Il portait un poids de 11,3 kg sur les épaules.

RÉGATE EN CARTON En 2011, 36 équipes ont utilisé 45 000 briques de lait vides pour fabriquer des radeaux et participer à une course de 50 mètres sur une rivière de Lettonie.

CHEF À VÉLO Le chef anglais Ben Hoyle n'est pas qu'un as des fourneaux. Il adore faire des sauts sur la roue arrière de son vélo. Et c'est un champion.

BIÈRE ADDICT Depuis 1955, Charles Johnson, de l'Ohio, collectionne les bouteilles de bière du monde entier. Il en possède 108 000 différentes.

PÈLERINAGE À GENOUX Deux moines bouddhistes ont parcouru 800 km sur les genoux pour aller rendre hommage à une statue. Deux mois de voyage !

LA ROUTINE George Atkinson, un Londonien âgé de seulement 16 ans, a gravi le plus haut sommet du monde, l'Everest, qui culmine à 8 848 mètres d'altitude. La routine pour lui, qui avait déjà escaladé les 6 plus hauts sommets des autres continents avant celui-là : l'Aconcagua, en Argentine, le mont McKinley, en Amérique du Nord, le Kilimandjaro, en Tanzanie, l'Elbrouz, en Russie, le Punkak Jaya, en Indonésie, et le massif Vinson, en Antarctique.

L'homme-lézard

Enfant

Témoin lors d'un mariage

Le jour de son mariage

Le performer d'Austin, Texas, Erik Sprague, connu sous le nom de l'homme-lézard, a passé plusieurs années pour se transformer et devenir cette créature hybride, mi-homme, mi-reptile. Depuis 1994, il s'est fait tatouer plus de 700 heures pour avoir le corps presque entièrement recouvert d'écailles. Pour parfaire la ressemblance, il s'est fait tailler quatre dents en pointe, sa langue a été fendue en deux, comme celle des lézards, et on lui a implanté cinq billes métalliques à la place de chaque sourcil. C'est cette dernière intervention qui été la plus douloureuse et la plus spectaculaire. L'opération a duré 5 heures, au cours desquelles Erik est resté le crane ouvert. On lui a aussi fait un trou de 1,25 cm de diamètre dans sa cloison nasale, entre ses deux narines.

Au cours de ses shows, Erik peut s'enfoncer des ciseaux dans le nez, tenir des lames coupantes entre les extrémités de sa langue fourchue, cracher du feu, avaler des sabres et peut même servir de cible à des lanceurs de fléchettes. Avant, grâce aux trous d'un diamètre de 2,5 cm qu'il a dans chaque lobe, il était même capable de tirer des voitures à la seule force de ses oreilles. Mais à cause d'une infection cutanée, il ne peut plus porter de bagues dans ses lobes d'oreille depuis 2009. Dommage, car à l'époque il était le champion de cette discipline.

Diplômé en philosophie, Erik estime qu'une personne voulant lui ressembler et arborer le look lézard devrait au bas mot débourser 250 000 $.

Les ciseaux passent dans le trou de sa cloison nasale.

Le tire-bouchon rentre par le nez, ressort par la bouche et transperce l'oreille.

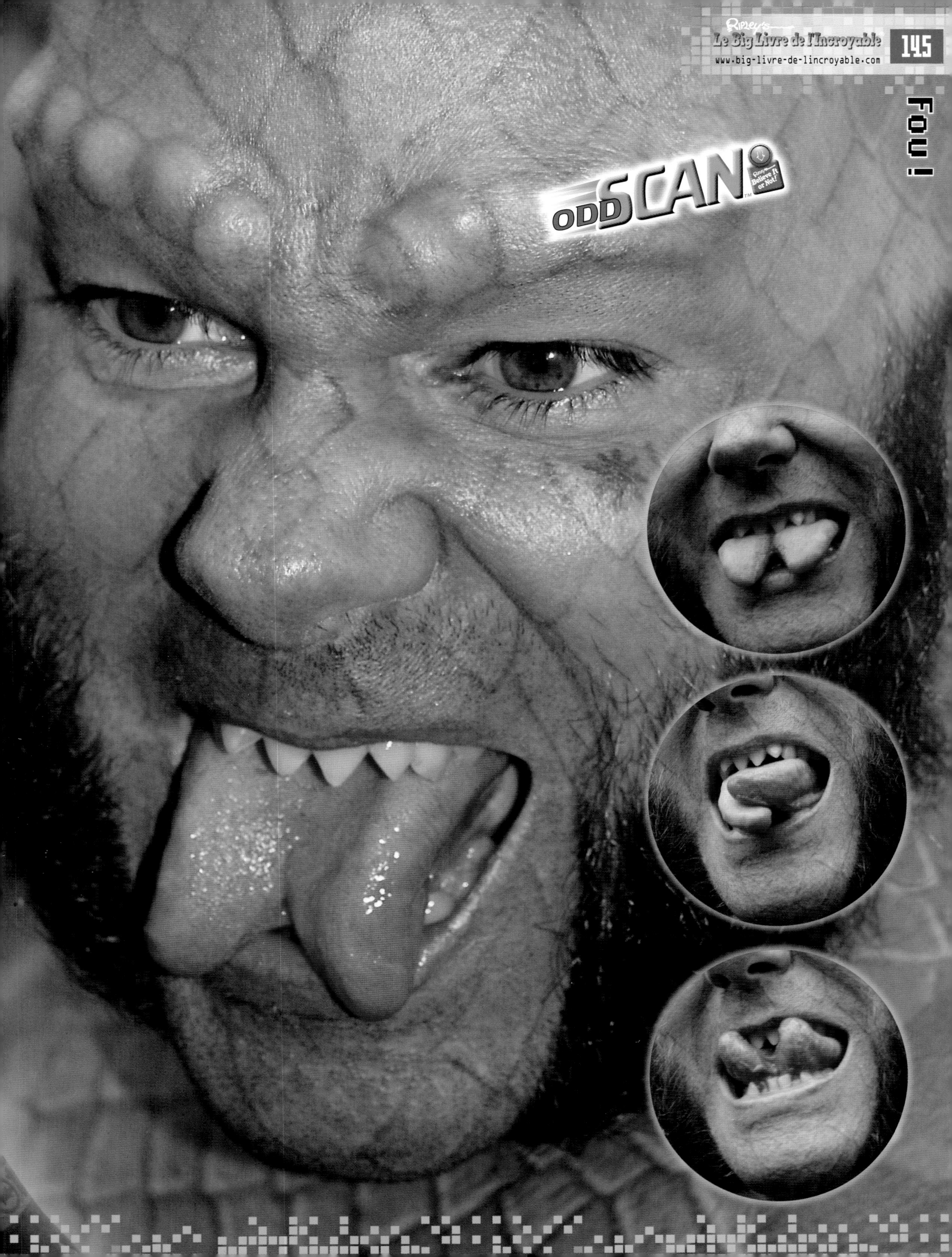

Ripley's
Le Big Livre de l'Incroyable
145
www.big-livre-de-lincroyable.com

ODD SCAN

LE GRIMPEUR DE BUILDINGS

En mars 2011, Alain Robert, le Spiderman français, a grimpé les 828 mètres de la tour Burj Khalifa de Dubaï, aux Émirats arabes unis en six heures. Il a déjà escaladé plus de 70 immeubles parmi les plus hauts du monde dont l'Empire State Building de New York et la Willis Tower de Chicago.

LE MONDE NE SUFFIT PAS Jean Béliveau de Montréal, au Canada, a traversé le monde pendant onze ans. Parti le jour de ses 45 ans, il a parcouru 75 543 km à travers 64 pays, usant 53 paires de chaussures, établissant ainsi un record. En Afrique, il s'est nourri d'insectes, en Corée de chiens, et en Chine de serpents. Une poussette lui servait de bagage pour son sac de couchage, ses vêtements et sa trousse de secours.

CHAPEAU ! La société New Era Cap de Buffalo, dans l'État de New York, a créé une mosaïque composée de 1875 casquettes officielles des équipes du championnat de base-ball.

GIVRÉS Deux Chinois sont restés enveloppés deux heures dans de la glace en 2011 à Zhangjiajie, dans la province chinoise du Hunan. Chen Kecai, 52 ans, et Jin Songhao, 54 ans, ont passé respectivement 118 et 120 minutes dans une boîte transparente avec de la glace jusqu'au cou. Jin s'est même essayé à la calligraphie chinoise pendant l'épreuve.

LA PSY CAUSE À 102 ans, Hedda Bolgar Bekker, directrice d'une clinique de psychothérapie à Los Angeles, en Californie, continue de donner des conférences et de recevoir des patients jusqu'à 20 heures par semaine.

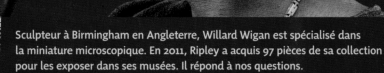

Ripley's
Le Big Livre de l'Incroyable **147**
www.big-livre-de-lincroyable.com

Willard Wigan

Fou !

Sculpteur à Birmingham en Angleterre, Willard Wigan est spécialisé dans la miniature microscopique. En 2011, Ripley a acquis 97 pièces de sa collection pour les exposer dans ses musées. Il répond à nos questions.

L'interview

Je travaille dans un cagibi large d'1,2 mètre afin de réduire l'impact de l'air, et souvent la nuit, quand les vibrations du trafic routier sont atténuées. Cet espace est rempli de bouteilles et de boîtes qui contiennent tous les matériaux que j'utilise : diamant, verre, platine, poussières, fibres, cils, poils de mouche, étiquettes en plastique.

J'y passe parfois vingt heures d'affilée. J'ai travaillé ma concentration. Il y a 40 ans, quand j'ai commencé, je plaçais des roulements à billes minuscules au bout de mes doigts et je tenais la position pendant trois heures. J'enfilais 200 fois de suite un fil dans le chas d'une aiguille. Aujourd'hui, j'entre presque dans un état de semi-méditation.

Une fois, j'ai voulu construire une maison dans le chas d'une aiguille et, vers 15 heures, je me suis rendu dans une librairie en quête d'inspiration. Soudain, un vendeur m'a tapé sur l'épaule m'annonçant que le magasin allait fermer. Il était 17 heures et je venais de fixer une image pendant deux heures ! Une autre fois, j'étais en train de creuser un cheveu afin d'y introduire un train tout en retenant ma respiration, quand j'ai entendu un grand bruit. Je venais de m'évanouir à force de ne pas respirer.

Après plusieurs heures de concentration, mes mouvements sont étonnamment lents. Je dois me réhabituer à la taille normale des choses et ne plus les considérer comme fragiles. Je n'aime pas trop mon travail car il est très exigeant. Mais j'aime la réaction des gens quand je termine une sculpture.

Je travaille la sculpture avant de la glisser dans le chas de l'aiguille. Je dois faire attention au phénomène de catapulte. Si je serre trop fort la pince dans laquelle se trouve mon modèle, il risque de s'envoler. L'électricité statique peut aussi jouer de mauvais tours. J'avais recréé une scène de *De grandes espérances* avec les personnages de Miss Haversham, Estella et Pip, les toiles d'araignée et les gâteaux, et il s'est envolé. Trois mois de travail perdus. J'étais en colère. Une autre fois, de la sueur a coulé de mes doigts sur une sculpture humide et l'a ensevelie. Parfois, j'aspire ma sculpture, sans le faire exprès, comme ce fut le cas pour mon *Alice au pays des merveilles*.

Quand mon modèle tient debout, je perce deux trous dans l'aiguille que je remplis de miel. Je l'introduis et je le peins avant qu'il ne durcisse. Il m'est arrivé d'en faire tomber, et les gens paniquent croyant qu'il est cassé, mais c'est impossible. C'est comme une fourmi qui tombe d'un toit, elle ne meurt pas. Elle est trop petite. Une poussière sur votre T-shirt restera toujours accrochée si vous sautez de haut en bas. C'est pareil avec mes modèles.

Je dois travailler la peinture bien en amont afin que les molécules des pigments ne soient pas trop grosses. Je verse une goutte de peinture sur la vitre d'un microscope et je l'écrase pendant deux ou trois heures avec un roulement à billes afin qu'elle devienne lisse. Je n'ai droit qu'à un seul essai. On ne peut pas recommencer.

Je cherche à créer des pièces de plus en plus petites. Mon nouveau projet est la comptine de la vieille femme qui vivait dans une chaussure, en sculptant 25 enfants et la chaussure, le tout dans un chas d'aiguille !

Les gens sont émerveillés par cet univers du minuscule. Après tout, nous commençons tous sous la forme d'une graine dans un utérus. Des bactéries microscopiques peuvent causer des ravages et survivre contre toute attente. Un atome est l'une des choses les plus petites qui soient, et pourtant, il peut créer une très grosse explosion.

POUR VOIR LA COLLECTION

Tournez la page

COUPE DES CHAMPIONS Le coiffeur Patrick Lomantini de Wichita, au Kansas a offert 50 coupes dans les 50 États américains sur une période de 50 jours, soit 2 500 actes. Il voyageait la nuit entre les États et travaillait le jour.

LAME DE FOND Le 14 novembre 2010, l'avaleur de sabre Dan Meyer a englouti une scie à main vieille de 100 ans appartenant au Bruce Museum de Greenwich dans le Connecticut, à l'occasion d'une présentation de son métier.

Willard Wigan de Birmingham, en Angleterre, fabrique d'incroyables sculptures microscopiques, certaines mesurant à peine 0,005 mm, soit trois fois moins que le point qui ponctue cette phrase. Elles ne sont visibles qu'à travers un microscope magnifié 400 fois. Elles tiennent sur un grain de sable ou la tête d'une épingle. Il a même réussi à faire entrer neuf chameaux dans le chas d'une aiguille.

Ripley a acquis 97 de ces œuvres véritablement étonnantes. Toutes sont le fruit d'un travail rigoureux de gravure, écaillage et peinture. Elles tiennent toutes confortablement dans une seule boîte d'allumettes !

Atteint d'une dyslexie non diagnostiquée quand il était enfant, Willard n'aimait pas beaucoup l'école et préférait passer de longs moments seul dans la forêt. Là, il passait des heures à observer les fourmis sur le sol. « Je devais avoir 4 ou 5 ans, se souvient-il, et je me demandais si les fourmis avaient une maison, aussi je leur en construisais avec du bois. Puis j'ai décidé qu'elles avaient besoin de meubles, alors je me suis mis à en fabriquer à la taille de leur maison. » Sa mère n'a jamais cessé de l'encourager sur cette voie-là. « Elle me disait que plus j'explorais le minuscule, plus je grandirai ! »

Il faut environ trois mois pour créer chaque nano-sculpture. Willard a fabriqué ses propres outils : une écharde de diamant fixée sur une épingle, ainsi que des aiguilles d'acupuncture limées. Ses sourcils et les poils de mouches lui servent de pinceaux. Pour stabiliser ses mains, il entre en méditation et travaille dans l'intervalle d'1,5 seconde, soit le temps entre deux battements de cœur. Même le pouls de ses doigts doit être synchronisé.

Parmi ses créations tellement ressemblantes, figurent LIttle Miss Muffet et son araignée dans le chas d'une aiguille ; le combat de boxe opposant Muhammad Ali à Sonny Liston sur la tête d'une épingle ; la statue de la Liberté dans un chas d'aiguille ; le paquebot *Titanic* sur un minuscule cristal ; une église posée sur un grain de sable et les personnages de Peter Pan sur un hameçon. Même s'il est mentalement et physiquement épuisé après chaque œuvre, il essaie toujours d'aller plus loin dans le minuscule. Ainsi, il se promet de faire entrer non pas 9, mais 20 chameaux dans une tête d'épingle prochainement. « Je deviendrai probablement fou, mais j'y arriverai ! »

Betty Boop *dans le* chas *d'une* aiguille

ODD SCAN

Neuf chameaux *dans le* chas *d'une* aiguille

J'ai dû regarder plusieurs fois dans le microscope tellement je n'en croyais pas mes yeux.
~
Lord Richard Rogers

La statue *de la* Liberté *dans le* chas *d'une* aiguille

Ali *contre* Liston *sur la* tête *d'une* épingle

Ripley's
Le Big Livre de l'Incroyable 149
www.big-livre-de-lincroyable.com

Fou !

Le titanic
sur un morceau de cristal

Edward Meyer, archiviste chez Ripley, raconte comment il a acquis la collection

« Je suis attentivement la carrière de Willard Wigan depuis 1999. Quand il s'est mis à vendre ses œuvres en 2007, listées sur un site Internet, je me suis dit que nous pourrions en récupérer quelques-unes. Après des dizaines de courriers et une rencontre au bar d'un hôtel de Londres, j'ai décidé d'en acheter beaucoup plus, 97 précisément, soit tout ce qui n'était pas encore dans une collection privée, soit environ 85 % ou 90 % de l'intégralité de son travail. La commande a été livrée en main propre à notre quartier général d'Orlando, dans un sac de sport. Les œuvres étaient dans des boîtes à bijoux à l'intérieur de trois petites boîtes en carton.

Pas de trou de serrure...

Little Miss Muffet dans le chas d'une aiguille

Un joueur de rugby sur un clou marquant un essai à travers le chas d'une auguille

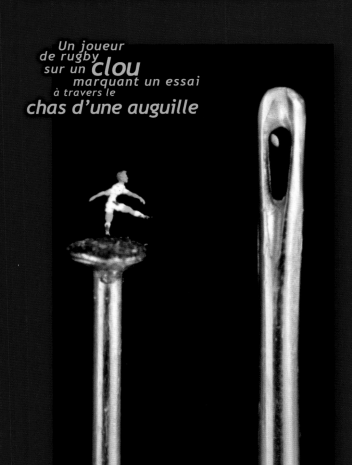

Le talent de Willard est indescriptible
~
Sa Majesté le Prince Charles

Un biker barbu sur la tête d'un clou

PLUS DE 10 000 ABEILLES !

IL FAIT LE BUZZ !

En mai 2011, Zhang Wei du comté de Zizhou en Chine a été recouvert d'un costume d'abeilles pesant 83,5 kg, soit le poids moyen d'un Américain. Son visage et ses mains n'étaient pas protégés, mais il portait un masque et un tube pour respirer. Assis devant un décor de feuillage, il a attendu patiemment que des milliers d'abeilles recouvrent son corps.

🅡 **BOLIDE MINIATURE** Les étudiants du Joseph Leckie Community Technology College de Walsall, en Angleterre, ont construit un modèle réduit de voiture à propulsion qui a atteint la vitesse de 143,1 km/h. À échelle normale, une voiture aurait atteint les 417 km/h. Le véhicule de 53 cm était équipé de moteurs Estes et lancé sur 100 mètres le long d'un câble à haute résistance.

🅡 **MIEUX VAUT TARD** En 1932, Leo Plass de Redmond, dans l'Oregon, a quitté la faculté quelques mois avant de recevoir son diplôme pour travailler en tant que bûcheron. En 2011, il a finalement reçu son diplôme de la Eastern Oregon University. Il avait 99 ans.

🅡 **BEAU OU LAIT ?** Pendant 25 ans, Steve Wheeler a amassé plus de 17 500 bouteilles de lait, de toutes tailles, formes et origines, certaines datant du XIXᵉ siècle. Un gigantesque abri construit derrière sa maison de Malvern en Angleterre héberge sa collection dont le poids avoisine les 15 tonnes. Le pire, c'est qu'il ne boit jamais de lait !

🅡 **ROUGE PASSION** En mémoire du plaisancier Sir Peter Blake dont les chaussettes rouges étaient censées lui porter bonheur, les Néo-Zélandais ont donné plus de 30 000 chaussettes le jour de la fête nationale du même nom. Mises bout à bout, elles auraient tenu sur 3 km de long.

🅡 **GROSSE BOULE** Depuis 2001, le paysagiste Rick Fortin de New Boston, dans le New Hampshire, assemble une boule de fil de cuivre qui pèse aujourd'hui 418 kg et mesure 90 centimètres de diamètre.

BALLON DANSANT

L'artiste australien Bruce Airhead utilise un aspirateur à commande vocale pour gonfler un ballon de 1,8 mètre à l'intérieur duquel il se glisse petit à petit en dansant. Ne portant qu'un simple short en lycra au début, il finit par en sortir grimé en Elvis après l'explosion du ballon.

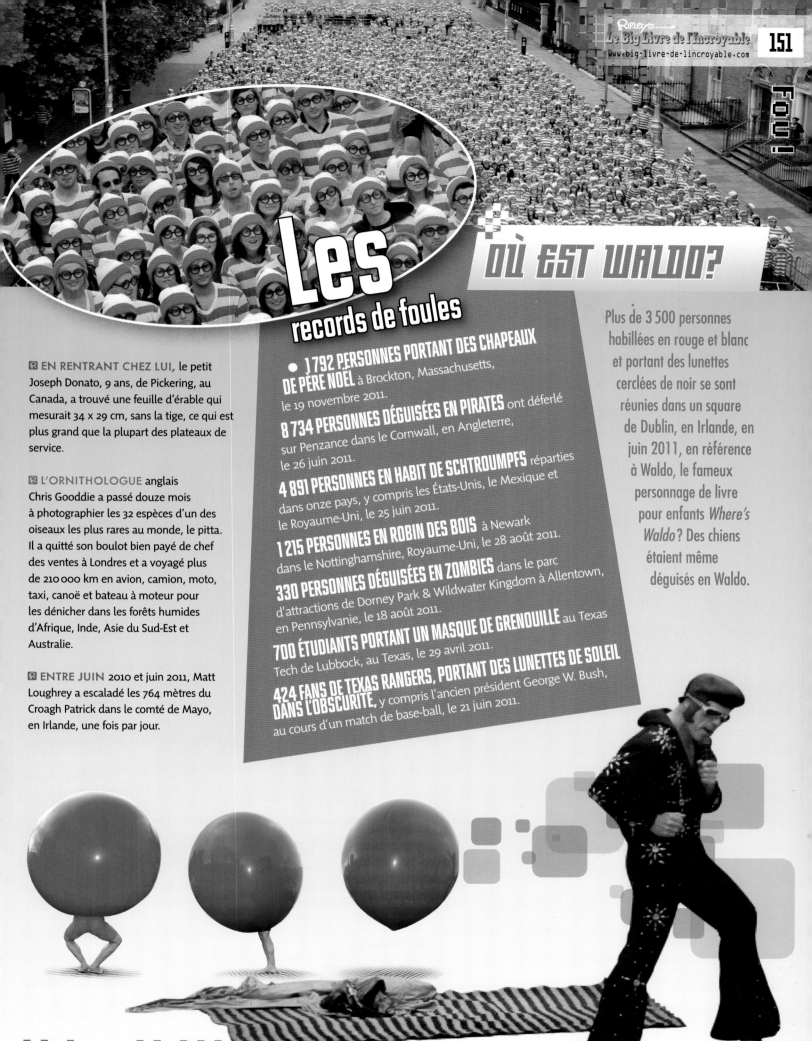

Ripley's
Le Big Livre de l'Incroyable
www.big-livre-de-lincroyable.com
151

FOU!

Les
records de foules

OÙ EST WALDO?

● **1 792 PERSONNES PORTANT DES CHAPEAUX DE PÈRE NOËL** à Brockton, Massachusetts, le 19 novembre 2011.

8 734 PERSONNES DÉGUISÉES EN PIRATES ont déferlé sur Penzance dans le Cornwall, en Angleterre, le 26 juin 2011.

4 891 PERSONNES EN HABIT DE SCHTROUMPFS réparties dans onze pays, y compris les États-Unis, le Mexique et le Royaume-Uni, le 25 juin 2011.

1 215 PERSONNES EN ROBIN DES BOIS à Newark dans le Nottinghamshire, Royaume-Uni, le 28 août 2011.

330 PERSONNES DÉGUISÉES EN ZOMBIES dans le parc d'attractions de Dorney Park & Wildwater Kingdom à Allentown, en Pennsylvanie, le 18 août 2011.

700 ÉTUDIANTS PORTANT UN MASQUE DE GRENOUILLE au Texas Tech de Lubbock, au Texas, le 29 avril 2011.

424 FANS DE TEXAS RANGERS, PORTANT DES LUNETTES DE SOLEIL DANS L'OBSCURITÉ, y compris l'ancien président George W. Bush, au cours d'un match de base-ball, le 21 juin 2011.

Plus de 3 500 personnes habillées en rouge et blanc et portant des lunettes cerclées de noir se sont réunies dans un square de Dublin, en Irlande, en juin 2011, en référence à Waldo, le fameux personnage de livre pour enfants *Where's Waldo?* Des chiens étaient même déguisés en Waldo.

R EN RENTRANT CHEZ LUI, le petit Joseph Donato, 9 ans, de Pickering, au Canada, a trouvé une feuille d'érable qui mesurait 34 x 29 cm, sans la tige, ce qui est plus grand que la plupart des plateaux de service.

R L'ORNITHOLOGUE anglais Chris Gooddie a passé douze mois à photographier les 32 espèces d'un des oiseaux les plus rares au monde, le pitta. Il a quitté son boulot bien payé de chef des ventes à Londres et a voyagé plus de 210 000 km en avion, camion, moto, taxi, canoë et bateau à moteur pour les dénicher dans les forêts humides d'Afrique, Inde, Asie du Sud-Est et Australie.

R ENTRE JUIN 2010 et juin 2011, Matt Loughrey a escaladé les 764 mètres du Croagh Patrick dans le comté de Mayo, en Irlande, une fois par jour.

LANGUE COURANTE

Le Chinois Li Jinlong a fait tenir en équilibre cette tour composée de 3 bouteilles en plastique, 12 verres à vin, 5 assiettes en verre et 16 ballons de football. Il a ensuite fait tourner le tout avec sa langue. Le poids total de l'édifice était de 15 kg.

CHAMPION DU MONDE DE L'ÉQUILIBRE SUR LANGUE

Ⓡ DE PÈRE EN FILS Kelvin Amos, 52 ans, et son fils Shane de Stoke-on-Trent, en Angleterre, ont battu le record du monde de l'équipe père et fils, au marathon de Londres, le 17 avril 2011, en le parcourant en 6 heures 3 minutes et 17 secondes à eux deux.

Ⓡ VENIN, VIDI, VICI En 2010, David Jones, un charpentier originaire de Crawley en Angleterre, a passé 4 mois enfermé dans une pièce entouré de 40 serpents venimeux dont des cobras, des mambas noirs et des vipères à Johannesburg en Afrique du Sud.

Ⓡ QUE LA FORCE SOIT AVEC TOI Dave Bailey du Middlesex, en Angleterre, amasse les produits dérivés de la saga *Star Wars* depuis 30 ans. Estimée à 70 000 €, sa collection inclut tous les personnages en taille réelle dont un Dark Vador de 2,1 mètres.

Ⓡ IL ET AILES Le 15 novembre 2010, le retraité Tom Lackey de Birmingham, en Angleterre, a battu son propre record du monde d'acrobate des airs, à l'âge de 90 ans, en volant à 152 mètres au-dessus du Gloucestershire, attaché sur l'aile d'un avion d'une longueur de 9,70 mètres.

Ⓡ MENTION BIEN James Livingston, 86 ans, de Savannah dans l'État de Géorgie, a finalement obtenu son diplôme de fin d'études le 28 mai 2010 à Screven County High. Ses parents l'avaient autorisé à quitter l'éducation en 1942 pour aller se battre pendant la Seconde Guerre mondiale, mais uniquement s'il passait ses examens à son retour !

Ⓡ LA ROI DE L'ÉVASION Le 22 août 2011, exactement 25 ans après sa première évasion de la prison du comté de Waushara dans le Wisconsin, Anthony Martin, expert en la matière, a recommencé, en deux fois moins de temps. Malgré sa camisole de force, le fait qu'il soit attaché à une échelle et enfermé à double tour, il s'est évadé en 2 minutes et 50 secondes, soit près de deux minutes de moins qu'en 1986.

Ⓡ EN NAGE Julie Bradshaw de Loughborough, en Angleterre, a parcouru les 45,9 km autour de l'île de Manhattan en nageant le papillon en 9 heures et 28 minutes.

Ⓡ HYGIÉNIQUE Michael Berger de Wiesbaden, en Allemagne, collectionne tout ce qui touche aux WC. Il a ouvert un musée exposant ses brosses, ses portants de papier toilette, ainsi que des sièges. On y trouve un portant aux couleurs de Mona Lisa, une brosse avec le visage de la Vierge Marie et un urinoir avec le visage de Adolf Hitler créé après la Seconde Guerre mondiale.

LE POIDS DES MAUX

Le 27 août 2011, des militaires anglais à la retraite ont gravi la plus haute montagne d'Angleterre en portant des sécheuses et des machines à laver sur leur dos. Les anciens Marines et parachutistes ont mis 8 heures pour gravir les 978 mètres du Pic Scafell.

Ⓡ DÉBARQUEMENT Roger Allsopp, un chirurgien à la retraite de Guernesey, est devenu, à l'âge de 70 ans et 4 mois, le plus vieux recordman à traverser à la nage les 39 km de la Manche entre Douvres et la France, en 17 heures et 51 minutes, le 30 août 2011.

Ⓡ SAUT SOT Julio Munoz, un base-jumper chilien, s'est élancé depuis une falaise abrupte sur sa moto et a chuté sur 915 mètres avant d'ouvrir son parachute. Il a mis 3 ans à préparer ce saut qui a été filmé sous plusieurs angles grâce à diverses caméras placées le long de son corps.

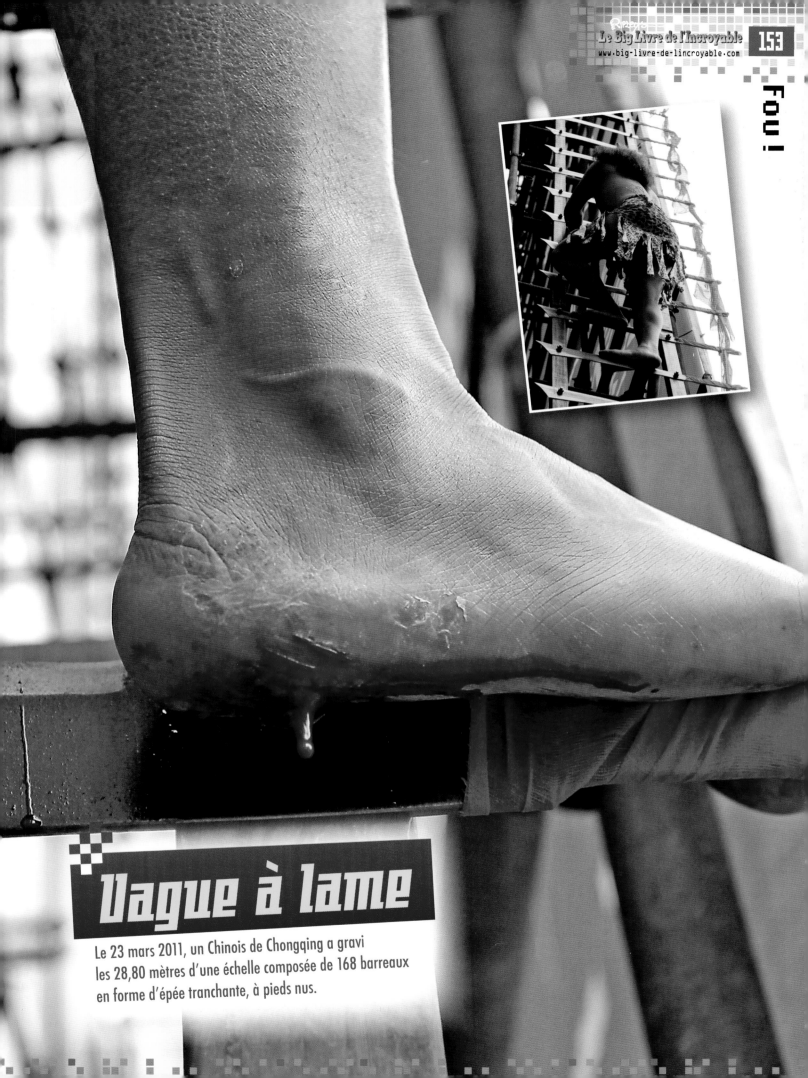

Vague à lame

Le 23 mars 2011, un Chinois de Chongqing a gravi
les 28,80 mètres d'une échelle composée de 168 barreaux
en forme d'épée tranchante, à pieds nus.

ÉTRANGE, VOUS AVEZ DIT ÉTRANGE ?

L'étrange

Maison
de Steve

Vous vous souvenez de la maison de la Famille Adams? Eh bien, elle paraît tout à fait normale à côté de celle de Steve Bard de Seattle dans l'État de Washington. Cette demeure victorienne abrite dans chaque pièce des centaines de milliers de curiosités, allant d'un squelette humain de 2,4 mètres à des animaux à deux têtes, en passant par une collection de fœtus humains vieille de 100 ans.

Connu sous le nom de « Steve le cinglé », Bard est un homme tout à fait normal dont la passion est de collectionner les choses les plus étranges possible. C'est pourquoi il partage sa maison avec des documents liés aux enterrements, des accessoires de films de monstre, des œuvres d'art de science-fiction, des appareils médicaux douteux, des objets empaillés, des coiffures de l'ère victorienne, d'innombrables crânes et la momie la plus petite au monde.

Ce geek a démarré sa collection avec des livres, mais bien vite elle s'est enrichie de bizarreries chinées sur eBay et ailleurs, qui ont peu à peu débordé de sa bibliothèque et envahi sa maison et son jardin. Il possède 25 000 livres (dont des milliers d'éditions originales dédicacées), plus de 150 grille-pain vintage, des inscriptions funéraires, certaines très vieilles, ainsi que des outils de croque-mort.

Il collectionne aussi les animaux. Les oiseaux vivants sont cantonnés à la cuisine. Ailleurs, tous les animaux sont morts. Parmi ses trophées empaillés, on trouve des gazelles, ours, singes, et même un tigre, ainsi que des curiosités en bon état de conservation comme des belettes siamoises, des chatons, des poussins et un veau à deux têtes. Tout est bien conservé dans des bocaux, comme cette chauve-souris, cet immense ver solitaire et ce doigt humain sectionné dans les années 1950. Des fœtus humains conservés dans le formol datant de l'ère victorienne représentent l'une des pièces rares de sa collection. On les surnommait les « bébés grenouilles » parce qu'ils étaient atteints d'anencéphalie qui est due à l'absence de tube neural. Steve les conserve précieusement près de son lit.

Il ne faut pourtant pas se fier aux apparences. L'immense squelette humain semble avoir été créé pour des étudiants en médecine, et le bébé à deux têtes est en caoutchouc. Steve s'est résigné à lui donner vie de toutes pièces parce qu'il n'est quand même pas facile de trouver des bébés de ce type.

Des tableaux ornent tous les murs de sa maison et il possède aussi de l'art cinétique et des statues Arts-Déco. Parmi ses bizarreries figurent une peinture sur épingle et de l'art Victorien tissé à partir de cheveux humains.

Juste à côté de la bibliothèque se trouve la pièce du diable, renfermant tous ses objets sataniques. Le sous-sol, lui, a été converti en pièce du futur, phosphorescente, avec de nombreuses références aux Jetson et à Barbarella, et des meubles futuristes comme cette chaine hi-fi en forme d'œuf et ce caisson d'isolation sensorielle.

Ce temple dédié aux curiosités flippantes est prolongé à l'extérieur de la maison avec, notamment, le jardin du minotaure où se trouvent un buste de la mythique figure grecque de 4 mètres de haut, le château de Raiponce d'une hauteur de 7,6 mètres, ou encore un terrifiant cimetière. Malgré son incroyable collection, Steve avoue que la chose la plus délirante qu'on lui ait demandé est venue d'une femme qui s'inquiétait de savoir comment il faisait pour faire le ménage chez lui!

Chaque centimètre de la maison de Steve Bard est occupé par des objets étranges et des curiosités humaines ou animales. Les chemins qui relient les pièces sont tout juste praticables par une personne à la fois. Pour le reste, c'est une maison normalement équipée, avec un four à micro-ondes, un réfrigérateur et une gazinière dissimulés sous des crânes humains, des silhouettes, des têtes tranchées et autres joyeusetés. La maison est fermée au public, mais Steve accepte les visites de personnes partageant son amour du bizarre et de l'étrange.

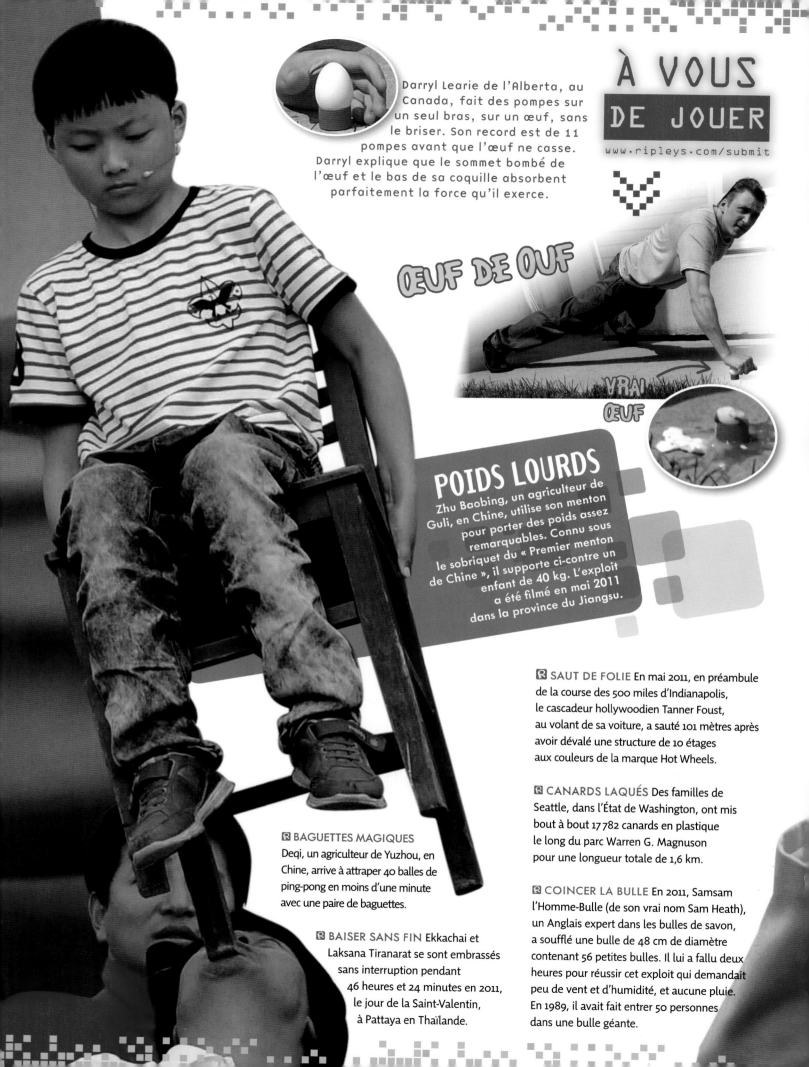

Darryl Learie de l'Alberta, au Canada, fait des pompes sur un seul bras, sur un œuf, sans le briser. Son record est de 11 pompes avant que l'œuf ne casse. Darryl explique que le sommet bombé de l'œuf et le bas de sa coquille absorbent parfaitement la force qu'il exerce.

À VOUS DE JOUER
www.ripleys.com/submit

ŒUF DE OUF

VRAI ŒUF

POIDS LOURDS

Zhu Baobing, un agriculteur de Guli, en Chine, utilise son menton pour porter des poids assez remarquables. Connu sous le sobriquet du « Premier menton de Chine », il supporte ci-contre un enfant de 40 kg. L'exploit a été filmé en mai 2011 dans la province du Jiangsu.

R SAUT DE FOLIE En mai 2011, en préambule de la course des 500 miles d'Indianapolis, le cascadeur hollywoodien Tanner Foust, au volant de sa voiture, a sauté 101 mètres après avoir dévalé une structure de 10 étages aux couleurs de la marque Hot Wheels.

R CANARDS LAQUÉS Des familles de Seattle, dans l'État de Washington, ont mis bout à bout 17 782 canards en plastique le long du parc Warren G. Magnuson pour une longueur totale de 1,6 km.

R COINCER LA BULLE En 2011, Samsam l'Homme-Bulle (de son vrai nom Sam Heath), un Anglais expert dans les bulles de savon, a soufflé une bulle de 48 cm de diamètre contenant 56 petites bulles. Il lui a fallu deux heures pour réussir cet exploit qui demandait peu de vent et d'humidité, et aucune pluie. En 1989, il avait fait entrer 50 personnes dans une bulle géante.

R BAGUETTES MAGIQUES Deqi, un agriculteur de Yuzhou, en Chine, arrive à attraper 40 balles de ping-pong en moins d'une minute avec une paire de baguettes.

R BAISER SANS FIN Ekkachai et Laksana Tiranarat se sont embrassés sans interruption pendant 46 heures et 24 minutes en 2011, le jour de la Saint-Valentin, à Pattaya en Thaïlande.

ALU L'HALLU Portant des échasses en aluminium de 60 cm, Samati Yiming, un professeur de sciences physiques de 33 ans, a parcouru 20 mètres sur un câble suspendu à 21 mètres au-dessus du sol dans un parc de Xinjiang, en Chine, sans corde de sécurité. En 2004, il avait déjà marché pendant 8 jours sur ces échasses, sur une distance de 290 km. L'année suivante, il a fait 49 pas sur des échasses de 16 mètres de haut.

MARCHE FORCÉE Endo Mitsunaga, un moine bouddhiste de 34 ans, a accompli le Sennichi Kaihogyo, un rite qui consiste à méditer pendant 1 000 jours tout en marchant autour du mont Hiei au Japon.

CLIN D'ŒIL À Londres, en avril 2011, Noel Bresland de Manchester, en Angleterre, a couru 42 km, l'équivalent d'un marathon, sur un tapis roulant placé au cœur de la roue géant de London Eye, en 3 heures et 51 minutes.

TERRAIN TEXTILE En juin 2011, à Nashville, dans le Tennessee, un industriel a dévoilé un T-shirt gigantesque pesant plus de 2 tonnes et mesurant 54,8 x 85,6 mètres, soit presque la taille d'un terrain de football américain. Six mois de confection ont été nécessaires.

COUPE DE CHAMPIONS Nabi Salehi de Londres, en Angleterre, a coupé les cheveux de 526 clients en 24 heures, le 3 juin 2011.

GARE AU CIGARE En 2011, le Cubain José Castelar « Cueto » Cairo a roulé un cigare monstrueux de 81,8 mètres de long.

NUMÉRO FÉTICHE L'homme d'affaires Mohammed Farooque Dhanani de Mumbai en Inde, possède une collection de plus de 31 000 billets de banque du monde entier dont le numéro de série se termine par 786. Ce chiffre correspond au premier billet qui a démarré sa collection, voici dix ans. Le hasard a voulu que le numéro de sa nouvelle carte de crédit se termine aussi par 786.

À L'ŒIL

Dong Changsheng, expert en art martial, a réalisé un tour hallucinant dans la province du Hubei, en Chine. On raconte qu'il a avalé deux billes en métal avant d'effectuer quelques gestes de kung fu qui ont eu pour effet de faire remonter les billes vers son œil, qu'il a ensuite extraites avec une baguette.

Le + de Ripley

Dong soutient qu'il peut faire passer les petites billes de métal à travers les canaux de son crâne, puis les conduire vers son canal lacrymal. « En fait, explique-t-il, mon canal lacrymal est directement connecté à d'autres canaux, ce qui n'est pas le cas de la majorité des gens. » Âgé de 50 ans, Dong repousse les limites de ses prouesses oculaires depuis une quinzaine d'années. Il a commencé en plaçant des boutons dans ses yeux afin de les muscler, et peut désormais se livrer à des exploits. Il est déjà apparu dans une autre édition du *Big Livre*, la fois où il avait tracté un minibus par la seule force d'un crochet attaché à ses cils.

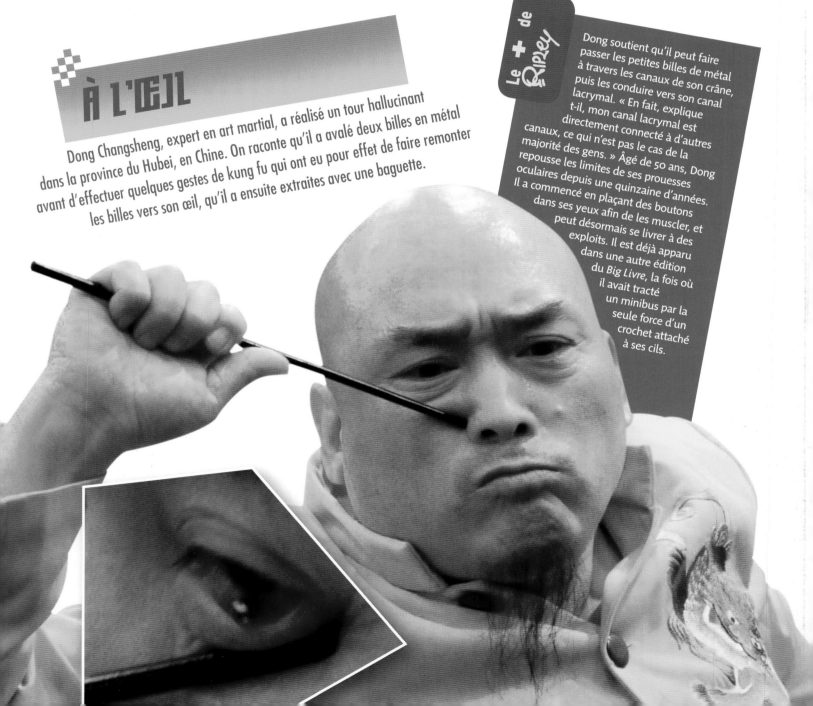

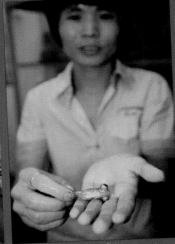

DUR À AVALER

Liang Yuxin de Xia Mei, en Chine, arrive à régurgiter des poissons rouges vivants, des pièces de monnaie et même une chaine de 127 cm de long. Il s'est découvert ce talent quand, enfant, il a recraché une balle avalée par accident.

RANGERS PAS ENCORE RANGÉE Betty Reid Soskin est la plus vieille Ranger encore en activité. Âgée de 90 ans, elle est affectée au Riveter National Historic Park de Richmond, en Californie, où elle travaille 6 heures par jour, 5 jours par semaine.

FOLLE DE FLAMANTS Sherry Knight de Lecanto, en Floride, a développé une passion pour les flamants roses, au point de posséder une collection de 619 objets aux couleurs de l'animal.

LA MONTAGNE, QUEL PIED ! Un an après avoir perdu sa jambe droite dans un accident d'ascension, l'alpiniste hongrois Zsolt Eross a gravi le Lhotse, le quatrième plus haut sommet du monde, dans l'Himalaya (8 516 mètres), avec sa prothèse.

ROUTE 66 Andy McMenemy de Harrogate, en Angleterre, a couru 66 ultra marathons (d'une longueur de 50 km chacun), sur une période de 66 jours consécutifs dans 66 villes anglaises différentes.

À LA PIÈCE Craig Davidson de Phoenix, en Arizona, collectionne les pièces de monnaie qu'il trouve pendant ses joggings matinaux. En 30 ans, il a amassé 8 400 $.

PÔLE POSITION À la faveur de la fonte saisonnière de la calotte polaire, six explorateurs anglais sont devenus les premiers à rejoindre le pôle Nord magnétique en août 2011. Jock Wishart, David Mans, Billy Gammon, Mark Delstanche, Mark Beaumont et Rob Sleep ont parcouru 720 km sur les eaux arctiques, rencontrant des ours polaires et des icebergs. Jock Wishart s'est même fait mordre par un phoque.

FORREST GUM Sarah Maughan d'Idaho Falls, dans l'Idaho, possède plus de 1 400 paquets de chewing-gum. Une collection entamée en 1948 avec un paquet de Popeye, alors très à la mode.

EAUX CALMES Le professeur de plongée Allen Sherrod de Groveland, en Floride, a passé plus de 5 jours sous l'eau à 6 mètres de profondeur dans le lac David, devenant le recordman du monde de plongée en eau douce. Après 120 heures 14 minutes et 32 secondes sous l'eau, il est réapparu le 16 septembre 2011. Pour s'occuper, il avait un clavier et un écran étanches qui lui permettaient de voir des films et de surfer sur Internet.

PILOTE D'EXCEPTION Dave Sykes de Dewsbury, en Angleterre, a piloté un avion ultraléger entre le Royaume-Uni et Sydney en Australie sur une distance de 21 700 km. Paraplégique à la suite d'accident de moto en 1993, où il a perdu des deux jambes, il a traversé tempêtes de sable, orages et canicules au cours des 3 mois de son vol en solitaire au-dessus de 20 pays.

Risque tout

Alex Honnold de Sacramento, en Californie, gravit les falaises les plus abruptes du monde sans corde. Il a ainsi escaladé la face nord-ouest du Half Dome dans le parc de Yosemite, en Californie, en 2 h et 50 min. Cette ascension peut prendre jusqu'à 5 jours en temps normal.

VOL PLANÉ En septembre 2011, le cascadeur Jeb Corliss de Malibu, en Californie, a sauté du sommet de la montagne Tianmen, en Chine, à 1524 mètres d'altitude, vêtu de son wingsuit renforcé aux jambes et sous les bras afin de mieux glisser dans l'air. Il a volé ainsi à travers des vallées environnantes, avant d'ouvrir son parachute et d'atterrir sur une route de montagne.

CHEF DE GARE Jerry Greene a collectionné pendant plus de 50 ans des jouets ferroviaires souvent rares, pour une valeur totale de 50 M $, conservés dans le sous-sol de sa maison de Philadelphie en Pennsylvanie. En tout, 1700 locomotives et wagons, 700 gares et d'innombrables accessoires. Quand il décida de tout vendre, sa famille mit trois semaines à déballer 5000 pièces !

FORT COMME UN LION Alexander Pylyshenko, propriétaire d'un zoo ukrainien, a passé 36 jours enfermé dans une cage en compagnie d'une lionne et de ses petits. Il dormait sur du foin et mangeait la nourriture qu'on lui passait à travers les barreaux. Il avait installé des WC et une douche mais évitait le shampoing et le déodorant pour ne pas gêner l'odorat des félins. Cet artiste a occupé son temps libre en peignant ses compagnons de cage.

POUR TOUT L'OR DU MONDE L'hôtel des monnaies de Perth, en Australie, a dévoilé en 2011 la plus grosse pièce d'or au monde pesant 1 tonne, et mesurant 80 cm de diamètre et 12 cm d'épaisseur. Composée d'or pur à 99,99 %, la pièce affiche l'image de la reine Elizabeth II sur une face, et un kangourou sur l'autre. Elle vaut plus de 50 M $.

FORCE SURHUMAINE

Kevin Fast, pasteur particulièrement musclé, a tracté en compagnie de son fils Jacob âgé de 18 ans, deux camions de pompiers pesant en tout 69 755 kg sur une distance de 30 mètres. L'exploit a été réalisé en juin 2011 dans leur ville de Cobourg dans l'Ontario. Kevin avait déjà tiré une maison entière, ainsi qu'un avion CC-177 Globemaster III d'un poids de 208 tonnes.

LE TWEET GAGNANT

Charlie Sheen a enregistré 1 million de *followers* sur Twitter en 1 jour, lorsqu'il a ouvert un compte, en mars 2011, devenant le premier à attirer aussi vite un nombre de suiveurs à sept chiffres. Sheen en a obtenu 60 000 avant même d'avoir posté son premier tweet. Il compte, début 2013, plus de 9 millions de followers, mais ça ne suffit cependant pas à le hisser parmi les 20 tweeters les plus suivis au monde.

BOUTIQUE VIRTUELLE

La première boutique virtuelle au monde a ouvert à Séoul, dans une station de métro très fréquentée. Les produits en vente n'y sont que des images. On peut choisir parmi 500 articles, allant de l'alimentation aux appareils électriques : il suffit de photographier le code-barre avec son smartphone ; une petite application permet ensuite de passer commande, tout en se rendant à son travail.

Ripley's Le Big Livre de l'Incroyable
www.big-livre-de-lincroyable.com
167

Electro

CHAQUE JOUR

On envoie
- **300 MILLIARDS D'E-MAILS**

On s'adresse
- **22 MILLIARDS DE TEXTOS**

On regarde
- **3 MILIARDS DE VIDÉOS SUR YOUTUBE**

Facebook enregistre
- **480 MILLIONS DE CONNECTIONS**

Sur Facebook sont postés
- **250 MILLIONS DE PHOTOS**

On poste
- **250 MILLIONS DE TWEETS**

On dépose sur Flickr
- **1 MILLIONS DE PHOTOS**

On crée sur Internet
- **58 630 SITES**

GPS PIÈGE

Un gros camion s'est perdu en montagne près de Greimersburg, en Allemagne, avec son chargement de voitures. Suivant les indications de son GPS, le chauffeur avait emprunté une piste forestière... Il a mis une journée à s'en sortir !

Photos à gogo

Erik Kessels, un artiste néerlandais, a rempli une pièce entière en téléchargeant et imprimant la totalité des photos uploadées sur le site de partage, Flickr en 24 heures : soit plus d'1 million de clichés.

Passage de zombies

ATTENTION ZOMBIES

Pas de panique ! Cet avertissement apparu dans le sud de l'Ontario en mai 2011 n'était pas dû à une invasion de morts-vivants. C'était juste une blague : des petits malins avaient « hacké » les panneaux de signalisation électroniques… Des messages du même genre ont surgi sur des panneaux routiers américains. En 2009, près de Collinsville, Illinois, à l'heure de pointe, les automobilistes ont été faussement avertis d'une « fermeture des voies en raison de la présence de zombies ».

Ⓡ PAPY DÉBOUCLE John Bates, 85 ans, de La Crosse, Wisconsin, comptabilise plus de 3 200 parties parfaites à la Wii Sports Bowling – uniquement constituées de *strikes*. Il fait environ 20 parties de bowling sur sa Wii par jour.

Ⓡ OBAMARRANT Le « Rickrolling » est une blague courante sur Internet : croyant cliquer sur un lien qui vous intéresse, vous êtes dirigé vers la vidéo d'un vieux tube ringard de Rick Astley, « Never Gonna Give You Up » (1987). Le jour de juillet 2011 où David Wiggs, un Américain, s'est plaint que le compte Twitter de la Maison Blanche sur la dette publique était « triste », les services du Président lui ont conseillé d'aller se faire « rickroller », lui suggérant de cliquer sur un lien vers la vidéo de Rick Astley.

Ⓡ CÉ KI ? CROCO ! Un téléphone portable qu'une Ukrainienne avait laissé tomber dans l'enclos d'un crocodile en voulant prendre une photo a été avalé par le monstre. Gena, 14 ans, croco de l'Oceanarium de Dniepropetrovsk, n'a pas desserré les mâchoires. La visiteuse voulait récupérer sa carte SIM, mais ça n'a pu se faire !

Ⓡ CANON À BIÈRE Ryan Rusnak, consultant en nouvelles technologies à Tyson, Virginie, a conçu le Beer Bot, un frigo contrôlé par iPhone qui, grâce à son canon à air comprimé, peut tirer des canettes de bière fraîche à travers la pièce, vers les mains de son inventeur. Ce frigo est équipé d'un microcontrôleur ioBridge, qui le relie à l'iPhone de Ryan, via Internet.

Ⓡ ROYAL BAISER Le mariage du Prince William et de Kate Middleton, le 29 avril 2011, a récolté 72 millions de vues sur YouTube, dans 188 pays au total. Les quelques secondes du royal baiser ont fait exploser les compteurs, avec des centaines de milliers de requêtes supplémentaires.

Ⓡ NEZ PAS PEUR ! Dans un clip posté en 2011 sur YouTube, un petit Canadien de 5 ans et demi, Emerson, panique en entendant sa mère se moucher… de façon assez spectaculaire ! En 3 jours, cette vidéo a été vue 2 millions de fois. En 4 mois, elle a fait rire 21 millions de personnes.

Ⓡ TRAHISON.COM À Utica, New York, un malfaiteur a utilisé Facebook pour narguer la police : « Attrapez-moi si vous pouvez, je suis à Brooklyn. » Pas très futé : les policiers ont suivi sa trace électronique jusqu'à un appartement de Brooklyn, et ils l'ont arrêté devant son ordinateur, page Facebook ouverte.

Ⓡ UNE VILLE À SOI Maddie et Neal Love ont acheté une ville entière, Wauconda, État de Washington, sur eBay, pour 360 000 $. Ce bled paumé a tout de même une pompe à essence, un restaurant, un petit magasin, une maison avec quatre chambres à coucher et son propre code postal. Au début du XXᵉ siècle, c'était une ville minière où résidaient plusieurs centaines de personnes.

Ⓡ LAUREL FAIT EXPRÈS ? Une fan canadienne de Laurel et Hardy a fait le tour de Twitter à cause de son nom : Laurel-Ann Hardie. Cette prof dans un lycée de l'Ontario, dont le nom de jeune fille était Hasen, s'y attendait en épousant un certain James Hardie.

Ⓡ MARIO MANIAQUE Née en 1985, l'année même où Nintendo a lancé le premier « Super Mario Bros », Mitsugu Kikai, de Tokyo, a rassemblé plus de 5 400 objets de collection liés au héros du jeu, Super Mario.

JEU FAIT PIPI

À Tokyo, dans certaines toilettes pour hommes assez particulières, on peut jouer à des jeux vidéo contrôlés par l'urine. Exemple, le jeu Sega « Toylets » : il fonctionne grâce à un capteur de pression monté sur l'urinoir qui mesure la force et la précision des jets d'urine du joueur. Un petit écran LCD au niveau des yeux permet de jouer à divers variantes, dont une sorte de « Kärcher » pour effacer à l'urine les graffitis d'un mur virtuel.

LE VAINQUEUR EST LE ROI DU PIPI !

Ripley's
Le Big Livre de l'Incroyable
www.big-livre-de-lincroyable.com
169

Electro

Andy Welch, qui vit maintenant dans le Surrey, en Grande-Bretagne, prétend être l'inventeur du « planking ». Il le pratique en maître, aussi bien sur le ventre que sur le dos.

PLANKING EXTRÊME

C'est devenu un phénomène mondial. La folie du planking a décollé de façon spectaculaire ces dernières années, grâce aux vidéos de plankeurs postées sur Internet. On y voit les pratiquants, couchés (en général sur le ventre) dans des lieux insolites, les bras le long du corps, imitant une planche de bois — et bien sûr un complice prend la photo.

Plusieurs personnes prétendent avoir inventé le planking, dont le Néo-Zélandais Andy Welch, qui dit avoir eu l'idée de faire la planche lors de vacances en Croatie en 2006 : sa petite amie et lui commençaient à en avoir marre de prendre toujours les mêmes poses sur leurs photos.

Parmi les plankeurs célèbres, on compte Dwight Howard, star du basket, joueur des Orlando Magic, qui a planké avec 100 fans sur un terrain de basket à Pékin en septembre 2011, pour former les initiales « DH », et Max Key, fils du Premier ministre de Nouvelle-Zélande, John Key, qui a posté une photo où on le voit planker sur le dossier d'un canapé, avec son père debout derrière lui, en mai 2011.

Simon Carville, plankeur australien de l'extrême, a posté sur Facebook une photo de lui-même, nu, couché en position horizontale dans les bras d'Eliza, une statue de 2,20 mètres de haut emblématique de la ville de Perth.

Voici une petite démonstration de planking par Vincent Migliore, sur une souche d'arbre, dans un parc municipal de Folsom, Californie, en août 2011. Merci Vincent !

Et c'est maintenant au tour de l'Australien Reuben Wilson, au Cairns Esplanade, en mai 2011. Bravo !

Les deux « plankeuses » les plus fameuses de Taïwan sont les Pujie Girls (pujie veut dire « tomber dans la rue » en mandarin). Elles veulent utiliser leur célébrité pour faire passer des messages positifs — pas question pour elles de se planquer !

Ce plankeur russe, photographié par Tima Sergeev à Saint-Pétersbourg, en Russie, affiche sa technique... sur un panneau d'affichage !

SITES DE OUF !

T'aimes pas les tomates ? Un site explique qu'elles sont l'œuvre du diable et qu'il faut s'en méfier.

La webcam miche de pain est une caméra braquée sur une miche de pain en train de rassir. Lentement.

Le site du PQ te permet de dérouler (virtuellement) à l'infini un rouleau de PQ. Même pas obligé de le réenrouler !

Le site du **Club d'entomologie de l'Université de l'Iowa** fournit des recettes de cuisine à base d'insectes.

Les Vaches qui dansent propose, en anglais, des vaches qui exécutent un ballet ou s'ébattent sur du disco.

Un peu obsessionnel ? Il existe un site sur lequel on peut ouvrir et fermer sans fin une porte.

Et si je mettais une perruque à mon minou ? Un site de photos permet de se rendre compte de leur effet sur le look des félins.

L'université de Virginie propose une **dissection de grenouille en ligne.**

Si tu aimes regarder les mouches voler, un site risque de te plaire : il permet de **contempler de la peinture qui sèche.**

Tu veux un correspondant ? Pourquoi ne pas chercher du côté des sites qui proposent d'**écrire à des détenus ?**

Le département de police de l'Université d'Oklahoma a mis en ligne **un formulaire pour se déclarer soi-même en état d'arrestation.**

Ton chat a la mèche de travers ? Consulte le site de photos des **chats qui ressemblent à Hitler.**

ADJUGÉ VENDU SUR EBAY

(les trucs les plus strange !)

● Ian Usher, de Perth, Australie, a vendu sa vie entière pour 380 000 $. Le prix incluait sa maison, sa voiture, sa moto, deux semaines d'essai à son travail, et même ses amis.

● Mary Anderson, de l'Indiana, a mis en vente la canne de son défunt mari, dont le fantôme hantait sa maison et faisait peur à son petit-fils. Elle s'est adjugée 65 000 $.

● Un sandwich vieux de dix ans, à moitié mangé, dont la forme évoquait la Vierge Marie, a été racheté 28 000 $ par un pieux acheteur.

● Melissa Heuschkel, du Connecticut, butait sur le choix du prénom de son quatrième bébé. Elle a laissé cette responsabilité au plus offrant. Un casino en ligne, le Golden Palace, pour 15 100 $, a décidé de l'appeler Golden Palace Benedetto.

● Le droit de presser le bouton de la destruction d'un immeuble vétuste de la ville de Charleston s'est vendu pour 5 207 $.

● Une tartine de pain perdu grignotée par Justin Timberlake n'a pas été perdue pour tout le monde : elle est partie pour 3 154 $.

10 RUÉES SUR TWITTER

(nombre de tweets par seconde)

28 août 2011, Beyoncé annonce qu'elle est enceinte lors des MTV Vidéo Music Awards : 8 868.

17 juillet 2011, finale de la Coupe du monde de foot féminin (États-Unis-Japon) : 7 196.

17 juillet 2011, match de foot Paraguay-Brésil (Copa America) : 7 166.

1er janvier 2011, nouvel an au Japon : 6 939.

26 juin 2011, Black Entertainment Television Awards : 6 436.

28 mai 2011, match Manchester United-Barcelone, finale de la Champions League : 6 303.

12 juin 2011, finale du base-ball aux États-Unis, Dallas Mavericks-Miami Heat : 5 531.

11 mars 2011, séisme au Japon : 5 530.

23 août 2011, séisme à Washington : 5 449.

1er mai 2011, mort d'Oussama Ben Laden : 5 106.

Ripley's
Le Big Livre de l'Incroyable
171
www.big-livre-de-lincroyable.com

Electro

- Un seau de crottin de Shear L'Eau, cheval britannique ayant décroché la médaille d'or aux jeux Olympiques de 2004, s'est vendu 1392 $.
- Un Dorito au fromage dont la forme évoquait la tiare du pape s'est vendu 1209 $.
- Une paire de chaussettes sales du chanteur Bryan Adams a atteint 750 $.
- Une fougère en plastique provenant de Graceland, la propriété d'Elvis Presley, a trouvé preneur pour 600 $.
- Récupéré dans un hôtel londonien, un chewing-gum recraché par Britney Spears a conquis un fan pour 263 $.
- Trois boules de la neige qui a complètement recouvert la maison d'un couple de Loveland (Colorado) se sont vendues pour 200 $.
- Un dingue d'ovnis a payé 135 $ pour un appareil censé les repérer dans le ciel.
- Un canard en plastique présenté comme « hanté » s'est arraché pour 107,50 $.
- Une bouteille de l'air du Lake District, « l'accompagnement parfait » pour une dégustation de vers du poète William Wordsworth, a trouvé preneur à 90 $.
- Une patate en forme de Mickey a fait un flop à 7,50 $.
- Le prix de cet authentique kit de chasseur de vampire du XIXᵉ siècle, avec marteau, 4 épieux, livre de prières et crucifix ? 2 005,50 $.

APPLIS ZARBIES

- Pour jeter une tarte virtuelle à la tête de quelqu'un dont tu as la photo.
- Pour éteindre les bougies de ton gâteau d'anniversaire en soufflant sur le micro de ton portable.
- Pour convertir ton téléphone en détecteur de métaux qui marche vraiment.
- Pour t'immortaliser, sous forme de sculpture taillée dans une motte de beurre.
- Pour faire craquer du papier-bulle virtuel.
- Pour recevoir régulièrement des messages d'une fausse petite copine.
- Pour détecter si une pastèque est mûre ou non.
- Pour transformer ton mobile en machine à pets (virtuels).
- Pour jouer 16 différents sons horribles, du bébé qui pleure à la tronçonneuse, en passant par le marteau-piqueur.
- Pour boire une bière virtuelle.
- Pour produire un sifflement permettant de rappeler ton chien.
- Pour calculer date et cause les plus probables de ta mort.
- Pour te renseigner sur les maladies génétiques rares.
- Pour jouer du trombone.

7 FAITS FACEBOOK FASCINANTS

- Sur la toute première page Facebook, il y avait le portrait d'Al Pacino.
- 1 Terrien sur 8,3 a une page Facebook.
- 60 % des personnes inscrites s'en sont déjà servi pour espionner leur ex.
- Chaque utilisateur a en moyenne 190 amis virtuels.
- Le sweat à capuche d'un employé de Facebook s'est vendu 4 000 $ sur eBay.
- On a identifié une forme de dépendance baptisée Syndrome d'addiction à Facebook.
- John Watson, de New York, a retrouvé sa fille, qu'il avait perdue de vue depuis 20 ans, grâce à sa page Facebook.

Sushiphone

Une société japonaise a conçu une gamme de housses pour iPhone qui ressemblent à des aliments. Ces boîtiers en plastique imitent des sushis, des desserts au chocolat, du bacon avec des œufs…

® YOUTHUNES Corey Vidal, d'Oakville au Canada, gagne sa vie en postant des vidéos sur YouTube. Il s'est spécialisé dans les parodies. En seulement quatre ans, ses vidéos ont été vues plus de 50 millions de fois. « YouTube, dit-il, m'a sauvé la vie. »

® BOND DESIGNER À seulement 13 ans, Aaron Bond, du Devon, en Angleterre, a conçu et réalisé un jeu vidéo pour iPhone. Aaron, qui à 6 ans avait déjà son premier site web commercial, a appris à créer ce type de jeux en regardant tout simplement des tutoriels en ligne. Dans celui qu'il a conçu, Run Spud, il faut piloter une pomme de terre mutante à travers un labyrinthe avant qu'elle ne soit écrasée.

® DOGBOOK Grâce à son maître, qui a posté des photos de lui sur Facebook, Boo (5 ans), un loulou de Poméranie, a amassé plus de 2 millions de « J'aime », décroché un contrat d'édition et été nommé le plus beau chien du monde. Un accident lui avait donné l'air d'un adorable ours en peluche : ses poils étaient devenus si longs qu'il avait fallu les raser.

® ISOUFFLE Il existe une application iPhone qui déclenche un souffle d'air sortant des haut-parleurs du téléphone, assez puissant pour éteindre des bougies d'anniversaire.

® MELISSA VA VITE Le 22 août 2010, Melissa Thompson, de Manchester, a écrit le SMS suivant : « Les piranhas à dents de rasoir du genre *Serrasalmus* et *Pygocentrus*, s'ils sont réputés être les poissons d'eau douce les plus féroces au monde, attaquent en réalité rarement les humains », en un temps record de 25,94 secondes.

LA SOCIÉTÉ NINTENDO, FONDÉE EN 1889, A COMMENCÉ PAR FABRIQUER… DES JEUX DE CARTES !

® PHONE QUI SENT Le F-022, un portable *made in Japan*, possède une puce amovible que l'utilisateur peut saturer de parfum. Celui-ci se répand alors dans tout le téléphone.

® BELLE PIOCHE Une vidéo sur YouTube montre un spectateur qui, en 2011, lors d'un match de base-ball entre les Blue Jays de Toronto et les Royals de Kansas City, attrape une balle – tombée dans son seau de pop-corn.

® VOLE VITE NU Le photographe américain Nate Bolt a posté sur YouTube une vidéo montrant un vol San Francisco-Paris en seulement 124 secondes. Armé d'un appareil et d'un déclencheur, il a pris une photo toutes les 20 à 30 secondes pendant les 11 heures du voyage, du décollage à l'atterrissage, soit 2 459 clichés.

® DANSEUR DU POUCE Le 29 août 2010, Ryota Wada, de Herndon, Virginie, est devenu à 9 ans le plus jeune détenteur d'un score parfait au jeu vidéo Dance Dance Revolution, niveau expert. Il a maîtrisé les 223 pas et les 16 combinaisons sur la chanson « Heavy Eurobeat ».

® GOOGLE M'A PERDU En novembre 2010, l'un des chefs militaires du Nicaragua, pour expliquer une incursion accidentelle de soldats nicaraguayens au Costa Rica, a accusé Google Maps de les avoir mal guidés.

☒ **ILS L'AIMENT** Lior et Vardit Adler, de Hod Hasharon, en Israël, ont donné à leur fille le nom d'une fonction de Facebook. Ils l'ont baptisée « Like », en l'honneur du bouton (« J'aime » en français) qui permet d'exprimer son intérêt pour des photos, des liens, des commentaires...

☒ **COLLEC DE PS2** Fondu de jeux depuis 19 ans, « Ahans76 » a une collection de tous les jeux pour PlayStation 2 sortis aux USA, soit un total de plus de 1850. Cela lui a coûté 60 000 $ en tout, avec parfois des coups de chance : ayant longtemps cherché une version Moto GP encore dans son emballage, il a pu en acquérir une pour 9 $.

☒ **TOUTOU, MINOU ET TITITWITTER**
Au Royaume-Uni, 1 animal de compagnie sur 10 a sa propre page Facebook, compte Twitter ou film YouTube, et la moitié de leurs maîtres « postent » à leur sujet sur les réseaux sociaux.

☒ **TWEETS DE FOOT** Le penalty qui a donné la victoire au Japon sur les États-Unis lors de la finale de la Coupe du monde de foot féminin, à Francfort, le 17 juillet 2011, a déclenché une avalanche de tweets. À son apogée, les tweeters ont posté 7 196 tweets par seconde.

Un bel exemple de *horsemaning* avec coupe-chou : Paul Silviak fait la tête, Robert Mahler le corps, et Brent Douglas prend la photo, dans l'Oregon.

☒ **JOUER AVEC LE FEU** Scott, un joueur de trombone de Jackson, Missouri, a équipé son trombone d'un réservoir à gaz pour qu'il puisse également lui servir de lance-flammes. Sur YouTube, on peut le voir projeter des flammes de 6,4 m de long tout en jouant « Flamebone ».

Jeffrey Bautista et Paul Riddle, de San Jose en Californie, posent ici en tenue de soirée.

mode facebook

Deney Tuazon, un photographe de Los Angeles, a pris cette photo de la tête de Jade Zivalic et du corps d'Isaiah Castellanos à San Francisco.

Dernière mode Facebook ? Le *horsemaning*, où deux personnes posent pour une photo donnant l'impression que l'une des deux a perdu la tête. Mais ce n'est pas si nouveau ! Ça remonte aux années 1920, où on faisait des photos de cavaliers (*horsemen*) sans tête.

☒ BEAU COUP VU Une vidéo du plus beau coup jamais réalisé au frisbee a été vue près de 1,5 million de fois en 3 jours sur YouTube. Debout sur un pont, à 15 m au-dessus de la rivière Swan, à Perth, en Australie, Brodie Smith a lancé son frisbee au-dessus de l'eau vers Derek Herron, juché 150 m plus loin sur un bateau à moteur en mouvement, qui a fait un spectaculaire bon de 1,8 m pour le saisir au vol, d'une seule main.

☒ HOLLYWOOD ATTAQUE
En novembre 2009, 4 jours seulement après avoir posté un court-métrage sur YouTube, le réalisateur uruguayen Fede Alvarez a été courtisé par tous les studios de Hollywood. En moins d'un mois, il s'est vu offrir un contrat à 30 millions $ pour faire un film de science-fiction. Son court-métrage, *Ataque de Pánico!*, met en scène des robots géants qui détruisent la capitale de l'Uruguay, Montevideo. Il dure moins de 5 minutes et n'a coûté que 300 $. Il a été visionné plus de 6,8 millions de fois sur YouTube.

☒ CHAT EN TUBE Les frasques de Maru le chat ont été vues plus de 141 millions de fois sur YouTube. Maru, décrit par son propriétaire japonais comme « un peu maladroit », fait l'objet de plus de 200 vidéos, qui ont attiré environ 190 000 abonnés sur sa chaîne YouTube.

☒ BIEN VENDU Kevin Alderman, de Floride, a construit une simulation numérique de la ville d'Amsterdam dans le jeu en ligne Second Life, puis a vendu cette propriété virtuelle sur eBay pour 50 000 $ (des vrais !).

Angry Birds en vrai

En 2011, la société finlandaise Rovio, auteur du jeu pour téléphone portable Angry Birds, s'est associée à la Deutsche Telekom pour une campagne publicitaire originale consistant à organiser une partie de Angry Birds grandeur nature, à Barcelone. Les passants pouvaient jouer sur leur smartphone, mais au lieu de regarder les oiseaux sur un écran, un canon à air propulsait des versions géantes des personnages de Angry Birds vers un fort spécial construit en pleine rue. Les oiseaux et les cochons explosaient comme dans le jeu, mais en vrai.

Ripley's
Le Big Livre de l'Incroyable
www.big-livre-de-lincroyable.com
175

Electro

AU DOIGT ET À L'ŒIL

Toyota a créé une voiture qui peut changer d'aspect à volonté. Les vitres du Fun-Vii sont remplacées par des écrans tactiles, permettant au conducteur d'en modifier le dessin d'une simple pression, comme sur un smartphone. La portière émet même un message de bienvenue à destination du conducteur. Magique !

🅡 **SOS APPLI** En juillet 2011, pour soigner un camionneur polonais blessé dans un accident de la route près de Colchester, en Angleterre, l'infirmière Nicola Draper a eu la présence d'esprit de télécharger d'abord une application sur son iPhone : un traducteur médical, la victime ne parlant pas anglais.

🅡 **C'EST LE KLOUT** D'après le site Klout, qui passe au crible les réseaux sociaux, Justin Bieber, star des ados, a plus d'influence sur le Net que le Dalaï Lama ou Barack Obama. Klout compile les tweets, les « J'aime », les pings, les connexions LinkedIn, les mentions Google, les mises à jour de statut, etc., pour mesurer l'importance d'un individu en ligne.

🅡 **JOUEUR FATAL** Johnathan « Fatality » Wendel, d'Independence, Missouri, a gagné plus de 500 000 $ en participant à des tournois de jeu professionnels. Il a établi un record du monde au jeu Quake, faisant 671 victimes en 60 minutes. Un tueur, ce Johnathan !

🅡 **LE PRÉSIDOIGT** En juillet 2011, Eduard Saakashvili, 15 ans, fils du président de la Géorgie, a tapé tout l'alphabet de A à Z sur le clavier d'un iPad en seulement 5,26 secondes.

🅡 **LES FILS DE BATMAN** Un groupe d'étudiants de l'Université Purdue, Indiana, a posté sur YouTube une vidéo où on les voit la tête en bas, pendus par les pieds comme des chauves-souris le long de murs, de portes, de clôtures, accrochés à des statues ou des panneaux de signalisation... D'où une nouvelle folie sur Internet : le *batmanning*, inspiré en partie par le *planking* – faire la planche dans des lieux insolites.

LES STATS

● Au niveau mondial, environ une personne sur 14 a déjà téléchargé Angry Birds, ce qui équivaut à 7 % de la population du globe.

● Dans le monde, les gens passent 300 millions de minutes chaque jour à jouer à Angry Birds, soit 24 années de jeu chaque heure.

○ Angry Birds a engrangé plus de 700 millions de chiffre d'affaires (si on considère tous les téléchargements comme payants) : davantage que Call of Duty, Halo, Sonic the Hedgehog, Grand Theft Auto et Mario Kart combinés.

○ Angry Birds a été n° 1 des jeux payants dans 79 pays.

○ Au total, au moins 400 milliards d'oiseaux en colère ont été lancés vers les châteaux du cochon vert.

○ Angry Birds a coûté 100 000 € et demandé 6 mois de travail à Rovio, dont c'est le 52e jeu.

APPLY BIRTHDAY

Mike Cooper, du Kent, en Angleterre, a confectionné un spectaculaire gâteau Angry Birds pour le 6e anniversaire de son fils Ben, en 2011. Pas seulement avec du chocolat et du biscuit de Savoie : c'était un vrai jeu Angry Birds, orné d'une catapulte et d'oiseaux en sucre à lancer. Ce qui a permis à Ben de le démolir et de le dévorer encore plus vite, alors qu'il avait nécessité 10 heures de travail.

Il bat les bolides

Les vidéos d'Alassan Issa Gobitaca sautant d'un bond, et sans élan, par-dessus des voitures de sport lancées vers lui à vive allure (jusqu'à 97 km/h) ont émerveillé des millions de spectateurs sur le Net. À ce jour, Alassan a « effacé » toutes les voitures fonçant vers lui, et il a l'intention de sauter par-dessus d'autres plus rapides encore, et pourquoi pas deux à la fois.

ℝ CANARD DÉCHAÎNÉ Le canard, mascotte de l'équipe de football de l'Université de l'Oregon, a reçu une suspension d'un match pour cause de bagarre avec Shasta le couguar, mascotte de l'Université de Houston. Sur YouTube, on peut voir le canard porter à son homologue des coups de poing et de pied… palmé.

ℝ L'AMOUR EN GRAND Matt Still a demandé en mariage sa petite amie Ginny Joiner *via* l'écran géant d'un cinéma d'Atlanta (Géorgie). La vidéo de cette scène a engrangé au moins 20 millions de visites sur YouTube dans les quatre premiers mois de sa mise en ligne ! Ginny, qui allait au ciné avec son frère, s'attendait à voir un film d'action lorsque, après les bandes-annonces, la vidéo de son petit ami a soudain crevé l'écran. Puis Matt a surgi en chair et en os dans la salle de cinéma pour passer la bague au doigt de Ginny, stupéfaite.

ℝ ORANGE SERVICE Un visiteur du zoo de Dublin a posté sur le Net un clip qui montre le sauvetage par un orang-outan d'un poussin en train se noyer, délicatement repêché à l'aide d'une feuille. À la vue de ce minuscule poussin se débattant dans le bassin de son enclos, Jorong, un orang-outan de Bornéo, a arraché une feuille d'un buisson et l'a tendue vers l'oiseau. Au bout de deux tentatives, il a réussi à sauver le poussin, puis l'a placé sur l'herbe, lui caressant la tête.

ℝ VICIEUX VIRÉ Un chauffeur de bus d'Urbana, Illinois, a été licencié par ses employeurs : ils ont vu sur YouTube une vidéo dans laquelle il s'écarte délibérément de sa route pour aplatir un bonhomme de neige.

ℝ REQUIN MORDU Le clip vidéo montrant un chien qui mord un requin près de Broome, en Australie, a été vu 4,5 millions de fois sur YouTube. Deux chiens y nagent dans la mer, poussant plusieurs squales vers le rivage, quand soudain l'un des deux chiens plonge dans l'eau et attaque un requin, avant de ressurgir indemne de l'eau.

ℝ BÉBÉS À ROULETTES En mars 2012, la pub Evian, mettant en scène des bébés qui font du roller, avait déjà été visionnée plus de 105 millions de fois. C'est l'une des publicités en ligne les plus vues au monde.

Belle danseuse poilue

Des millions de personnes ont vu le clip de Zola la gorille, qui danse dans son zoo du Canada. Un de ses gardiens nous confie : « Zola est une gorille femelle de 9 ans. On la voit ici batifoler dans une petite mare, à l'intérieur de son enclos. L'un de nous a réussi à la filmer, et une fois la musique ajoutée, on s'est rendu compte que ses mouvements collaient parfaitement au rythme ! Les gorilles des plaines de l'ouest sont menacés d'extinction, alors j'espère que ce petit moment de détente vidéo aidera à faire connaître leur existence, et l'importance des programmes d'élevage en captivité. Zola est arrivée au zoo de Calgary il y a 3 ans, en provenance du zoo du Bronx. »

Le Big Livre de l'incroyable
177
www.big-livre-de-lincroyable.com

Electro

DIEU DES NUAGES Un clip vidéo montrant des nuages qui ressemblent au visage d'un dieu antique a attiré plus de 300 000 visites sur YouTube en 4 jours seulement. Ces nuages à profil humain, avec la bouche, le nez, les yeux, ont été filmés au moment de la formation d'une tempête près de Grand Falls, au Canada.

BALAYE LA ROUTINE Zhang Xiufang, balayeuse des rues à Pékin, est devenue célèbre grâce à une scène où on la voit effectuer en pleine rue des mouvements de tai-chi en avec son balai. Un passant l'a filmée à l'aide de son téléphone et a posté la vidéo sur le Net, où son succès lui a valu d'être invitée à passer dans une émission de télé nationale.

CTROMPE-LA-MORT Une vidéo prise à l'aide d'une caméra fixée sur son casque montre le parachutiste Michael Holmes échappant par miracle à la mort, lors d'un saut d'une altitude de 4 573 m, en Nouvelle-Zélande, ni son parachute principal ni son parachute de secours ne s'étant ouvert. Il s'en est tiré avec deux fractures et des ecchymoses.

Pousse, Jenny !

La chienne Jenny, un carlin de Portland, Oregon, fait partie des phénomènes YouTube, grâce à la vidéo où on la voit pousser ses chiots dans une poussette rose, à travers les rues de la ville. Jenny, le carlin le plus célèbre au monde, a même été invitée à passer à la télé américaine.

C'est la vie

En 2008, David DeVore, de Lake Mary, Floride, a tourné une vidéo de son petit garçon de 7 ans, David Jr, au retour d'une visite chez le dentiste, alors qu'il était encore sous l'emprise d'un anesthésiant aux effets étranges... Mettant la vidéo en ligne en janvier 2009, le papa s'attendait à ce qu'elle n'attire qu'une poignée d'amis, mais ce clip est devenu un phénomène mondial, visionné plus de 100 millions fois, suscitant d'innombrables remix musicaux et autres parodies. On peut même acheter des T-shirts ou des autocollants avec la phrase-culte de David, « Is This Real Life ? » (« C'est la vraie vie ? »), comme ici en haut à droite.

SAUT DE REQUIN L'incroyable vidéo d'un requin sautant par-dessus un surfeur au large de New Smyrna Beach, en Floride, a surgi sur le Net en 2011. Le photographe Jacob Langston a saisi cette surprenante scène alors qu'il filmait des surfeurs pour son journal, le *Orlando Sentinel*.

YEUX DANS LE DOS On peut voir sur YouTube la vidéo d'un jeune garçon russe prénommé Alexander qui tourne la tête et le cou à 180°... ce qui lui permet de voir dans son dos. Alors qu'il apprenait la gymnastique, on lui a découvert une anomalie vertébrale rendant son corps extrêmement flexible. N'essaie pas de faire comme lui !

Pop

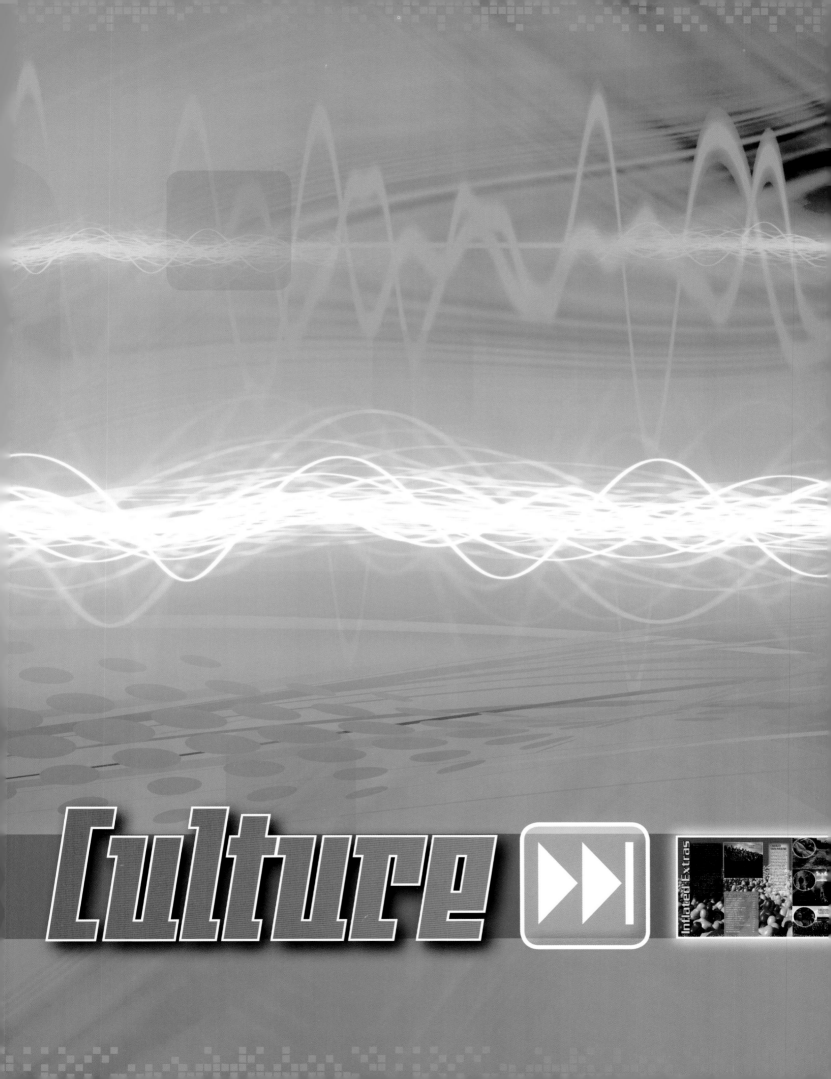

Culture ▶▶|

Inflated Extras

Bœuf mode

Lady Gaga est connue pour ses tenues extravagantes, conçues par sa propre maison de couture, mais rien n'égale la robe qu'elle a portée aux MTV Video Music Awards en 2010. Faite de tranches de bœuf et accompagnée d'un couvre-chef en viande, la robe dessinée par Franc Fernandez et Haus of Gaga est aujourd'hui exposée au Rock and Roll Hall of Fame à Cleveland, Ohio.

Incroyablement GAGA

En 2010, le magazine *Time* a dressé une liste des 100 personnes les plus influentes. Selon Twitter et Facebook, Lady Gaga est arrivée 2e, juste derrière Barack Obama.

En septembre 2011, la chanteuse pouvait s'enorgueillir de 13,7 millions de fans sur Twitter, soit trois fois la population irlandaise, un record sur le réseau social.

En 2009, à Los Angeles, Lady Gaga a dépensé plus de 1 000 $ en pizza pour des fans qui espéraient un autographe de la star.

Le single « Born This Way », sorti en 2011, a été téléchargé 1 million de fois sur iTunes en 5 jours à peine, plus vite que n'importe quel autre titre.

Le clip Bad Romance a été vu plus de 445 millions de fois sur YouTube, soit près d'une fois et demie par citoyen américain.

Le saviez-vous ? Lady Gaga était au lycée avec Paris Hilton, à Manhattan.

L'université de Caroline du Sud propose un diplôme de sociologie consacré à sa vie et à son œuvre, « Lady Gaga et la sociologie du succès ».

REQUIN ROCKER Matt Waller, un voyagiste spécialisé dans l'observation des requins à Neptune Bay, en Australie, s'est rendu compte que les grands requins blancs étaient attirés par la musique d'AC/DC en diffusant du rock dans les cages de plongée attachées sous son bateau. Il s'est aperçu qu'ils ne venaient s'y frotter qu'au son du groupe australien.

LE CAPITAINE ZAPPEUR Don Van Vliet, le musicien américain connu sous le nom de Captain Beefheart, décédé en 2010, prétendait pouvoir changer de chaîne par la seule force de pensée, aux dires du producteur Richard Perry. Celui-ci explique que Beefheart accomplissait ce tour sans avoir eu la possibilité de cacher, au préalable, sa télécommande.

DANNY FRASIER, UN CUL-DE-JATTE DE L'ALABAMA, DÉTIENT LE TITRE DU PLUS PETIT IMITATEUR D'ELVIS AU MONDE

MONNAIE GASPILLÉE En 1994, KLF, un duo britannique composé de Bill Drummond et Jimmy Cauty, a brûlé l'équivalent de 1,15 M£ de son propre argent dans le cadre d'un film conceptuel.

MY TAYLOR IS RICH Chacune des 14 chansons de *Speak Now*, l'album de Taylor Swift, s'est classée dans le Top 100 du Billboard. Son record : 11 places dans le Top durant la semaine du 13 novembre 2010.

L'HUMOUR VACHE L'humoriste britannique Milton Jones a fait un stand-up dans un pré du Hertfordshire afin de savoir si les vaches avaient le sens de l'humour. Son spectacle, *De mal en pis*, contenait des blagues spécifiques à leur attention. Les vaches sont censées produire plus de lait quand elles sont contentes.

LÀ-HAUT ICI BAS La société américaine Bangerter Homes a construit une réplique grandeur nature de la maison de Carl Fredricksen dans *Là-haut*, le dessin animé de Pixar/Disney. Située à Herriman, Utah, elle a été vendue 400 000 $.

R AU 7ᵉ CIEL EN PARACHUTE
En 1947, Ruth Hensigner s'est mariée dans une robe faite du parachute qui avait sauvé la vie de son mari 3 ans auparavant. Le commandant Claude Hensinger revenait d'un bombardement aérien sur Yowata, au Japon, en août 1944, quand son avion a pris feu. Leur fille et leur belle-fille ont, plus tard, porté la même robe à leurs mariages respectifs.

BLESSURES EN CASCADE

Rocky Taylor, le plus vieux cascadeur britannique, a finalement réussi la cascade qui avait failli lui coûter la vie quelques années plus tôt. L'homme de 64 ans a sauté d'un échafaudage en flammes de 12 m de haut, à Londres, en août 2011. Il avait sauté d'un immeuble de taille équivalente sur le tournage du Justicier de New York, en 1985, mais une explosion incontrôlée lui avait occasionné de multiples fractures et brûlures. Ce vétéran hollywoodien s'est fait un nom sur les James Bond et a travaillé sur plus de 100 films, dont les franchises Indiana Jones, Pirates des Caraïbes et Harry Potter.

R TROP MORTEL Les personnages interprétés par l'acteur hongkongais Law Lok Lam sont morts dans cinq feuilletons en 24 heures, en avril 2011. L'un est mort au combat, le 2ᵉ a vomi du sang, le 3ᵉ a succombé à une maladie, et le décès, hors écran, des deux derniers a été commenté par d'autres protagonistes.

R *FRIENDS* EN CHINE En raison de l'immense popularité de la série en Chine, une réplique grandeur nature du café de Friends, Central Perk, a ouvert à Pékin.

R LA MAGIE HARRY POTTER En juillet 2011, les entrées au premier week-end de Harry Potter et les reliques de la mort (2ᵉ partie) ont totalisé 169 M$ aux États-Unis et 307 M$ dans le reste du monde, un double record.

R MOTS SECRETS Le manuscrit d'un roman inachevé de Jane Austen a été vendu 1,6 M£ en juillet 2011. Chaque page de *Les Watsons*, écrit en 1804, comporte ratures et révisions. C'est l'une des seules ébauches de la romancière britannique à nous être parvenue.

JE LE SANG BIEN

Peut-être encouragée par les succès de *Twilight*, *True Blood* et *Vampire Diaries*, une société italienne a créé une série de parfums autour des quatre principaux groupes sanguins. Chacun contient une légère odeur de sang et se vend plus de 150 $.

LE PLUS GRAND AMPLI DE GUITARE AU MONDE

MUR DU SON

Le musicien canadien John Lee, du groupe B-Monsters, pose devant son ampli de guitare géant, un mur de 2,7 m de haut par 12 m de long, constitué de 168 enceintes, d'une puissance de 2 000 watts, qu'il a surnommé le Mur du son des lamentations.

LE RÔLE DE SA VIE L'un des premiers boulots de Brad Pitt consistait à enfiler un costume de poulet afin d'attirer les clients du fast food mexicain El Pollo Loco, en Californie.

UN JEU INTERMINABLE Le film d'animation *Toy Story* (1995) a nécessité quelque 800 000 heures de travail, soit plus d'une semaine de calculs informatiques pour chaque seconde du film.

C'EST LE PIED ! Les usines de Datang, en Chine, fabriquent chaque année l'équivalent de deux paires de chaussettes pour chaque habitant de la planète.

MARATHON MAN Le 17 juin 2011, Dave Brown, un Dublinois, a battu le record du monde du concert le plus long après une performance de cinq jours, soit 114 h 20 sans s'arrêter ! Il a commencé par « Son of a Preacherman » de Dusty Springfield et s'est arrêté 1 372 chansons plus tard avec « With or Without You » de U2.

IL Y A UN LOUP Alors qu'il rentrait de l'école dans le village norvégien de Rakkestad, Walter Acre, 13 ans, a fait fuir quatre loups affamés en mettant du Megadeth sur son mobile.

IL JOUAIT DU BANJO DEBOUT Richard Ineson, de Whitby, en Angleterre, possède un banjo géant de 1,5 m de haut, dont la caisse de résonnance fait 67 cm. Vieux de plus d'un siècle, l'instrument fonctionne toujours.

CHAUSSURES EN FLEUR Le fleuriste serbe Nikola Mihajlović, de Gornjeg Milanovca, élabore des chaussures pour mariées avec de vraies fleurs. Il les amène dans un petit frigo à piles afin de les garder fraîches jusqu'à la cérémonie.

TOM CRUISE AU SOMMET Pour une séquence de *Mission Impossible, Protocole fantôme*, Tom Cruise est monté au sommet du plus haut gratte-ciel au monde, le Burj Khalifa à Dubai (828 m), en empruntant trois ascenseurs puis 135 m d'échelles.

À CHEVAL SUR LA MODE

Afin de célébrer le centenaire de la célèbre course hippique de Cheltenham, des créateurs ont dessiné des bottes et chaussures pour femmes pour une grande société de Paris. Composées de 5 000 poils de cheval, avec des sabots en fibre carbonique, elles étaient vendues environ 2 000 $.

Ripley's
Le Big Livre de l'Incroyable
www.big-livre-de-lincroyable.com
183

© 2009 Disney/Pixar

Maison envolée

Inspirée du film Disney/Pixar *Là-haut*, une maison arrimée à 300 ballons météo (record du monde du plus gros assemblage de ballons) s'est envolée dans les environs de Los Angeles. Construite avec des matériaux ultralégers, la bâtisse de 5,5 m a été conçue par des ingénieurs du *National Geographic*. D'une hauteur de 10 étages (ballons compris), l'assemblage s'est élevé à 3 km d'altitude pendant à peu près 1 h. Soulever une maison de taille moyenne nécessiterait en réalité plus de 20 millions de ballons d'hélium.

R ACCESSOIREMENT... Au cours du tournage des huit *Harry Potter*, Daniel Radcliffe, qui joue le jeune sorcier, a utilisé 160 paires de lunettes et usé près de 70 baguettes magiques.

R LES RÔLES DE SA VIE L'actrice américaine Romola Remus Dunlap (1900-1987), la première à avoir interprété le personnage de Dorothée dans *Le Magicien d'Oz*, n'a tourné que deux films, à 77 ans d'écart, en 1908 et 1985.

R RYTHMES CUBAINS Chuck Meyer, un habitant de New Lenox, dans l'Illinois, construit des guitares et des mandolines avec des boîtes à cigares, et passe des heures à chiner dans les puces, chez les marchands de tabac et sur eBay pour trouver les boîtes qui sonnent le mieux.

R SALSA À TOUT ÂGE La danseuse de salsa Sarah Jones a gagné la version espagnole de *Un incroyable talent* en 2009, à l'âge de 75 ans ! Elle a remporté le premier prix avec un numéro de danse acrobatique, accompagnée de Nicko, son partenaire, âgé de 35 ans.

LÀ-HAUT EST LE SEUL NOMINÉ À L'OSCAR DU MEILLEUR FILM DONT LE TITRE ORIGINAL, UP, NE COMPORTE QUE DEUX LETTRES

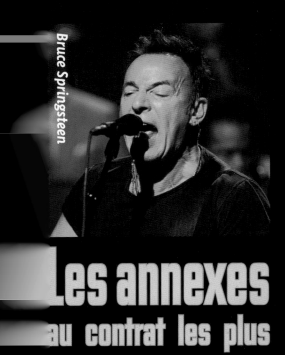
Bruce Springsteen

Les annexes au contrat les plus extravagantes

Quand les chanteurs et les groupes arrivent au top, ils ont de drôles d'exigences en coulisse, avant et après le concert.

Van Halen : Le groupe a demandé que les bols de M&M's en loge ne contiennent aucun chocolat marron.

AC/DC : En 2008, les Australiens ont exigé la présence de trois bonbonnes d'oxygène avec masques à chaque étape de leur tournée américaine et, plus banalement, de sachets de thé Twinings English Breakfast et de packs de bière.

Les Rolling Stones : Lors de la tournée « Bridges to Babylon », en 1997-1998, une table de billard américain avec tous ses accessoires (dont des queues et de la craie) sauf les boules, dont le contrat stipulait étonnamment qu'elles seraient fournies par les organisateurs de la tournée.

Christina Aguilera : Une escorte policière, un grand miroir de courtoisie, des plantes et des fleurs dans sa loge, quatre bougies et des allumettes, du miel… Telles sont quelques-unes des demandes du document de quatre pages diffusé lors de la tournée de 2000 de la chanteuse.

Bruce Springsteen : Le Boss exige qu'un garde spécifique surveille constamment sa guitare, et que des réserves en protéines et autres produits énergisants soient mis à sa disposition en coulisse.

50 Cent : Le rappeur avait besoin d'une réserve ininterrompue de sandwiches au beurre de cacahuète et à la confiture, de chewing-gum, de pastilles contre la toux et de crevettes glacées lors de sa tournée en 2005.

7 ROCK STARS
qui ont pris feu sur scène

Michael Jackson, victime de feux d'artifice défectueux. Le chanteur tournait une pub pour Pepsi en 1984 quand des étincelles de feux d'artifice placés derrière ont mis le feu à sa chevelure. Le public, qui pensait à tort que l'effet était voulu, l'a vu remonter sa veste et se couvrir la tête pendant que ses frères accourraient pour lui venir en aide. Les brûlures au 2e degré dont il a souffert l'ont obligé à porter une perruque quand il est allé chercher un prix aux Grammy Awards le mois suivant.

Gene Simmons, cracheur de feu. Le chanteur du groupe Kiss épate les foules en remplissant sa bouche de kérosène avant de le cracher sur une flamme pour créer une énorme boule de feu. Une cascade qui lui a valu de prendre feu plus d'une douzaine de fois, mais un assistant est toujours à ses côtés pour lui tendre une serviette humide.

James Hetfield, qui a marché sur une flamme. Le leader du groupe Metallica chantait pour 55 000 fans lors d'un concert au Stade olympique de Montréal, en 1992, quand il s'est avancé accidentellement vers une des flammes de 3,6 m à 1760 °C qui jaillissaient régulièrement devant la scène. Sa guitare l'a protégé du pire mais les flammes ont quand même dévoré son bras et sa main gauche, ainsi que ses sourcils, et effleuré une partie de son visage et de ses cheveux. Malgré des brûlures au 2e et 3e degrés, il était de retour sur scène 17 jours plus tard.

27 CHIFFRE MAUDIT
POUR LES LÉGENDES DU ROCK

Ils n'ont pas tous vendu leur âme au diable, comme le bluesman Robert Johnson est censé l'avoir fait à 27 ans. Espérons donc que le lien qui unit les 7 génies de la musique ci-dessous, décédés prématurément, soit purement fortuit.

1911-1938 Robert Johnson
mort à 27 ans et 3 mois

1942-1969 Brian Jones
guitariste des Rolling Stones,
mort à 27 ans et 4 mois

1942-1970 Jimi Hendrix
mort à 27 ans et 9 mois

1943-1970 Janis Joplin
morte à 27 ans et 8 mois

1943-1971 Jim Morrison
le chanteur des Doors,
mort à 27 ans et 7 mois

1967-1994 Kurt Cobain
le chanteur de Nirvana,
mort à 27 ans et 1 mois

Winehouse

Ripley's
Le Big Livre de l'Incroyable
www.big-livre-de-lincroyable.com
185

Pop culture

Arthur Brown

James Hetfield

Blackie Lawless et la coque explosive.

Au milieu des années 1980, le chanteur du groupe de heavy metal WASP a décidé de porter une coque d'où jailliraient des flammes. Au premier essai, le gadget a explosé. Blackie s'est retrouvé projeté à 60 cm du sol, le pantalon en feu.

La couronne de flammes d'Arthur Brown.

Dans les années 1960, le rocker britannique, surnommé « Le dieu du feu de l'enfer », avait pour habitude de monter sur scène coiffé d'une couronne enflammée. Lors d'un concert à Windsor, le méthane qui l'alimentait s'est renversé sur lui avant de s'enflammer. Heureusement, deux fans ont aussitôt éteint les flammes en jetant leurs bières à la figure du rocher.

Bob Bryar devant un décor en feu.

En 2006, My Chemical Romance a tourné le clip de « Famous Last Words » devant un décor en feu qui a accidentellement brûlé les cuisses du batteur de ce groupe de rock, nécessitant une greffe de peau.

Tommy Lee en équilibre au-dessus des flammes.

Le batteur de Mötley Crüe a été légèrement brûlé au visage et aux bras en 2005 à la suite d'un effet pyrotechnique raté, lors d'un concert à Casser, dans le Wyoming, pendant qu'il était suspendu à 9 m du sol.

LE ZOO DE NEVERLAND DE MICHAEL JAKSON

La propriété du chanteur, dans le comté de Santa Barbara (Californie), incluait un parc d'attractions et un zoo. Parmi les animaux réunis dans son Valley Ranch de 1 050 ha, où il vécut de 1988 à 2005, figuraient

1 éléphant

1 mouflon

2 tigres

2 lamas

3 singes

3 crocodiles

4 girafes

13 flamants roses

et divers serpents

LES 7

ROCK STARS LES + TATOUÉS

Travis Barker

Pink : Quand son bulldog, Elvis, s'est noyé dans sa piscine, Pink s'est fait faire un tatouage souvenir sur le bras gauche : « Un temps pour pleurer. Un temps pour faire le deuil. Repose en paix. »

Anthony Kiedis : Il y a peu de chance que l'aigle majestueux qui orne le dos du chanteur des Red Hot Chili Peppers soit un hommage aux Eagles, ses collègues californiens, spécialistes du country rock.

Travis Barker : Une fille et un radiocassette géant figurent sur le torse de l'ex-batteur de Blink-182, énorme fan des tatouages et du breakdance.

Henry Rollins : L'ex-chanteur du groupe hardcore Black Flag a, lui, choisi un immense soleil

surmonté de la phrase « Search and Destroy » (« Recherche et destruction »).

Eminem : Le rappeur légendaire s'est fait tatouer le portrait de sa fille, Hailie Jade, au-dessus d'un dessin de Bonnie and Clyde, sur le bras droit. Moins charmant, un autre tatouage, dédié à son ex-femme, indique : « Rot in pieces » (« Tu vas pourrir de l'intérieur »).

Tommy Lee : L'ex-batteur de Mötley Crüe s'est fait enlever une croix gammée qui datait de 1996 et l'a remplacée par deux lions rugissants près de ses tétons percés.

Billie Joe Armstrong : Le chanteur de Green Day possède une vingtaine de tatouages, dont ceux de sa femme, Adrienne, et du nom de son fils.

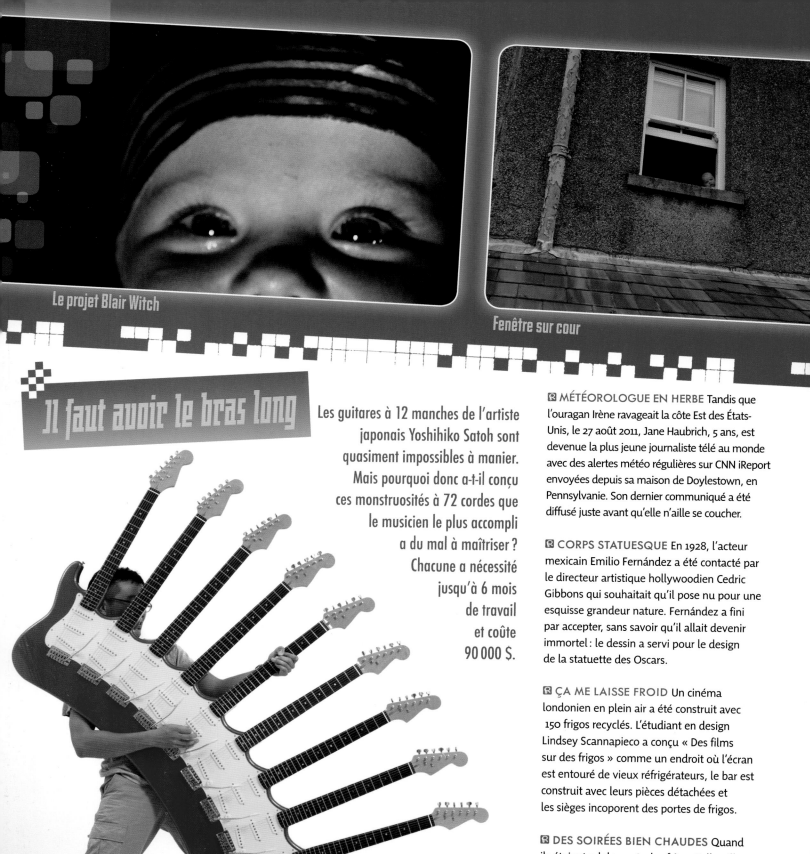

Le projet Blair Witch

Fenêtre sur cour

Il faut avoir le bras long

Les guitares à 12 manches de l'artiste japonais Yoshihiko Satoh sont quasiment impossibles à manier. Mais pourquoi donc a-t-il conçu ces monstruosités à 72 cordes que le musicien le plus accompli a du mal à maîtriser ? Chacune a nécessité jusqu'à 6 mois de travail et coûte 90 000 $.

MÉTÉOROLOGUE EN HERBE Tandis que l'ouragan Irène ravageait la côte Est des États-Unis, le 27 août 2011, Jane Haubrich, 5 ans, est devenue la plus jeune journaliste télé au monde avec des alertes météo régulières sur CNN iReport envoyées depuis sa maison de Doylestown, en Pennsylvanie. Son dernier communiqué a été diffusé juste avant qu'elle n'aille se coucher.

CORPS STATUESQUE En 1928, l'acteur mexicain Emilio Fernández a été contacté par le directeur artistique hollywoodien Cedric Gibbons qui souhaitait qu'il pose nu pour une esquisse grandeur nature. Fernández a fini par accepter, sans savoir qu'il allait devenir immortel : le dessin a servi pour le design de la statuette des Oscars.

ÇA ME LAISSE FROID Un cinéma londonien en plein air a été construit avec 150 frigos recyclés. L'étudiant en design Lindsey Scannapieco a conçu « Des films sur des frigos » comme un endroit où l'écran est entouré de vieux réfrigérateurs, le bar est construit avec leurs pièces détachées et les sièges incoporent des portes de frigos.

DES SOIRÉES BIEN CHAUDES Quand ils étaient adolescents, les frères Followill du groupe de rock américain Kings of Leon organisaient des soirées chez leur père, Ivan. Quand celui-ci n'en pouvait plus, il mettait des piments mexicains au micro-ondes jusqu'à ce que leur fumée lacrimogène vide la maison !

ORGAN RECITAL Grâce à du café, des vitamines et des Dragibus, une habitante de Toronto, Jacqueline Sadler, a joué de l'orgue dans une église pendant plus de 40 heures en juin 2011.

Ripley's
Le Big Livre de l'Incroyable
www.big-livre-de-lincroyable.com
187

Pop culture

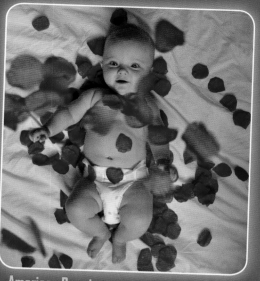

American Beauty

ALLÔ, MAMAN ? ICI, BÉBÉ !

Déguisé et entouré de quelques peluches, Arthur Hammond, un bébé britannique de six mois, cumule 50 000 visionnages mensuels sur son blog. Sa mère, Emily, l'habille en référence à des films cultes, dont *Rambo*, *American Beauty*, *Le Projet Blair Witch*, *Les Dents de la mer*, *Alien* et *Le Parrain*.

Rambo

ℝ UN DOCTORAT EN 36 ANS... Brian May, le guitariste de Queen, a un doctorat d'astrophysique. Il a soutenu sa thèse sur les nuages de poussière interplanétaires à l'Imperial College de Londres, en 2007, soit 36 ans après l'avoir commencée puis abandonnée pour une carrière de rock star.

ℝ MORT DEUX FOIS Un mois après la mort de Michael Jackson, en 2009, une cérémonie funéraire a eu lieu en son honneur dans le village de Krindjabo, en Côte d'Ivoire, dont il avait été couronné prince du peuple Agni lors d'une visite en 1992.

ℝ TOURNÉE EN OR La tournée 360° de U2 (2009-2011) a enregistré 736 m$ de recettes, record absolu dans ce domaine. Il fallait 120 camions pour transporter chacun des trois décors d'une ville à l'autre. La tournée coûtait 750 000 $ par jour.

ℝ UN RÊVE INSPIRÉ « Yesterday » des Beatles, sorti en 1965, a été repris plus de 1 600 fois. Paul McCartney en a composé la mélodie au sortir d'un rêve. Son titre de travail était « Scrambled Eggs ».

ℝ FAN DE BD Brett Chilman, un habitant de Henley Brook, en Australie, collectionne les bandes dessinées depuis plus de 30 ans. Il en possède aujourd'hui plus de 68 000. Entreposées dans deux maisons, leur valeur cumulée est estimée à 1,3 million de dollars.

ℝ ULTIME RAPPEL Le groupe mexicain La Excelencia a été victime d'une fusillade et d'une attaque à la grenade le 17 janvier 2011, quand il a refusé de faire un rappel après son concert à Guadalajara. Deux des musiciens sont morts.

Avant

Après

LE SOSIE DE SUPERMAN

Herbert Chavez, un fan de Superman, à Calamba City, dans les Philippines, a subi une série d'opérations de chirurgie esthétique pendant 13 ans, pour ressembler à son idole. Il s'est fait refaire le nez, une fossette au menton, des injections de silicone dans les lèvres, une liposuccion de l'estomac et des implants dans les cuisses. Comme il ne mesure que 1,67 m (contre 1,88 m pour Superman), il n'exclut pas une nouvelle opération qui le rendrait plus grand !

La vache !

Lors de l'édition 2011 de la Fashion Week de Londres, Rachel Freire, une styliste de Liverpool, a présenté une robe faite de 3 000 pis de vache, décorée de roses. Cousue avec des morceaux de cuir récupérés dans des tanneries, la robe faisait partie de sa collection « Nippleocalypse », qui proposait aussi un soutien-gorge fait de pis saillants.

◨ DANS LEUR BULLE Lors de son mariage à Duncan Turner, Rachel Robinson, une maîtresse d'école du Lincolnshire, en Angleterre, portait une robe et une traîne faites de 4 mètres de papier bulle. Les couches de papier bulle, cousues par ses élèves et leurs parents, étaient agrafées à une doublure et recouvertes de mousse blanche et de bonbons.

◨ SHORT STORIES
Meeting Across the River, un recueil de nouvelles publié en 2005, comportait 20 textes d'auteurs différents inspirés de la chanson éponyme de Bruce Springsteen, parue 30 ans plus tôt sur l'album *Born to Run*.

◨ JEAN TONIQUE Josh Le, un étudiant de la fac d'Alberta, à Edmonton (Canada), a porté le même jean pendant 15 mois sans jamais le laver. À l'issue de son expérience, il s'est aperçu que les bactéries présentes sur son pantalon n'étaient pas plus nombreuses que sur un autre porté seulement 13 jours.

◨ MUSIQUE DE CHAMBRE En Grande-Bretagne, Nadhim Zahawi, un parlementaire conservateur, a présenté des excuses à ses collègues pendant un débat à la chambre après avoir été interrompu pendant un discours par sa propre cravate musicale. Celle-ci émettait une petite mélodie que son micro avait amplifiée.

◨ FANTÔMES ET CIE
Le comédien George Lee Andrews a joué le rôle du gérant pendant 23 ans et 9 382 représentations du *Fantôme de l'Opéra*, à Broadway. Dans le même temps, le fantôme a été interprété par 12 acteurs différents…

Ripley's Le Big Livre de l'Incroyable
www.big-livre-de-lincroyable.com
189

Ⓡ **L'AN GLEE !** En 2010, les comédiens de la série *Glee!* avaient 80 chansons dans le Top 100 du Billboard, un record pour un groupe sur une seule année.

Ⓡ **DANS LE DÉCOR** Le présentateur néerlandais Ruben Nicolai s'est fait renverser pendant l'enregistrement d'une émission sur le plus mauvais conducteur du pays, en 2011. Ce dernier était en train de zigzaguer entre des cônes quand il a perdu le contrôle de son véhicule, qui a foncé sur Nicolai et un caméraman. Nicolai a fini à l'hôpital avec une lacération à la lèvre, une douleur à l'épaule et au pied.

Ⓡ **AU FOND DU JARDIN** John Earle a accueilli plus de 1 000 musiciens du monde entier, notamment ceux de Fairport Convention, le légendaire groupe de folk rock, et un groupe gospel de 26 choristes dans sa cabane de jardin (3,6 x 3 m) en Angleterre.

Ⓡ **COUP DE POUCE** Les producteurs hollywoodiens s'inquiétaient des capacités de Leonardo DiCaprio à incarner le kid dans *Mort ou vif* (1995), mais la vedette du film, Sharon Stone, était persuadée qu'il serait parfait dans le rôle. Elle a donc payé de sa poche le salaire du jeune acteur !

Ⓡ **LE ROI DE L'INTERVIEW** Le journaliste Larry King a interviewé plus de 50 000 personnes au cours d'une carrière de plus de 50 ans, dont tous les présidents américains depuis Gerald Ford et le rappeur Snoop Dogg, soit une moyenne de 3 interviews par jour.

Ⓡ **CHIENNE DE VIE** Des études récentes montrent que les chiens britanniques regardent en moyenne 50' de télé par jour, que 10 % passent au moins 2 heures devant le petit écran, et que les feuilletons sont leurs programmes préférés. Les labradors sont les plus téléphages.

TÉLÉPHAGE

Pour célébrer les 60 ans de la télé aux Pays-Bas, six candidats l'ont regardée pendant 87 heures d'affilée. 55 participants étaient réunis dans un studio d'Hilversum, mais 49 avaient abandonné au 4e soir.

Ⓡ **GOD SAVE QUEEN** En janvier 1976, la chanson « Bohemian Rhapsody » de Queen, qui contient les paroles « mamma mia, mamma mia, mamma mia let me go », s'est fait détrôner du sommet des charts britanniques par... « Mamma mia » d'ABBA.

SUR LE BOUT DES ONGLES

L'artiste espagnole Maya Pixelskaya a dessiné sur ses ongles des scènes de ses films préférés, dont *Les Dents de la mer*, *Le Fabuleux Destin d'Amélie Poulain* et *The Wicker Man*. Elle commence par appliquer du vernis blanc, trace les contours avec un mini-feutre, et superpose jusqu'à 6 couches, chacune devant être sèche avant l'application de la suivante, ce qui nécessite plusieurs heures d'immobilité.

Classe mannequin

La prochaine fois que vous irez voir une grosse production hollywoodienne, regardez bien les silhouettes en arrière-plan. Elles pourraient vous réserver des surprises, car vous vous attendez peut-être à des images de synthèse mais pas forcément à des milliers de mannequins gonflables!

La société Inflatable Crowd, fondée par Joe Biggins en 2002, fournit des milliers de mannequins habillés comme des figurants à l'industrie cinématographique. Ils ont fait office de soldats morts lors de la bataille d'Iwo Jima durant la Seconde Guerre mondiale (*Flags of Our Fathers*, 2006), de victimes d'un virus foudroyant (*Contagion*, 2011), de milliers de fans pendant un match de boxe des années 1930 (*De l'ombre à la lumière*, 2005) et de spectateurs de course hippique (*Pur sang : la légende de Seabiscuit*, 2003).

Joe Biggins travaillait sur *Pur sang : la légende de Seabiscuit* quand on lui a demandé de remplir les gradins d'un hippodrome de manière réaliste mais peu onéreuse. Après avoir fait des essais avec les traditionnelles silhouettes cartonnées, il en a conclu que celles-ci devraient être tridimensionnelles et portables. Son prototype de buste, conçu pour être assis dans un stade, a plu au réalisateur, Gary Ross, qui lui en a commandé 7 000. Joe a monté sa société à la fin du tournage. Un an plus tard, la demande était telle que Joe et son associé, Richard McIntosh, avaient un fond de 30 000 mannequins gonflables, avec habits, masques et perruques.

acteurs gonflés!

Les premiers mannequins en pied ont été créés pour le film *Flags of Our Fathers* (2006), tourné en Islande, où ils campaient des soldats morts lors de la bataille d'Iwo Jima. Certains étaient remplis d'eau pour imiter la façon dont un corps se disloque sous les chenilles d'un tank. D'autres devaient couler à pic ou flotter à la surface des flots comme des cadavres. La police, des secours et un hélicoptère sont même intervenus suite à la découverte de l'un d'entre eux au pied d'une cascade.

DES MILLIERS DE MANNEQUINS ONT ÉTÉ UTILISÉS DANS LES FILMS SUIVANTS

DE L'OMBRE À LA LUMIÈRE (2005)	11 000
FRIDAY NIGHT LIGHTS (2004)	8 000
LA PLUS BELLE VICTOIRE (2004)	7 000
PUR SANG : LE LÉGENDE DE SEABISCUIT (2003)	7 000
MILLION DOLLAR BABY (2004)	3 000
WE ARE MARSHALL (2006)	2 400
IRON MAN 2 (2010)	2 100
FIGHTER (2010)	1 800
THE DAMNED UNITED (2009)	1 800
LE DISCOURS D'UN ROI (2010)	1 500
AMERICAN GANGSTER (2007)	1 500
SPIDER-MAN 3 (2007)	1 000
ALVIN ET LES CHIPMUNKS 2 (2009)	550
SALT (2010)	500
CONTAGION (2011)	200
FROST/NIXON (2008)	100

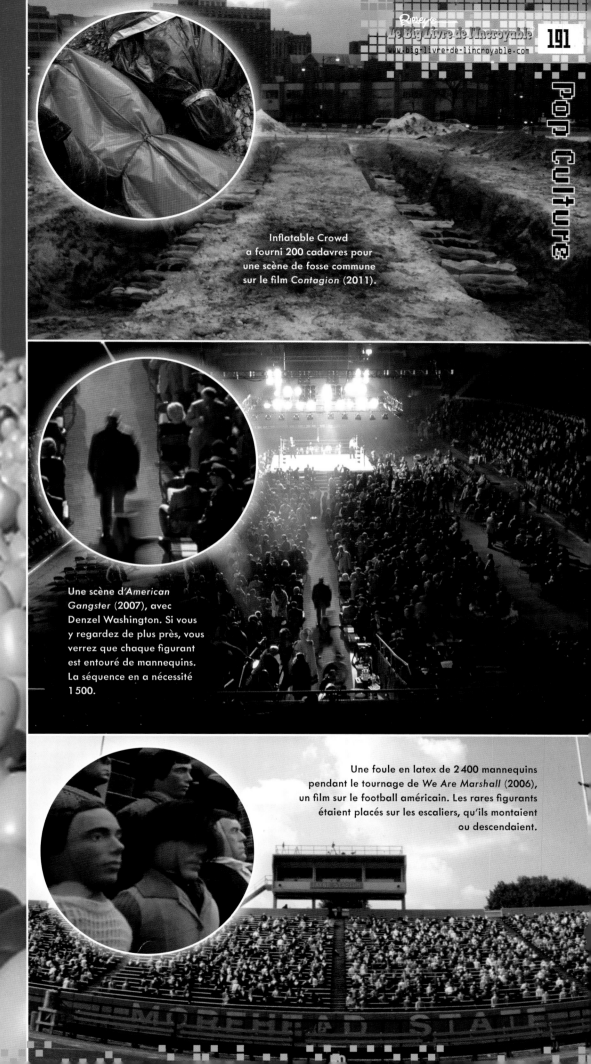

DANS LES COULISSES

De loin, les mannequins sont si réalistes qu'on peut en utiliser des milliers pour une scène et s'épargner l'embauche de figurants. Chacun doit être gonflé, costumé, placé sur son siège et coiffé d'une perruque et d'un masque. Après le tournage, il suffit de les dégonfler, de les ranger et de les envoyer sur un autre plateau ou au dépôt. Les tournages en plein air représentent une difficulté spécifique : sur *Flags of Our Fathers*, en Islande, ils ont failli s'envoler en raison des rafales de vent. La pluie, quand elle imbibe leurs vêtements, les rend deux fois plus lourds. De vrais acteurs sont souvent placés au premier plan. Leurs mouvements isolés créent l'illusion d'une foule mouvante. Les mannequins ont aussi servi pour des publicités, des émissions de télé et des clips.

Inflatable Crowd a fourni 200 cadavres pour une scène de fosse commune sur le film *Contagion* (2011).

Une scène d'*American Gangster* (2007), avec Denzel Washington. Si vous y regardez de plus près, vous verrez que chaque figurant est entouré de mannequins. La séquence en a nécessité 1 500.

Une foule en latex de 2 400 mannequins pendant le tournage de *We Are Marshall* (2006), un film sur le football américain. Les rares figurants étaient placés sur les escaliers, qu'ils montaient ou descendaient.

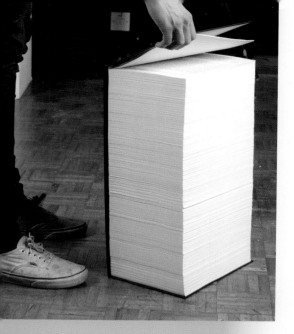

LA PONCTUALITÉ EST REINE Pendant le tournage de *Cléopâtre* (1963), le mari d'Elizabeth Taylor, Eddie Fisher, était payé 1500 $ par jour pour qu'elle soit à l'heure sur le plateau.

CHEF-D'ŒUVRE MINIATURE Dans la ville indienne de Rajkot, Nikunj Vagadia, un collectionneur de livres miniatures, possède un exemplaire plaqué or de l'autobiographie du Mahatma Ghandi. Ses dimensions ? 3,25 x 4,5 cm.

SOURD COMME UN PRO Sean Forbes, un habitant de Detroit, est sourd depuis l'enfance. Ce qui ne l'empêche pas de gagner sa vie en tant que musicien professionnel et en tant que rappeur (il utilise le langage des signes lors de ses performances).

CHRONIQUE MARTIENNE Pour booster les ventes de son roman *Martian Summer : Robot Arms, Cowboy Spacemen, and My 90 Days with the Phoenix Mars Mission*, sorti en 2011, l'écrivain new-yorkais Andrew Kessler a ouvert une librairie dans le West Village proposant exclusivement 3 000 exemplaires de son livre. Le magasin, Ed's Martian Book, était décoré de Martiens et contenait les sections « recommandation des vendeurs », « développement personnel » et « best-seller », chacune proposant évidemment le même ouvrage !

HOMMAGE AU BOSS Il existe plus de 60 groupes de reprises de chansons de Bruce Springsteen aux États-Unis et en Europe, dont le B Street Band, qui a joué lors de l'investiture du gouverneur du New Jersey, Chris Christie, après que le boss lui-même eut décliné l'offre.

TRÉSORS CACHÉS Des membres de la paroisse St. Laurence d'Hilmarton, en Angleterre, ont découvert une édition originale de la Bible du roi Jacques, datant de 1611, sur une étagère de l'église. Il en existe moins de 200 exemplaires de par le monde.

ENCYCLOPÉDIE GIGANTIS

Le designer britannique Rob Matthews, qui habite le Connecticut, a souligné de manière originale notre dépendance à Internet en matière de sources d'information : il a sorti un livre constitué de centaines d'articles publiés sur Wikipedia. Bien que l'ouvrage en question fasse 48 cm d'épaisseur, Rob n'a utilisé que 437 articles, soit 0,002 % du site. Si toutes les pages de Wikipedia étaient imprimées, le livre compterait 225 millions de pages, soit 21,6 km d'épaisseur, et nécessiterait une étagère aussi longue que l'île de Manhattan.

FAIRE DU CHIFFRE Le livre *A Million Random Digits with 100 000 Normal Deviates*, une énorme liste de nombres générés au hasard, s'est vendu à des milliers d'exemplaires dans les années 1950 et 1960.

I, ROBOT Wang Kang, qui travaille dans les télécoms à Shanghai, a adoré le film *Iron Man* (2008). Il a passé près de trois ans à concevoir une armure de 50 kg avec laquelle il est allé au bureau, sous les yeux ébahis de ses collègues. Certains se sont figés, tandis que d'autres s'enfuyaient en hurlant.

ENCHÈRES TRÈS CHÈRES En feuilletant de vieux livres scolaires achetés 10 $ lors d'une vente aux enchères en 2010, Bill et Cindy Farnsworth, d'Austin au Texas, ont trouvé un billet de 25 cents signé de la main de Sam Houston, le gouverneur du Texas, en 1843. Ils l'ont revendu 63 250 $.

BEST-SELLER Avec plus de 450 millions d'exemplaires traduits en 67 langues, les Harry Potter de J.K. Rowling sont la 4e meilleure vente de tous les temps, derrière *La Bible* (3 milliards), *Le Coran* (1,5 milliard) et *Le Petit Livre rouge* (800 millions).

ELLES ME BOTTENT !

Au Mexique, en 2011, les hommes se sont mis à porter des bottes de cow-boy extravagantes avec une pointe recourbée, dont certaines mesuraient plus de 1 mètre. Une mode originaire de Matehuala, où un cordonnier a un jour reçu commande d'une telle paire. Les danseurs d'une boîte de nuit locale l'ont popularisée et le pays tout entier s'y est mis. Certains modèles customisés incluaient des lumières clignotantes et des paillettes.

TOUR D'EUROPE Le journaliste londonien Greg Parmley s'est rendu dans 26 festivals musicaux en 30 jours. Il a parcouru 8 800 km à moto, à travers 13 pays, et écouté plus de 150 groupes.

L'ENTREPRISE POUR LES NULS En 2010, l'éditeur britannique Haynes, spécialiste des manuels de voiture, a sorti un titre inhabituel : un guide détaillé du fonctionnement du vaisseau de Star Trek, l'*USS Enterprise*.

Ripley's Le Big Livre de l'Incroyable
www.big-livre-de-lincroyable.com
193

Pop Culture

la vie en bleu

Pour la sortie des *Schtroumpfs* (2011), les traditionnelles maisons aux murs blancs, les magasins et les églises du village espagnol de Júzcar ont été peints en bleu avec 4 200 litres de peinture. Les habitants, séduits par le changement, ont voté pour conserver cette couleur. Une réplique aux 2/3 du Belvédère de Central Park a également été construite pour la promotion du film.

R LET'S TWIST AGAIN Pendant le défilé de l'Indépendance à Mandan, Dakota du Nord, 2 158 personnes se sont retrouvées dans la rue principale pour danser le twist.

R LONG VIE AU KING ! Plus de 4 000 fans d'Elvis Presley se rendent chaque année au Festival Elvis, à Collingwood, Canada, où quelque 120 imitateurs du chanteur s'affrontent pour décrocher le titre de grand champion.

R TROMPERIE SUR LA MARCHANDISE Créé par le compositeur américain Dave Soldier et l'écologiste Richard Lair, le Thai Elephant Orchestra a sorti 3 CD sur lesquels les éléphants jouent des instruments géants, dont des xylophones, des percussions et de l'harmonica.

R ELVIS INCREVABLE Simon Goldsmith, du Suffolk en Angleterre, a chanté des tubes d'Elvis pendant plus de 35 heures non-stop en 2010.

R VU DE L'EXTÉRIEUR La façon de se trémousser si particulière de Marilyn Monroe était due à une faiblesse dans les chevilles et à des jambes arquées. Quand elle s'est aperçue de la façon dont on la regardait marcher, elle l'a accentuée en rabotant tous ses talons de 1/2 cm.

R SUR LES LÈVRES À Zhenjiang, une jeune fille de 18 ans atteinte de paralysie cérébrale ne peut écrire qu'en plaçant ses lèvres sur un clavier. Elle vient pourtant de signer un contrat pour son premier roman. Wang Qianjin ne peut quasiment pas bouger et n'est jamais allée à l'école, mais elle a appris le chinois en regardant les sous-titres pour malentendants des téléfilms et mémorisé la prononciation et la structure des différents idéogrammes.

À VOUS DE JOUER

www.ripleys.com/submit

Tiffany Tezna et sa meilleure amie, deux habitantes de Virginie, nous ont envoyé ces photos de robes de mariée et de demoiselle d'honneur dessinées et fabriquées avec des guimauves.

Pourquoi avez-vous inventé cette histoire ? L'idée nous est venue tout naturellement. Nous souhaitions écrire des chansons ensemble, et nous avions déjà trouvé le nom du groupe, par association d'idées. Peu à peu, nous nous sommes façonné tout un monde.

Pourquoi des siamoises ? Vous êtes passionnés de cirque à l'ancienne ? Les gens ont toujours été fascinés par les siamois. Cette idée d'être aussi proche de quelqu'un, avec qui l'on partage tout, est à la fois attirante et terrifiante. En tant que musiciens de rue, nous partons régulièrement en tournée. Nous aimons le cirque à l'ancienne et connaissons beaucoup de gens qui travaillent dans ce milieu, y compris le cirque indépendant. Je crois que notre intérêt pour cet univers et les spectacles de monstres vient aussi de là. Nous avons toujours eu le sentiment d'être en marge de la société.

Quel est le lien entre l'histoire que vous vous êtes créée et la musique que vous jouez ? Chacune de nos chansons fait écho à l'histoire de ces siamoises. Nous avons imaginé toute leur vie, ce qui nous a inspirés pour chaque épisode de leur histoire. À l'inverse, nous avons parfois incorporé une idée de chanson à leur biographie.

Être collés l'un à l'autre restreint-il vos capacités à jouer de la musique ? Les limites, voulues ou imposées, peuvent stimuler la créativité. Notre déguisement entrave effectivement notre liberté de mouvement, mais c'est tout l'intérêt de jouer ces chansons. Il faut repenser sa façon de faire et s'adapter à l'autre. D'une certaine manière, c'est ce qui se passe dans n'importe quel groupe, avec des hauts et des bas, des contraintes. Mais là, c'est différent, plus bizarre et plus marrant.

EVELYN ○ NYLEVE

Habillées à l'identique, les deux artistes du groupe Evelyn Evelyn ressemblent à des siamoises. Amanda Palmer et Jason Webley se sont en fait inventé des personnages et une histoire familiale, prétendant qu'Eva et Lyn Neville sont nées dans une ferme du Kansas, et qu'elles ont trois jambes, deux cœurs, deux bras, trois poumons et un foie en commun.

LA MUSIQUE ADOUCIT LES FRUITS
Une société fruitière japonaise a joué du Mozart à ses bananes pendant une semaine, pensant que la musique classique les rendrait plus douces.

DANSE COLLECTIVE Une macarena géante a réuni 2 219 élèves et enseignants d'écoles et collèges de Plymouth, en Grande-Bretagne, en juillet 2011, record du monde.

TOURNEZ LES TALONS Sur le plateau du film *Troy* (2004), Brad Pitt, dans le rôle du dieu grec Achille, s'est déchiré... le tendon d'Achille, ce qui a retardé le tournage de plusieurs mois.

IL JOUAIT DU PIANO DE DOS
Evan Petrone, un étudiant américain, peut jouer du piano le dos tourné : il souffre du syndrome d'Ehlers-Danlos, ce qui lui prodigue une souplesse exceptionnelle des joints et ligaments. Il s'est filmé en train de jouer « Clocks » de Coldplay, un morceau qu'il a choisi pour sa simplicité relative, mais qui lui a quand même demandé plus de 5 heures de répétition.

MODE VERTE Pour une interview accordée à une chaîne allemande, Lady Gaga portait une robe dessinée par Jean-Charles de Castelbajac, faite de douzaines de marionnettes de Kermit la grenouille. La chanteuse excentrique portait un couvre-chef Kermit assorti.

CASSER LA VOIX Rajesh Burbure, un chanteur professionnel de Nagpur, en Inde, a interprété près de 1 000 chansons sans discontinuer pendant plus de 3 jours, en 2010.

WEAR BACTÉRIOLOGIQUE Suzanne Lee, une élève de la Central Saint Martins School of Fashion and Textiles de Londres, a conçu une série de vêtements bactériologiques. Sa technique lui permet de produire de la cellulose à partir de champignons, de bactéries et de thé vert sucré. Une fois sec, elle peut être utilisée pour fabriquer des chemises fines et des vestes.

À POILS

La couturière Thelma Madine et le coiffeur Ryan Edwards, tous deux originaires de Liverpool, se sont associés pour créer une robe faite de 250 mètres de cheveux. Constituée d'extensions provenant de plus de 10 000 trames, elle pèse 95 kg et leur a demandé 300 heures de travail. Cette robe de 75 000 $ contient aussi 1 500 cristaux et 12 jupons.

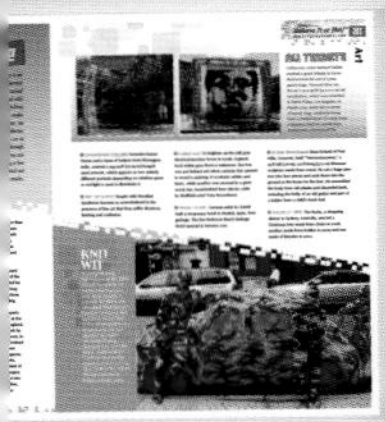

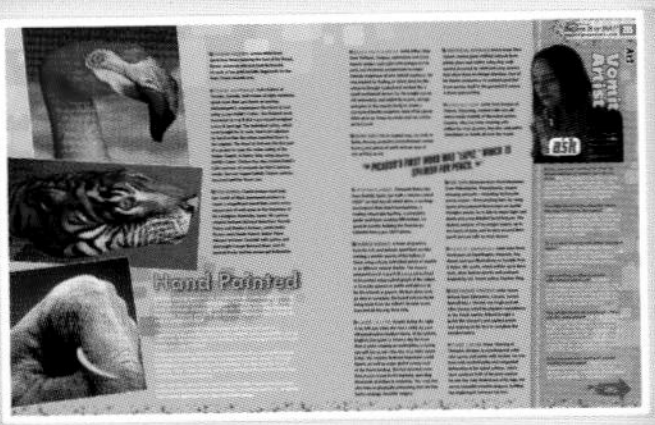

Art

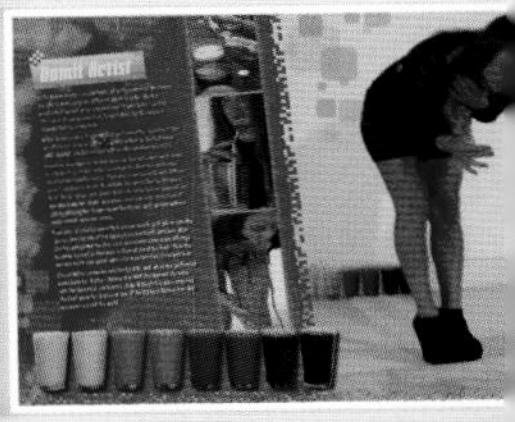

Lèvres animées

Natalie Irish de Houston, Texas, peint avec ses lèvres. Elle se maquille avec des rouges à lèvres de toutes les couleurs et applique ensuite ses lèvres sur des toiles blanches pour créer d'étonnants portraits de célébrités, comme Marilyn Monroe ou Jimi Hendrix. Elle varie la pression de ses baisers pour jouer sur les ombres et les effets de matière, et applique parfois plusieurs couches pour obtenir des tons plus sombres.

Ripley's
Le Big Livre de l'Incroyable
www.big-livre-de-lincroyable.com

199

Art

ODD**SCAN** Ripley's Believe It or Not!

L'interview

Comment vous est venue l'idée de peindre avec vos lèvres ? J'aime détourner les choses de leur objet premier. J'avais déjà appris à peindre avec les pouces à l'université. Il me fallait un nouveau challenge. J'ai commencé en 2001 et ça m'a aussitôt excité. Il y avait tellement de problèmes à résoudre…

Est-ce que vous peignez de mémoire ou vous avez un modèle ? J'ai une photo de la personne que je peins accrochée au mur. Mais attention, je ne dessine pas. Uniquement des baisers !

Utilisez-vous des peintures spéciales ? Non, seulement du rouge à lèvres. Je me sers parfois de produits de maquillage qu'utilisent les acteurs, ce qui me permet une plus large palette de coloris. Sinon, j'ai essayé d'autres produits, mais rien ne vaut le rouge à lèvres.

Quels problèmes spécifiques rencontrez-vous par rapport aux autres techniques de peinture, plus conventionnelles ? Mes yeux se fatiguent vite. Je suis toujours le nez collé contre la toile pour travailler, puis il faut que je prenne du recul pour avoir une vision globale. Mais tout doit être inventé, c'est excitant. Et comme je suis la seule à faire ça, personne ne peut m'aider à répondre aux questions que je me pose.

Combien de temps vous faut-il pour réaliser un portrait ? Comment sont vos lèvres après ? En général, deux à trois semaines. Et après, oui, j'ai les lèvres douloureuses. Il arrive même qu'elles saignent…

Créatures hybrides

Andrew Lancaster est un taxidermiste hors du commun. Originaire de Nouvelle-Zélande, cet ancien fermier exerce son art depuis 14 ans. Mais il crée des mutants. Il s'amuse en effet à inverser le corps et la tête de différents animaux, voire à leur ajouter des visages « humains » de poupées en plastique. À part cela, il utilise les techniques traditionnelles de la taxidermie, comme n'importe quel empailleur.

Cette créature est composée d'un corps d'opossum et d'une tête de poupée.

ODDSCAN

JEUNE PEINTRE À l'âge de 4 ans, Aelita Andre, une Australienne de Melbourne, a exposé en solo dans une galerie new-yorkaise. Certaines de ses toiles se sont vendues 9 000 $. Aelita, qui a commencé à peindre à 11 mois, réalise de grandes toiles abstraites sur lesquelles elle colle des brindilles, des jouets, des plumes…

SLIP ART Yi Ci, un étudiant chinois des beaux-arts a réuni plusieurs centaines de sous-vêtements pour créer une œuvre intitulée *Privacy* (intimité) et ainsi obtenir son diplôme de fin d'études.

MASSIVE AUTO L'artiste chinois Dai Geng a passé plus d'un an pour réaliser la réplique exacte d'une BMW Z4 grandeur nature. À part les vitres, la voiture est uniquement composée de briques – d'où son poids de 6,5 tonnes –, même les charnières qui permettent d'ouvrir les portières. Son prix : 125 000 $.

BOUSTIFART L'illustrateur anglais David Meldrum a gardé une trace de tout ce qu'il a mangé et bu entre le 15 juin 2010 et le 14 juin 2011, soit une année pleine. Il a tout peint. Ses dessins, qui ont été exposés dans une galerie londonienne, révèlent qu'en douze mois il a bu 1 360 tasses de café, 305 pintes de bière et avalé 122 barres chocolatées.

LE TRAIN LE PLUS LONG En 2011, après plus de 3 500 heures de travail, un groupe de volontaires du Musée du train de Wilmington, Caroline du Nord, a fait rouler un train miniature, long de 282 mètres, composé de 31 locomotives et de 1 563 wagons de marchandises.

CURE-DENTS ROYAL Wayne Kusy a utilisé 1 million de cure-dents pour construire la réplique du paquebot *Queen Mary*. Long de 7,6 mètres, il a été composé de 6 pièces différentes afin de pouvoir être sorti de l'immeuble de Wayne avant d'être assemblé.

FAUSSAIRE DE GÉNIE Pendant des années, les experts de l'Institut Courtauld, à Londres, ont cru qu'une toile, *The Procuress*, était l'œuvre d'un maître hollandais du XVIIe siècle, Dirck van Baburen. Mais, en 2011, on a découvert qu'il s'agissait en fait d'une copie réalisée par un autre maître – faussaire, celui-là –, décédé en 1947, un certain Han van Meegeren. Au cours de sa carrière, van Meegeren, qui s'était spécialisé dans la confection de faux tableaux, aurait arnaqué ses différents clients pour la modique somme de 100 millions de $.

GRAVURE MICROSCOPIQUE

En février 2011, après 8 mois de travail, Graham Short de Birmingham, en Angleterre, a dévoilé la plus petite gravure au monde faite de la main d'un homme. Sur le tranchant d'un rasoir, il a gravé la devise « Nothing is Impossible », qui ne mesure que 0,1 mm. Les mots sont si petits qu'ils sont invisibles à l'œil nu. Il faut un microscope qui grossit 400 fois pour les lire. Graham ne travaillait que de nuit, quand il n'y avait pas de vibrations dues à la circulation. Son bras était attaché à sa chaise pour éviter les tremblements. Et, pour bien synchroniser ses mouvements, il utilisait un stéthoscope pour ne donner une pression sur la lame qu'entre deux battements de son cœur. Il a quand même fallu 150 tentatives avant de parvenir à l'exploit. Mais le jeu en valait la chandelle. Son œuvre a été vendue 47 500 £.

Le Big Livre de l'Incroyable
www.big-livre-de-lincroyable.com
201

Art

ALI EN SAC

L'artiste californien Michael Kalish a créé une œuvre géante (7,9 x 7 x 7,6 m) en hommage au grand boxeur Muhammad Ali. De près, on ne voit qu'une multitude de punching-balls (il y en a 1300 !) accrochés à un cadre de métal. Mais ils sont disposés de telle sorte qu'en s'éloignant de quelques pas, on voit alors se dessiner le visage du King des rings.

▣ AUX DEUX VISAGES Surendra Kumar Verma, assisté d'une équipe, a réalisé une composition en sable de 27 m². Sa particularité ? Selon l'éclairage – lumière verte ou rouge –, elle change complètement d'aspect.

▣ L'ART REND FOU Les personnes atteintes du syndrome de Stendhal peuvent, en présence d'œuvres d'art, souffrir d'hallucinations.

▣ ART URBAIN À Leeds, en Angleterre, l'artiste Tony Broomhead a décidé d'embellir les rues en s'attaquant aux transformateurs de la ville, ces inélégantes grosses boîtes métalliques emplies de fils électriques qui fleurissent sur les trottoirs. Il les a donc décorées ou repeintes. Maintenant, c'est beau !

▣ TRASH HÔTEL L'artiste allemand Ha Schult a conçu un hôtel éphémère de 5 chambres entièrement composé de détritus récupérés sur les plages.

▣ DINOSAURE DE BRIC ET DE BOIS Brian Boland, un habitant du Vermont, aux États-Unis, a créé un dinosaure en bois haut de 7,6 mètres et long de 37,2. Il a d'abord coupé en quatre le tronc d'un pin pour figurer les pattes. Il a ensuite créé le corps en assemblant tous les morceaux de bois qui lui tombaient sous la main : caisses de guitare, échelles...

▣ MON BEAU SAIN En 2008, dans le quartier des Rocks, à Sydney, un arbre de Noël a été érigé uniquement avec des chaises. En 2009, uniquement avec des bouteilles. En 2010, c'était au tour des vélos.

TRICOTI TRICOTA

L'artiste d'origine polonaise basée à Brooklyn, Olek, passe des centaines d'heures à recouvrir de tricot des voitures, des êtres humains ou tout ce qui lui tombe sous l'aiguille. En 2010, elle a ainsi recouvert de crochet une célèbre sculpture de taureau devant Wall Street. Sinon, elle a entièrement redécoré un studio de 4,6 x 4,3 mètres. Tout y passé : les murs, le sol, le plafond, et même les meubles ou l'électroménager. Tout en tricot bariolé.

MARILYN EN TARTINES La star du 7ᵉ art, Marilyn Monroe, a été croquée par l'artiste néo-zélandais Maurice Bennett, qui a réalisé d'elle un portrait composé de près de 6 000 tartines de pain de mie. Sa taille : 4 x 3,6 mètres. Bon appétit !

COLLIERS DE BALLES L'artiste Lovetta Conto, une adolescente du Nigeria, crée des bijoux en recyclant les munitions qui ont pullulé lors de la guerre civile de son pays (1999-2003). Dont des colliers qu'ont entre autres porté Halle Berry ou Angelina Jolie. Donc pas à deux balles, les colliers !

PEINTURES VIVANTES Quand Alexa Meade de Washington D.C. peint ses sujets, elle les peint vraiment. Elle n'utilise pas de toile mais applique de la peinture acrylique directement sur le corps de ses modèles, à l'exception des yeux et des cheveux. Elle les prend ensuite en photo. Et le résultat ressemble à un tableau qui aurait été peint de manière traditionnelle.

SOURIEZ À Mahwah, dans le New Jersey, 2 226 personnes vêtues d'un poncho jaune se sont regroupées pour former un smiley géant.

CHARIOTS DE NOËL En 2010, Anthony Schmitt a construit deux sapins de Noël géants en utilisant 86 caddies de supermarché. Les arbres qui ont été exposés à Emeryville et à Santa Monica, en Californie, étaient composés de chariots entiers pour la base, et de caddies pour enfants au sommet afin de figurer la cime.

ROND ROND Alex Overwijk, un prof de math d'Ottawa, Ontario, peut dessiner au tableau un cercle parfait d'environ 1 mètre de diamètre en moins d'une seconde. La vidéo où on le voit faire a été visionnée plus de 7 millions de fois sur YouTube.

Art faire peur

Des squelettes effrayants, aux os illuminés, se dressent menaçants parmi les arbres des forêts finlandaises couvertes de neige. Ces photos sont l'œuvre d'un artiste d'Helsinki, Janne Parviainen, spécialisé dans le *light-painting*. Ses clichés sont réalisées sans trucage ni retouche informatique. Il déplace juste une LED tandis que l'obturateur de ses appareils photo reste ouvert plus ou moins longtemps, ce qui lui permet de dessiner ces silhouettes… angoissantes.

ODDSCAN Ripley's Believe It or Not!

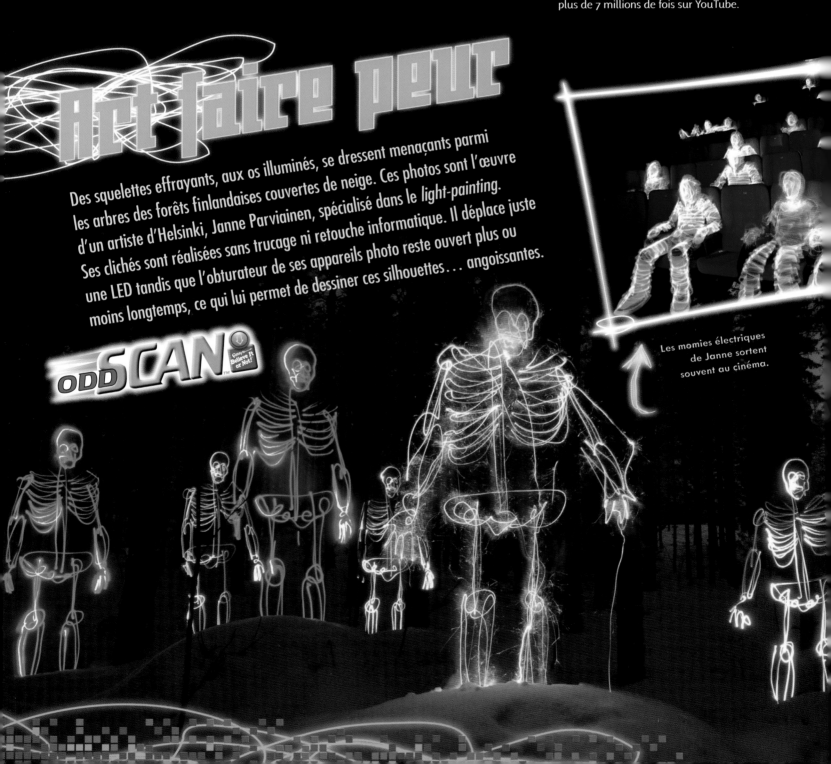

Les momies électriques de Janne sortent souvent au cinéma.

Ripley's —
Le Big Livre de l'Incroyable
www.big-livre-de-lincroyable.com
203

Des cadavres lumineux gisent sur la neige tandis qu'on aperçoit des traces de pas qui s'éloignent.

☒ **ART ASTICOT** Rebecca O'Flaherty, entomologiste à l'Université de Californie, s'est spécialisée dans « l'art asticot ». Elle trempe des vers ou des asticots dans de la peinture – non toxique. Elle les place ensuite sur une toile et les laisse se tortiller, dessinant ainsi des traits abstraits de toutes les couleurs. Beau comme un Miró !

☒ **PAS D'AUTOGRAPHE** Considéré comme l'un des plus grands artistes de la Renaissance, l'Italien Michel-Ange (1475-1564) n'a signé qu'une seule des sculptures réalisées au cours de sa carrière.

☒ **AVEC LES PIEDS** Bien que née sans mains, l'Iranienne Zohreh Etezad Saltaneh peint si joliment – avec les doigts de pied – que ses toiles ont été exposées dans plus de 60 manifestations à travers le monde. C'est sa mère qui lui a un jour placé un pinceau entre les orteils pour l'encourager. Zohreh est aussi capable de réaliser des tapis persans.

☒ **CHEFS-D'ŒUVRE EN LAINE**
Une quarantaine d'Anglaises du comté de Tyne and Wear ont passé des mois à réaliser des copies de toiles de maître en tricot. Elles commencent par reproduire le tableau sur du papier millimétré puis sortent leurs aiguilles et leur pelotes de laine. Elles ont ainsi créé *Le Cri* de Munch ou *Les Tournesols* de van Gogh. Peut-être pas beau, mais si ça tient chaud !

☒ **TROU FAUX** En juin 2011, un trou géant s'est formé dans l'un des principaux squares de Stockholm, en Suède. Une météorite se serait-elle écrasée pendant la nuit ? En fait, non, il s'agissait d'une illusion d'optique en 3D réalisée par l'artiste Erik Johansson. L'installation mesurait 32 mètres par 18.

☒ **BASKET GÉANTE** En novembre 2010, une chaussure géante de 5,5 mètres a été dévoilée à Amsterdam, aux Pays-Bas. Il s'agissait d'une réplique de Converse. Seul un géant peut la chausser.

☒ **POLAMANIA** Wong Ting Man, de Honk Kong, possède plus 1 000 appareils photo instantanés, dont 800 Polaroid. Valeur : 130 000 $. On est content pour lui.

☒ **LEGO DE L'ESPACE** En 2011, l'artiste hongrois Zoltán Simon a réalisé à Londres une mosaïque de 97,5 m² en utilisant 384 000 pièces de Lego. Le sujet ? *La Guerre des étoiles.*

☒ **BAUDRUCHES** L'artiste new-yorkais Larry Moss aime les ballons de baudruche. Grâce à eux, il recrée des scènes de contes pour enfants, comme *Les Trois Petits cochons* ou *Jack et le haricot magique*. Depuis 25 ans, il gonfle des ballons puis les noue ou les assemble entre eux pour donner vie à ses personnages. Par le passé, il avait réalisé La Joconde ainsi que deux maisons hantées, chacune composée de plus de 100 000 ballons.

☒ **PIÈCE GÉANTE** Wander Martich de Grand Rapids, dans le Michigan, a réalisé une pièce géante de 1 cent en utilisant 84 000 pennies. Travaillant plus de 10 heures par jour pendant 3 mois, elle a collé chaque piécette sur un support en bois rond d'un diamètre de 3 mètres. Elle en a utilisé des neuves et des usagées pour créer le contraste des couleurs et les ombres. Ripley a acquis cette œuvre d'art pour l'exposer dans l'un de ses musées.

Janne met en scène ses effrayants squelettes dans toutes les situations de la vie quotidienne. Certains jouent même de la guitare.

🔲 **QUELS ONGLES!** L'actrice américaine Nikki Reed a passé 4 heures, en 2011, à peindre sur chacun de ses ongles le visage de son fiancé, Paul McDonald. On n'est jamais trop belle pour aller aux Teen Choice Awards...

🔲 **CUBIK** John Chalom de Toronto, Canada, épaulé par 8 assistants, a passé plus de 400 heures à recréer le chef-d'œuvre de Michel-Ange, *La Main de Dieu*. Il a pour cela utilisé 12 090 Rubik's Cubes. Le résultat final mesure 8,8 x 4,6 m et pèse 907 kg. Il a fallu placer chaque cube – acheté 1 $ pièce – à la main, de telle sorte que les couleurs correspondent bien à l'original. Cette œuvre est le début d'un projet qui l'amènera à reproduire la totalité du plafond de la chapelle Sixtine. Par le passé, il avait déjà reproduit des tableaux, dont *La Cène* de Leonard de Vinci, vendue 50 000 $.

🔲 **ULTRA PAS CHER** Le sous-sol de la maison de Charlie Kratzer, où se trouvent son billard et un flipper, avait besoin d'un petit rafraîchissement. Le jeune homme de Lexington, Kentucky, a entièrement redécoré la pièce pour moins de 10 $! Il a simplement acheté quelques gros feutres noirs et a dessiné sur les murs. Non seulement c'est beau, mais il côtoie ainsi tous les jours des personnages réels ou de fiction : Hercule Poirot, Sherlock Holmes, Churchill, George Bernard Shaw, Lewis Carroll ou Picasso. Chapeau, l'artiste!

Les mains peintes

Avec leurs yeux perçants et vifs, leurs couleurs chatoyantes et leur grain de peau si bien rendu, les créations animalières de Guido Daniele ont l'air terriblement vivantes. Et, de fait, elles sont peintes sur des mains. En regardant de plus près, vous apercevrez le bout des ongles peints en noir sur le bec du flamant rose ou le pouce près du museau du léopard.

Originaire de Milan, en Italie, Guido a été engagé par une agence de publicité pour réaliser des peintures d'animaux sur des corps humains. C'est alors qu'il a eu l'idée de cette série, qui comprend aussi des tortues, des poissons, des zèbres, des dauphins, des girafes...

Utiliser le corps comme support représente un vrai challenge. Guido dit préférer travailler avec ses enfants ou ses proches. « Quand vous passez plusieurs heures à tenir la main de votre modèle, autant que ce soit quelqu'un que vous aimez. C'est plus difficile de travailler avec un inconnu, surtout s'il est nerveux et que sa main tremble. »

Guido admet que le plus difficile est de voir chaque soir son œuvre disparaître sous l'eau du robinet. Même s'il dit s'y être habitué.

Le Big Livre de l'Incroyable
www.big-livre-de-lincroyable.com
205

Art

L'artiste qui vomit

SCARABÉE MUTANT L'artiste Mike Libby, de Portland, Oregon, invente des créatures mutantes en assemblant des insectes, des araignées ou des crabes morts, des vieux composants électroniques et des rouages de montres. Il a eu l'idée de ces êtres hybrides le jour où il a trouvé un scarabée mort parfaitement conservé qui lui a fait penser à un objet mécanique. Chaque pièce lui prend 40 heures de travail et peut atteindre la coquette somme de 2 000 $.

FOOT DE SUSHI En août 2011, 20 chefs norvégiens ont créé une mosaïque de 25 m² sur le thème du football. Ils ont pour cela utilisé 13 000 pièces de poisson cru. Pas de sushi, les gars...

ANIMAUX ARTIFICIELS L'artiste hollandais Theo Jansen crée des animaux géants, qui ressemblent à des insectes mutants, en assemblant des tubes de plastique. Leur particularité est qu'ils sont autonomes et peuvent se déplacer grâce à la force du vent.

WAPITI EN BOIS L'artiste Kurt Gordon, de Dubois (ça ne s'invente pas !), Wyoming, a réalisé la statue grandeur nature d'un wapiti. Elle est uniquement composée de bois de cervidés qu'il a trouvés en forêt. Depuis 35 ans, il travaille cette matière et a vendu des chandeliers en bois de cerf à des hôtels.

L'équipe Ripley a rencontré Millie Brown pour saisir toute la finesse de son art vomitif !

L'interview

> **LE PREMIER MOT QU'A PRONONCÉ PICASSO A ÉTÉ « LAPIZ », QUI EN ESPAGNOL SIGNIFIE CRAYON**

LEGO LUXE L'Espagnol Fernando Benavides a construit une voiture télécommandée en Legos ultrasophistiquée. Ses 4 roues sont motrices, son hard-top est rétractable, de même que son spoiler. Il lui a fallu 18 mois pour réaliser cette Porsche 911 cabriolet en assemblant 3 500 pièces de Lego.

MOSAÏQUE Une équipe de 15 artistes originaires d'Angleterre et du Bahreïn a passé 4 mois à créer une mosaïque géante représentant le sultan d'Oman. Ils ont pour cela utilisé quelque 128 724 petits morceaux de marbre qu'ils ont patiemment assemblés. Le résultat final mesure 8,3 x 5,3 mètres. Le sultan ne venant pas poser, ils ont travaillé à partir d'une photo. Rien que le visage leur a demandé 40 jours de travail. Pour la barbe et la moustache, le sultan a même fait venir d'Italie son marbre préféré.

BRODERIE GÉANTE Bien qu'elle ait perdu l'usage de son œil gauche lorsqu'elle était enfant, l'Anglaise Heather Hems, 69 ans, du Hampshire, a passé 12 heures par jour pendant plus de 17 ans pour créer une broderie géante. Sa taille est impressionnante : 50 m², soit l'équivalent de 12 tables de ping-pong mises bout à bout. Sa tapisserie représente les grandes figures et les événements majeurs du siècle passé. Un travail de titan harassant qui lui a valu de se faire opérer des épaules.

LE ROI DU SCOTCH Mark Khaisman, un artiste d'origine ukrainienne vivant à Philadelphie, Pennsylvanie, crée d'étonnants tableaux – dont des scènes de ses films favoris – en n'utilisant que du gros scotch marron servant à fermer les cartons, qu'il colle sur des panneaux de plexiglas. Pour accentuer les contrastes, il colle parfois jusqu'à dix morceaux les uns sur les autres. Chaque tableau nécessite environ 100 mètres de scotch.

LE PRINCE DU POST-IT John Kenn Mortensen exerce son art à Copenhague, au Danemark, où il réalisé près de 250 dessins sur des Post-It. Il représente surtout des fantômes ou des créatures d'horreur inspirées par Stephen King. Chacun vaut plus de 100 $.

DEVENIR VINCENT L'artiste James Birbeck, d'Edmonton, au Canada, s'est transformé en portrait vivant de Vincent van Gogh. Après que des amis lui ont signalé qu'il ressemblait à l'artiste, il a acheté des vêtements d'époque et s'est maquillé pour parfaire la ressemblance.

AVEC LES PIEDS Pema Tshering, un artiste du Bhoutan, sculpte et peint avec ses pieds. Né avec de sérieux problèmes cérébraux et congénitaux, il ne peut utiliser ses bras. Il peut à peine se servir de ses jambes, mais parvient à sculpter de très beaux dragons en bois en coinçant marteau et burin entre ses orteils.

Millie, vous réalisez des toiles en vomissant dessus. Comment faites-vous ? C'est un long processus qui consiste à avaler du lait de soja coloré – une couleur à la fois – puis à le régurgiter sur une toile, en marquant des pauses pour ne pas altérer les couleurs.

Est-ce compliqué de bien diriger le jet sur la toile ? Avant de commencer, j'ai toujours une idée en tête du tableau que je veux créer. Ensuite, on ne peut pas tout contrôler. Cela dépend aussi de l'inspiration du moment. C'est pourquoi chaque pièce est unique.

Avez-vous besoin de récupérer entre deux performances ? Oui, il me faut généralement un mois pour être de nouveau en pleine forme.

Est-ce que vomir ainsi a des répercussions négatives sur votre santé ? Pas vraiment. Mais je fais attention. Je suis en pleine forme. Je suis végétarienne et je contrôle mes apports nutritifs. Donc, ça équilibre.

Vous avez collaboré avec Lady Gaga. Racontez-nous... Lady Gaga préparait son film Monster Ball Interlude avec Nick Knight et Ruth Hogben quand elle m'a appelée pour me demander de venir vomir sur sa robe. La vidéo a ensuite été diffusée pendant toute sa tournée. C'était impressionnant d'entendre la réaction du public.

Quel regard portez-vous sur votre art ? C'est n'est pas à moi d'en parler, mais à chacun de se faire sa propre opinion.

tournez la page

Art vomitif

Millie Brown crée des œuvres d'art uniques en se faisant vomir. Maîtrisant cette capacité à régurgiter de grandes quantités de liquides colorés, elle s'est elle-même baptisée « l'artiste qui vomit ». En 2010, elle s'est illustrée en vomissant sur la robe de Lady Gaga lors d'un interlude du Monster Ball Tour.

Millie, originaire de Londres, a pour la première fois exécuté une œuvre vomitive en direct et en public à Berlin, en 2006 — un exploit extraordinaire qui, dit-elle, ne l'a jamais rendue malade.

Réussir à vomir sur commande peut sembler un exercice hasardeux. Mais Millie est devenue experte en la matière. D'abord, elle n'avale aucune nourriture pendant les 2 jours qui précèdent chaque performance. Le moment venu, elle mélange du lait de soja à différents colorants alimentaires pour obtenir toutes les teintes dont elle aura besoin. Ensuite, elle avale un verre, s'approche de la toile blanche posée sur le sol et s'introduit deux doigts dans la gorge. Presque sans un bruit, elle régurgite le liquide qui s'étale sur la toile.

Des fontaines entières de liquides colorés se déversent alors sur le tableau qui prend forme. Elle s'oblige à vomir de nouveau jusqu'à être sûre que la première couleur a bien été évacuée. Alors, elle recommence le processus avec les couleurs deux, trois, quatre...

Un des tableaux de Millie a atteint le prix de 2 400 $. Quand elle a réalisé sa performance pour *Le Big Livre de l'Incroyable*, elle a étonné toute l'équipe de Ripley, qui a décidé d'acquérir le tableau pour l'exposer dans l'un des nombreux musées Ripley's Believe it or Not ! disséminés dans le monde.

OddSCAN Ripley's Believe It or Not!

Un tableau achevé de Millie

Pour se faire vomir, et ainsi regurgiter sur la toile le lait de soja, Millie utilise ses doigts.

Le designer Taras Lesko, de Covington, État de Washington, a créé une réplique de son visage en assemblant des bouts de papier. Il s'est pris en photo sous toutes les coutures, puis a utilisé un logiciel 3D pour obtenir le modèle. Il a ensuite collé les bouts de papier entre eux. Tout ça pour ça ? Le résultat est loin d'être probant...

Tête-à-tête

⊠ INJECTION CHEVALINE
En 2011, l'artiste Marion Laval-Jeantet s'est fait injecter du sang de cheval lors d'une performance intitulée *Que le cheval vive en moi*. L'enjeu ? Entrer en communication avec l'étrangeté animale. Aux frontières de l'art et de la science... Fiction ?

⊠ BAGUETTES DE PIN Afin d'alerter l'opinion sur le fait qu'il faut abattre chaque jour 100 arbres pour fabriquer les baguettes nécessaires aux repas des Chinois, une association en a récupéré 30 000 usagées pour réaliser un arbre déraciné haut de 5 mètres qu'elle a exposé dans une rue de Shangaï.

⊠ PHOTOS MARINES L'Australien Andrew Baines crée des compositions surréalistes en bord de mer. Il a ainsi pris en photo des vaches les sabots dans l'eau, des hommes d'affaires en costume et chapeau lisant le journal les pieds dans l'eau. Il a même fait jouer à l'orchestre symphonique d'Adélaïde un morceau avec de l'eau jusqu'aux genoux.

⊠ PISTOLETS MUSICAUX L'artiste mexicain Pedro Reyes récupère les armes à feu pour les transformer en instruments de musique. Un moyen comme un autre de lutter contre la criminalité.

UN TALENT PAS SI ENDORMI QUE ÇA

Lee Hadwin, un Gallois de Henllan, a dessiné environ 200 tableaux durant son sommeil – dont l'un s'est vendu à plus de 150 000 £. Lee – que ses proches ont surnommé Kipasso – peint sur les murs, les vêtements, les journaux... Et le matin, il ne se souvient de rien. En fait, quand il est éveillé, il ne dispose même d'aucun talent artistique. À présent, avant d'aller se coucher, il dispose des carnets de croquis, des toiles et des fusains un peu partout dans sa maison.

Somnambules

Un expert anglais d'un centre londonien du sommeil a traité plusieurs personnes qui avaient conduit leur voiture ou monté un cheval en dormant. Quelques cas étranges de somnambulisme :

● *Grimpe à la grue* Une adolescente londonienne a échappé de peu à une chute de 40 mètres. Elle a escaladé une grue et a ensuite marché sur les poutrelles, où elle s'est allongée pour finir sa nuit.

● *Cuisiner les yeux fermés* Robert Wood de Fife, en Écosse, est si bon chef qu'il peut cuisiner en dormant. Somnambule depuis plus de 40 ans, il se rend endormi dans sa cuisine et y prépare des omelettes et des frites.

● *E-mails nocturnes* Âgée de 44 ans, une Américaine s'est levée de son lit, s'est rendue dans une pièce voisine, a allumé son ordinateur et a envoyé trois e-mails. Le lendemain, en recevant les réponses, elle a compris ce qui s'était passé.

● *Oh, la chute !* Rachel Ward, une jeune Anglaise du Sussex, a ouvert la fenêtre de sa chambre et a fait une chute de 4,5 mètres. Le gazon a été enfoncé de près de 15 cm mais, pourtant, elle ne s'est rien cassé...

● *À poil dans le jardin* Un informaticien anglais a quitté son lit à 2 heures du matin. On l'a retrouvé nu dans son jardin en train de tondre sa pelouse.

⊠ QUAND LE CHAT SE REGARDE Mark Fisher, un expert en acoustique marine de San Francisco a enregistré le chant des baleines et des dauphins. Puis, à l'aide d'une fonction mathématique (les ondelettes), il a transformé ces sons en de superbes images.

CHUTE EN DIRECT À Scarborough, l'Anglais Kane Cunningham a acheté une maison au sommet d'une falaise pour la somme dérisoire de 3 000 £. Il faut dire qu'à cause de l'érosion elle menace à tout moment de s'effondrer dans la mer. Mais Kane est un vidéaste. Il a truffé la maison de caméras pour filmer sa probable destruction.

L'ART À LA POUBELLE
Une compagnie de stockage d'œuvres d'art a été condamnée en 2004 à verser à l'artiste indien Anish Kapoor, lauréat du prix Turner, la somme de 350 000 £ pour avoir jeté dans une benne à ordures l'une de ses sculptures, *Hole and Vessel II*, créée en 1984.

L'HOMME SPIROGRAPHE
Originaire de l'Illinois, l'artiste Tony Orrico utilise son corps pour créer des spirographes, ces dessins à base de spirales. Il tient un crayon dans chaque main et se couche sur une immense feuille de papier. Il tourne ensuite sur lui-même. Il est en perpétuel mouvement, certaines de ses créations pouvant lui prendre jusqu'à 12 heures.

LE VASE DU SIÈCLE À Londres, un frère et une sœur ont découvert un vase chinois datant du XVIIIe siècle en vidant le modeste pavillon de leurs défunts parents. Estimé 800 000 £, le vase haut de 40 cm a été mis aux enchères en 2010. Et tout s'est emballé. Quand le marteau est retombé, après 30 minutes d'enchères frénétiques, le vase a été adjugé au prix incroyable de 51,6 millions. Les deux vendeurs ont dû être accompagnés hors de la salle. Ils étaient sous le choc.

VILLE MÉTALLIQUE L'artiste Peter Root, de Guernesey, a conçu une ville miniature composée de près de 100 000 agrafes. Baptisée Ephemicropolis, sa cité mesure 6 mètres par 3 et comprend des dizaines de gratte-ciel argentés. Il lui a fallu 40 heures pour l'achever.

AQUARIUM NAIN Anatoly Konenko, un artiste russe « miniaturiste », a sans doute créé le plus petit aquarium au monde. Il ne mesure en effet que 3 x 2,4 x 1 cm. Et pourtant on y trouve des pierres, des plantes et quelques minuscules poissons zèbres. Il a fallu les y introduire à l'aide d'une mini-épuisette après que l'eau (l'équivalent de 2 cuillers à thé) a été ajoutée avec une seringue pour ne pas détruire la composition.

STATUE MAGNÉTIQUE Tim Szeto et Denis Saveliev, les créateurs des Nanodots – ces petites billes aimantées –, en ont utilisé plus de 550 000 pour réaliser une réplique géante des statuettes remises chaque année lors des Golden Globe. L'œuvre, uniquement composée de billes en or, a été conçue au Canada avant d'être acheminée à Los Angeles.

GRENOUILLE EN LEGO
Dave Kaleta, de Chicago, dans l'Illinois, a créé la reproduction fidèle d'une grenouille disséquée. Il y a passé pas moins de 7 heures et a utilisé plus de 1 000 pièces de Lego.

CARTE D'ART

Pour protester contre ce qu'il considère être le diable – les cartes de crédit –, l'artiste Cain Motter, de Los Angeles, transforme ces petits rectangles de plastique en œuvres qu'il vend jusqu'à 1 200 $ pièce ! Sans doute pour régler ses propres factures de carte bleue...

Attention, danger !

Des artistes n'hésitent pas à utiliser des procédés extrêmes. Ne les imitez surtout pas à la maison...

⭐ **Du sang sur la toile** L'artiste australien Dr Rev, dont nous avions déjà reproduit des peintures sanglantes dans une édition précédente, a encore franchi une étape supplémentaire. En 2011, il a placé une de ses mains sur une toile avant de tirer dessus plusieurs balles de .12 mm. Résultat : une composition étonnante. Mais l'art est-il à ce prix ? que de sang et de douleur. L'art est-il à ce prix ?

⭐ **Quand les lance-flammes entrent en jeu...** Le groupe Arson a créé une performance artistique dérivée du célèbre jeu vidéo Dance Dance Revolution, où chaque danseur réalisant un mauvais pas se voit brûlé par un lance-flammes. Certes, les artistes de Dance Dance Immolation sont recouverts de combinaisons ignifugées, mais la température peut quand même atteindre les 2 000 °C...

⭐ **Coupant** Le performer Franko B se mutile en public et laisse son sang couler durant toute la durée de ses shows.

⭐ **Marqué au fer rouge** L'artiste chinois Yang Zhichao, qui s'était déjà fait tatouer son numéro de passeport sur l'épaule, a demandé à des chirurgiens de lui implanter des graines dans le corps afin que des plantes lui poussent dans le dos (voir page 99).

FEUX D'ARTIFICE

Rosemarie Fiore, une artiste new-yorkaise, compose des toiles abstraites dans son atelier du Bronx en utilisant tous les moyens mis à sa disposition par la pyrotechnie. Elle fait exploser des fusées, des pétards, et utilise même parfois des lasers, pour fixer les couleurs sur de grandes feuilles de papier blanc qu'elle a au préalable recouvertes de peinture de différentes couleurs. Elle n'a plus ensuite qu'à superposer différentes feuilles et à les signer pour qu'elles deviennent une œuvre d'art. Une explosion de couleurs !

Collier de cheveux

L'artiste Kerry Howley de Cambridge, Angleterre, conçoit des colliers avec des cheveux humains. Elle passe jusqu'à 60 heures à confectionner chaque bijou, découpant et assemblant les cheveux pour leur donner ces formes abstraites. Le tout tient en place grâce à des points de colle. Pour le moment, son principal fournisseur est l'amie japonaise de sa mère, qui lui a fait don de sa queue-de-cheval longue de 30 cm.

🅡 GÉNIE RECYCLEUR Dick Schaefer, un carrossier à la retraite, transforme le plomb en or. Avec des carcasses de vieilles voitures, il crée désormais des sculptures d'insectes inquiétants. On peut ainsi admirer dans son jardin de Erie, Pennsylvanie, une mouche géante et une araignée monstrueuse issue des restes d'une Coccinelle…

🅡 RIDEAU L'artiste israélien Ron Arad est l'auteur d'une installation surprenante intitulée *Curtain Call*. À Londres, il a monté un cercle de 18 mètres de diamètre, haut de 8,1, à l'intérieur duquel des sons et des images étaient projetés sur les parois en tissu. Curtain, en anglais, signifie, rideau. Nous ont dit : chapeau.

🅡 DÉCOUVERTE ROYALE Un couple d'Anglais, qui rénovait sa maison dans le Somerset, a découvert sur un mur, après avoir ôté des panneaux de bois, un portrait haut de 1,8 mètre du roi Henri VIII datant de 500 ans. Il est vrai que la maison des Powell avait autrefois appartenu à Thomas Cranmer, l'un des proches conseillers du roi.

🅡 À CŒUR OUVERT L'acteur américain Larry Hagman, célèbre pour son rôle de JR Ewing, dans la série Dallas, possédait une œuvre d'art composée des 150 radios réalisées lors de sa transplantation du foie.

🅡 PEINTRE MARTIAL Le Chinois Ba Desheng, 66 ans, utilise ses talents d'adepte du kung-fu pour réaliser des calligraphies géantes. Ses tableaux mesurent 2 mètres, son pinceau pèse 5 kg.

🅡 GROSSE BOULE D'ALU Dave Mok de Toronto, Canada, a créé une énorme boule d'aluminium de 9 kg en collectant pendant 5 ans les restes de paquets de cigarettes.

🅡 LE MONT FUJI RIZ Le 23 février 2011, une entreprise agro-alimentaire de Shizuoaka, au Japon, a réalisé une mosaïque en cinq couleurs représentant le Mont Fuji. Composée de 23 500 grains de riz, elle mesurait 11,4 x 6,5 mètres. Une fois démantelée, elle a ensuite permis d'offrir une portion de riz à 2 000 personnes.

🅡 LA MAISON QUI PLEURE L'artiste australien James Dive a entièrement équipé une maison à Aarhus, au Danemark, avant de la détruire en déversant pendant 1 mois 200 litres d'eau par minute. Tout cela pour observer son pourrissement…

DISQUE D'ART

Fasciné par leur capacité à réfléchir la lumière en une myriade de couleurs, le Canadien Sean Avery, d'Ottawa, crée des sculptures animalières à base de compact disc, comme ce rat ou ce faucon. Il récupère des vieux CD qu'il découpe, puis il trie les morceaux selon leur taille et leur couleur. Il les colle ensuite sur un squelette métallique afin d'obtenir la forme voulue. Certaines de ses créations lui prennent un mois et nécessitent près de 300 CD. À quand le son ?

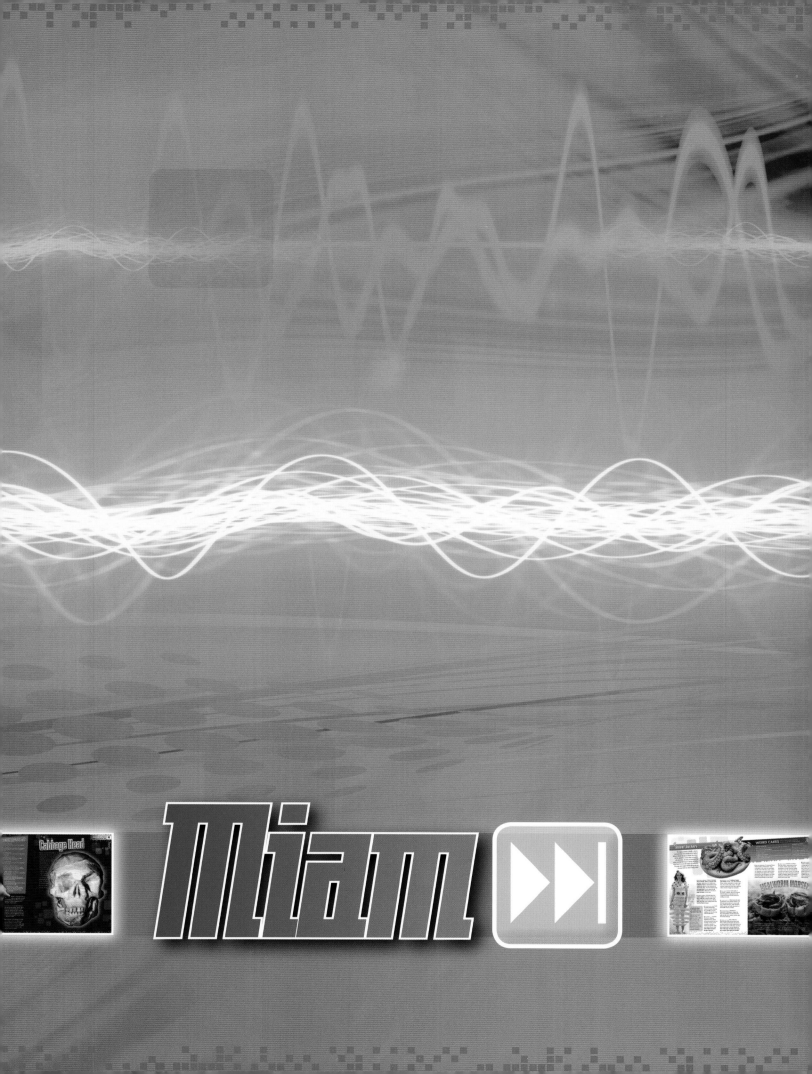

ON PREND UN VER ?

Aux Philippines, on mange volontiers des bernicles, un mollusque bivalve qui présente l'apparence d'un ver et loge dans le bois des coques et des quais. Avalé avec une rasade de rhum, on le dit aphrodisiaque. « Ce cocktail est meilleur si le ver est cru, additionné d'un trait de citron, explique Lloyd Lumbiana. Son goût salé et sa viscosité ne sont pas sans rappeler l'huître, mais au nez il sent le bois pourri. »

PLATS DU JOUR

- **CERVELLE DE SINGE**
Souvent mangée crue dans certains pays d'Asie.

- **CALAMAR CRU**
Pour préparer un ika sashimi japonais, le calamar doit être si frais qu'il gigote encore dans l'assiette une fois découpé en fines lamelles.

- **RATS À LA VAPEUR**
C'est l'un des plats au menu d'un restaurant de gibier du sud de la Chine.

- **TARENTULES FRITES**
Sautées dans l'ail et le sel, ces araignées sont un mets apprécié dans tout le Cambodge.

- **VIN AU SERPENT**
Au Viêtnam, il arrive que l'on trouve un serpent dans les bouteilles de vin.

- **TESTICULES FRITS**
Dans le Middle-West américain, ainsi qu'au Canada, on croque des « huîtres des Rocheuses », autrement dit des testicules de bovins frits.

- **TROMPES DE GRENOUILLES**
Le *hasma*, dessert chinois, se compose de trompes de Fallope de batraciens desséchées.

- **CERVELLE DE CHÈVRE**
La *cabeza de cabrito*, un plat mexicain à base de cervelle de chèvre rôtie, implique d'être dégustée à même le crâne de l'animal.

- **PÂTE DE CHAUVE-SOURIS**
Ce plat asiatique se prépare en broyant une chauve-souris vivante bouillie dans du lait.

- **MUSEAU D'ÉLAN EN GELÉE**
Pour préparer ce plat froid servi dans certains coins du Canada, il convient d'avoir cuit le museau au court-bouillon.

MAIN VERTE Thomas Jefferson (18743-1826), troisième président des États-Unis, cultivait quelque 170 fruits et 330 sortes d'herbes et de légumes dans sa propriété de Monticello, en Virginie.

BEURRE SPATIAL En 2011, pour célébrer le trentième anniversaire de la navette spatiale américaine, la foire annuelle de l'Ohio a présenté des sculptures en beurre représenta le vaisseau et un astronaute, en plus de la traditionnelle vache avec son veau. L'œuvre a nécessité 703 kg de beurre (6 200 plaquettes et 475 heures de travail.

SORBET À L'OR La station balnéaire mexicaine de Marquis Los Cabos, à Baja California Sur, a lancé une glace à 750 dollars pièce. Le bâton est en plastique, mais le sorb est à base de tequila premier choix (1100 eu la bouteille) et contient des fragments de feuille d'or 24 carats.

CHIENS CHAUDS Au cours de la « Saison du hot-dog », qui s'étend du Memorial Day à la Fête du travail, les Américains consomment environ 7 milliards de hot-dogs, soit quelque 818 chiens chauds avalés chaque seconde.

DENTS DU DIABLE Au Moyen Âge, la fourchette était considérée comme un ustensile diabolique. Il a fallu attendre le XVIIe siècle pour qu'on s'en serve couramment. Les aristocrates français ne pouvaient s'en passer pour déguster le nouvel aliment à la mode : les petits pois.

INFECTION Plusieurs compagnies aériennes et immeubles d'habitation suédois ont interdit le *surströmming*, une spécialité de hareng fermenté dont l'intense odeur de putréfaction est l'une des plus nauséabondes au monde.

FOLLE DE LAITUE L'Anglaise Elsie Campbell avait l'habitude de dévorer quatre laitues par jour. Elle en mangeait une au travail, puis, de retour chez elle, avalait les trois autres découpées en tranches, comme des pastèques !

Ripley's
Le Big Livre de l'Incroyable
www.big-livre-de-lincroyable.com
215

Tête de chou

Muni d'une hachette, d'une scie et d'une perceuse, l'artiste russe Dimitri Tsykalov s'est fait une spécialité de sculpter des crânes humains à partir de melons, pommes et choux, entre autres fruits et légumes. La finition, d'une précision chirurgicale, nécessite un scalpel, une pince et un coton-tige. Il ne lui reste qu'à laisser pourrir un peu ses réalisations pour les prendre en photo. « Ce sont les mouches qui m'indiquent le bon moment », précise-t-il.

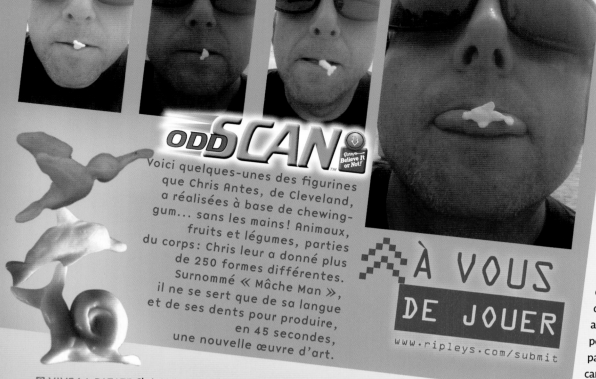

ODD SCAN

Ripley's Believe It or Not!

Voici quelques-unes des figurines que Chris Antes, de Cleveland, a réalisées à base de chewing-gum... sans les mains! Animaux, fruits et légumes, parties du corps : Chris leur a donné plus de 250 formes différentes. Surnommé « Mâche Man », il ne se sert que de sa langue et de ses dents pour produire, en 45 secondes, une nouvelle œuvre d'art.

À VOUS DE JOUER

www.ripleys.com/submit

R DOUBLES JAUNES Vingt-neuf fois de suite, Charlotte Matthews, de Rochdale, en Angleterre, a découvert deux jaunes en cassant les œufs d'un même carton. Seul le trentième n'en présentait qu'un. La probabilité n'est pourtant que de 1 sur 1 000 !

R TORD-BOYAUX Dans le cadre d'un concours destiné à vanter les vertus du vinaigre local, Liu Yuejin, habitant Zhenjiang, en Chine, en a vidé trois bouteilles de 375 ml à la suite. Les concurrents avaient subi des tests médicaux pour s'assurer qu'ils ne souffraient pas de tension artérielle, de maux cardiaques... ou de déficience mentale.

R VIVE LA PATATE Chris Voigt, président du Comité Parmentier de l'État de Washington, s'est nourri exclusivement de pommes de terre pendant 60 jours – soit 1 200 tubercules sous toutes les formes : au four, vapeur, frites, en purée ou sautées –, afin de prouver les vertus nutritionnelles de ce trésor de féculents. À ce régime, il a perdu presque 10 kg.

R PIIIIIIIIIIZZA Afin d'inaugurer un service de livraison vraiment rapide, Alberto Valotta, propriétaire d'un commerce de pizzas à emporter à Hemel Hampsted, en Angleterre, a loué une Lamborghini : 320 km/h de vitesse de pointe !

R LONG ET BON Le plus grand *kebab* au monde a été préparé à El Paso, au Texas, par Leon Ekery. Ce sandwich de 8,7 mètres a requis 18 kg de viande d'agneau, un grill de 9,10 mètres et une brochette en acier de 9,40 mètres.

R AUX FOURNEAUX Benno Stewart a battu le record du monde d'endurance en cuisine, concours organisé en juin 2011 au Bowen Show du Queensland, en Australie. En 31 h 31 min et 55 secondes, ce chef a eu le temps de préparer quelque 50 plats tels que ragouts, daubes, jarrets d'agneau et cochon à la broche.

R VIN PRÉCIEUX Christian Vanneque, ancien chef-sommelier de La Tour d'argent, a déboursé la somme de 85 000 euros pour un flacon de château-d'yquem de deux siècles, ce qui en fait la bouteille la plus chère jamais vendue. Alors que le vin blanc vieillit plutôt mal et s'altère en peu d'années, cet yquem 1811 fait exception car il est liquoreux. L'heureux collectionneur a prévu de la déboucher en 2017, pour fêter ses 50 ans de métier.

PIZZAS ROCK

À l'aide d'ingrédients et d'aromates colorés, la chaîne Pizza Express a voulu rendre hommage aux grandes figures du rock en reproduisant quelques pochettes d'album célèbres, telles que *Kiss The Sky* de Jimi Hendrix, *True Blue* de Madonna, *Loud* de Rihanna et *Legend* de Bob Marley.

Ripley's Le Big Livre de l'Incroyable
www.big-livre-de-lincroyable.com
217
Miam

Droit dans le seau !

Œufs à l'urine

Dans la province chinoise de Dongyang, on recueille l'urine des écoliers dans des seaux, afin d'y cuire des œufs. Les *tong zi dan* (littéralement, « œufs de petits garçons ») préviendraient certaines affections et seraient, paraît-il, très énergétiques. Les œufs doivent mariner un jour entier dans l'urine bouillie avant d'être consommés. Cette recette locale demeure populaire, malgré les recommandations des médecins qui la soupçonnent d'être toxique.

SANG-FROID Tombé dans un ravin de 24 mètres alors qu'il chassait le serpent dans la région de Changshan, en Chine, Yi Guofang a survécu deux jours en buvant le sang et en mangeant la chair crue d'un des reptiles qu'il avait capturés.

L'EAU DE LÀ-HAUT Un recycleur d'eau à 250 millions de dollars permet aux astronautes de la Station spatiale internationale de boire leur propre urine.

GROSSE PORTION Cinq employés du Fish & Chips d'Aventure Island, un parc d'attraction anglais, ont préparé en juin 2011 la plus grosse portion de frites au monde. Il leur a fallu 4 heures pour éplucher, détailler et frire les pommes de terre, servies dans un cornet de 1,37 mètres sur 1,16 et pesant 448 kg.

PIZZADDICITON On compte aux États-Unis plus de 61 000 pizzerias. Les Américains consomment environ 40 hectares de pizza chaque jour, soit 350 parts par seconde. Gare à l'indigestion !

PAS UNE MIETTE! Yukako Ichikawa, chef cuisinière à Sydney, en Australie, consent un rabais de 30 % aux clients de son restaurant s'ils n'ont rien laissé dans leur assiette – à l'exception des tranches de citron, du gingembre et du wasabi.

TABLE À MANGER 110 tables, 14 gazinières, 41 040 œufs : il n'en a pas fallu moins aux volontaires d'un restaurant de Herkimer, dans l'État de New York, pour battre une omelette de 197 m², qu'ils ont transformée en table de billard à l'aide de ballons de plage et de manches à balai en guise de queues et de boules.

EXPLOSIF Des milliers de pastèques ont explosé dans la province chinoise du Jiangsu, en 2011, à cause des engrais chimiques trop généreusement pulvérisés par les agriculteurs.

BEAU GÂCHIS Un million de dollars : c'est le préjudice de l'accident de chariot élévateur qui a provoqué la destruction de 462 caisses de vin australien, sauf une. Chaque bouteille de ce syrah Velvet Glove, élevé par Mollydooker Wine's pour les États-Unis, valait environ 200 dollars.

PARI STUPIDE Jim Harrison, étudiant canadien à l'université McMaster de Hamilton, a gagné 1 500 dollars en mangeant 450 hot dogs en un mois. Ça ne l'a pas rendu plus malin.

VOUS AVEZ DIT PIZZA ? David Schuler a parcouru près de 4 500 km aller et retour... pour une pizza. Celles de Jackson, Mississippi, n'étant pas à son goût, il a traversé 16 États pour se fournir chez Town Spa Pizza, à Stoughton, Massachusetts ! Pour amortir les frais de route, il en a quand même rapporté 150 et déboursé 1 200 dollars.

Au bon bec

Grillées, sautées ou en sauce, un plat de langue de canard est toujours accueilli, en Extrême-Orient, comme le plus fin des amuse-bouche. Les connaisseurs vous le diront, c'est la rareté de la viande, l'extrême finesse du cartilage et les petites poches de graisse qui font l'excellence de ce mets. Le goût et la texture moelleuse des langues de canard – qui ne mesurent pas plus de 5 cm – ne peuvent se comparer à aucune autre partie de l'animal. Essayez, vous craquerez – surtout sautées !

Langues de canard

2 cuil. à café de sauce soja
1 cuil. à café d'alcool de riz, saké ou Shaoxing
½ cuil. à café de poivre blanc
harissa (ou piment de Cayenne)
450 g de langue de canard
½ blanc d'œuf battu
1 cuil. à soupe de maïzena
2 tasses d'huile

1. Dans un bol, mettez la sauce soja, l'alcool de riz, le poivre blanc et une larme de harissa. Ajoutez les langues et mélangez bien. Laissez mariner 30 min.

2. Prélevez les langues et placez-les dans un autre bol. Ajoutez le blanc d'œuf et la maïzena. Mélangez.

3. Versez l'huile dans un wok et faites chauffer à 175 °C. Déposez les langues dans l'huile chaude et remuez pour éviter qu'elles n'attachent. Faites frire pendant 2 min, jusqu'à parfaite cuisson.

RIZ COMPLET Il existe plus de 40 000 variétés de riz. À eux seuls, les Chinois en consomment 130 millions de tonnes par an.

FROMAGE QUI PUE En 2005, le très corrosif Stinking Bishop, fromage anglais produit dans une seule ferme du Gloucestire, était cité au détour du film d'animation *Wallace et Gromit : le Mystère du lapin-garou.* Par la suite, les ventes de ce tue-l'amour ont augmenté de 500 %.

SAUCISSOPHAGIE David Harding, un Londonien de 47 ans, a dépensé près de 2 300 euros en séances d'hypnose et de psychothérapie pour venir à bout de son addiction... aux saucisses. Il est vrai qu'il en mangeait 13 par jour en moyenne et consacrait à cette spécialité charcutière un budget annuel de 800 euros.

JÉSUS-FRIT En vérité, il advint que Toby Elles s'assoupit alors qu'elle grillait du bacon. Lorsque l'Anglaise se réveilla, la sainte face de Notre-Seigneur Jésus-Christ, avec sa barbe et tout, lui apparut au fond de la poêle carbonisée. Bon, ben, alléluia !

SUPER HOT DOG Pour célébrer la Journée nationale du hot-dog, le 23 juillet 2011, les Brockton Rox, équipe de baseball du Massachusetts, ont conçu le hot-dog le plus onéreux au monde, vendu 80 dollars. La saucisse, saisie à l'huile de truffe et panée au cèpe en poudre, jonchée de copeaux de truffe et nappée de crème fraîche et de caviar, était servie dans un blini au sarrasin.

CROQUE-HÔTEL

Pour les fêtes, en décembre 2011, le Fairmont Hotel de San Francisco a ouvert au public une maison comestible aux proportions hors du commun. Pas moins de 7 500 briques de pain d'épices et 544 kg de glaçage au blanc d'œuf ont été nécessaires pour bâtir cet édifice de 7 mètres de hauteur, décoré de 295 kg de sucre d'orge. Et dans une des pièces, les marmots pouvaient écrire une lettre au Père Noël, aussitôt expédiée au pôle Nord.

Intérieur de la maison.

ÇA VA CHAUFFER Nick Woods, qui cultive des piments à Grantham, en Angleterre, a mis au point une nouvelle variété ultra-forte, baptisée Infinity Chili. Ce piment atteint un taux de 1,17 million d'unités sur l'échelle de Scoville, qui mesure la teneur en capsaïcine, soit 300 fois plus que la sauce Tabasco rouge, d'où l'avis médical dont il s'accompagne. La première fois qu'il l'a goûté, Nick est resté sans voix, agité de spasmes et cloué à sa chaise, physiquement malade.

OIGNON DU PÈRE Lors du Harrogate Flower Show en 2011, Peter Glazebrook, jardinier anglais du Nottinghamshire, a présenté un colossal oignon de 8,1 kg, pulvérisant ainsi le précédent record mondial en la matière.

CAFÉ SOLIDAIRE En 2010, la chaîne de boulangerie Panera Bread a ouvert à Clayton, dans le Missouri, un café à but non lucratif où les clients payent selon leurs moyens. Ceux qui n'ont pas un sou peuvent donner un peu de leur temps.

QU'IMPORTE LE FLACON En novembre 2010, à New York, une bouteille de 1,5 litre de whisky est partie aux enchères pour 460 000 dollars. Ce single malt Macallan de 64 ans d'âge était contenu dans une carafe en cristal Lalique, une pièce unique réalisée à la main.

PETITE BIÈRE La brasserie galloise Bradgy Gwynant, à Capel Bangor, est située dans une ancienne cabane de 2,3 mètres carrés. On n'y brasse que la bière de la taverne voisine, baptisée Tynllidiart Arms.

LA MIE CHÈRE Au plus fort de la crise économique qui frappa le Zimbabwe en 2008, une simple miche de pain coûtait la coquette somme de 700 millions de dollars zimbabwéens.

RONGEURS À RONGER

N'est-il pas alléchant, ce plat de ratons vendus environ 3 euros le kilo sur un marché de Cnah Nau ? Jadis réservé aux temps de disette, ce mets de pauvre est au contraire une spécialité fort appréciée dans cette région du Vietnam.

TAS DE TACOS Dans le cadre du festival de Phoenix, en 2011, dans l'Oregon, une équipe de spécialistes du taco n'a mis que 15 min pour bâtir une muraille de tacos de 53,9 mètres de long.

CREVETTES À Mazatlán, au Mexique, plus de 80 cuisiniers ont uni leurs forces pour concocter la plus grande salade de crevettes au monde. Pesant 538,5 kg, elle était assaisonnée d'une sauce au ketchup (58 kg) et au jus de citron (10 kg).

SUPER-TOURTE En 2011, à Londres, le chef Andrew Stellitano a préparé une tourte à la viande au prix record de 3 500 euros. Réalisée d'après une recette du XVIIe siècle, cette tourte moulée dans une feuille de platine requérait, entre autres ingrédients, de l'eau miraculeuse de Lourdes, des gousses de vanille et de la cannelle d'Orient, ainsi que du sucre à l'ambre gris – sécrétion intestinale du cachalot.

TROP CHOU ! Lors de la foire annuelle du Wisconsin, en 2011, une équipe de pâtissiers a réalisé un chou à la crème gargantuesque de 57 kg, mesurant 19 cm de haut sur 96 cm de large.

PLATS D'INSECTES L'Union européenne vante les mérites nutritionnels de la soupe de scorpion ou de la salade de sauterelles, insectes pauvres en cholestérol. Ces dernières contiennent 20 % de protéines et 6 % de matières grasses, au lieu de 24 et 18 % pour la viande maigre de bœuf. Les criquets sont riches en calcium, les termites en fer, et les larves du polyphème d'Amérique couvrent nos besoins quotidiens en cuivre et en vitamine B2.

ÇA PORTE L'ÉPOISSES Qui a dit que l'époisses, fromage bourguignon dont raffolait Napoléon, est interdit dans le métro parisien, à cause de son odeur ? Encore une légende urbaine.

RUPTURE DE BAGUETTES Une pénurie de bois en Chine a valu à la société américaine Georgia Chopsticks de recevoir commande de 2 millions de paires de baguettes par jour. Avant cette rupture de production, la Chine en fabriquait quelque 63 millions de paires par an.

ÉLAN DU CŒUR En mai 2010, une association caritative de Los Angeles, en Californie, a servi aux sans-abris de la viande d'élan, de sanglier, d'antilope et d'ours brun.

DÉLICES CHOC Si vous passez par la rue Wangfujing à Pékin, laissez-vous tenter par une de ces friandises vendues sur le trottoir : hippocampes déshydratés, vers à soie, pénis de moutons, sauterelles géantes, étoiles de mer, moineaux rôtis, cigales et serpents retournés.

RESTO À THÈME Les restaurants farfelus ont le vent en poupe à Tokyo, la capitale japonaise. À l'Alcatraz ER, conçu sur le modèle d'une clinique de prison, on vous servira à boire dans une tête de mannequin grandeur nature.

SOUPE ANTIQUE En 2010, des archéologues chinois ont mis au jour une sorte de soupière en bronze vieille de 2 400 ans. Le récipient scellé, contenant du liquide et des ossements, a été découvert près de Xi'an, ancienne capitale de la Chine pendant plus d'un millénaire.

EMBARRAS DU CHOIX Matt et Mike Casarez, artisans glaciers au Crook's Palace de Black Hawk, dans le Colorado, proposaient plus de 1 000 parfums aussi insolites que le wasabi, le popcorn ou le pois de senteur.

MOMIE AROMAT Le *yarsagumbu*, champignon parasite qui se développe sur les chenilles Thitarodes de Chine et du Tibet, sert à relever le goût des potages au poulet ou au porc. La larve de l'animal se nourrit des racines de ce champignon himalayen, lequel réagit en envahissant le corps de la chenille, jusqu'à le tuer par momification.

GARE AU WALU La chair du walu – poisson de Hawaii – est si riche en matières cireuses qu'en manger trop peut provoquer de graves diarrhées. Les indigènes de l'archipel l'ont d'ailleurs surnommé *maku'u* : « intestins en feu ». Il est interdit au Japon et en Italie.

BEL EXEMPLE Mark Haub, nutritionniste à l'université de Kansas City, a perdu 12,2 kg en deux mois en suivant un régime à base de barres chocolatées, chips, cookies, pizzas, beignets et céréales. En dépit de ce menu industriel riche en sel, en sucre et en gras, son taux de mauvais cholestérol avait diminué !

BARRE BARBARE Pour célébrer ses cent ans d'existence, le confiseur anglais Thorntons a fabriqué la plus grosse barre chocolatée jamais sortie de son usine du Derbyshire. Ce monstre de près de 5,8 tonnes couvrait quelque 16 mètres carrés ! Le moule nécessaire à sa confection a été monté sur le parking de l'usine, et pas moins de 50 ouvriers se sont relayés 10 heures durant pour y vider des seaux de chocolat liquide, lequel a mis trois jours à se solidifier.

UN LÉZARD DNS LE SAKÉ

Tesco, leader britannique des grandes surfaces, ouvre des enseignes en Chine, mais afin de répondre à la demande locale, les marchandises en rayon sont un peu différentes. À Qingdao, par exemple, on trouve des pattes de poulets, des tortues, des hippocampes déshydratés et des lézards séchés – lesquels, plongés dans l'alcool de riz, font paraît-il un breuvage fortifiant.

Ripley's
Le Big Livre de l'Incroyable
www.big-livre-de-lincroyable.com

221

Miam

☒ **DEBOUT LES ŒUFS** En mars 2011, l'Américain Brian Spotts a réussi l'exploit de faire tenir debout 900 œufs frais sur le sol en marbre d'un centre commercial de Hong Kong. Brian, qui s'entraîne 30 min par jour, recommande la plus grande délicatesse et un bon positionnement des doigts, le pouce et l'index de chaque main au sommet de l'œuf.

☒ **ROBOTS CUISEURS** Dans le restaurant de Fan Ming, à Nanping, en Chine, ce sont des robots qui cuisent les nouilles. Il en a coûté 1 200 euros au propriétaire. Leurs yeux clignotent lorsqu'ils jettent les nouilles dans l'eau bouillante.

☒ **BÛCHE SANS FIN** Une équipe de 80 pâtissiers chinois de Shanghai a mis 24 heures à confectionner la plus longue bûche de Noël au monde : elle mesurait plus d'un kilomètre, cinq fois plus que le précédent record ! La liste des ingrédients comprenait 904 œufs, une tonne de farine, 209 kg de sucre, 401 kg de chocolat amer et 34 kg de vanille.

☒ **ASSEZ DE FRICASSÉE** À l'aide d'un poêlon de 4,27 mètres de diamètre fabriqué sur mesure, les étudiants et le personnel de l'université du Massachusetts ont préparé la plus grande fricassée au monde. Cette plâtrée de 1,82 tonne se composait de 363 kg de poulet, 227 kg d'oignons, 182 kg de carottes et 136 kg de brocolis.

Ver à tout faire

Le concombre de mer (ou ver marin), animal d'apparence visqueuse, ressemble à une grosse limace. C'est aussi un mets apprécié des Chinois, qui le disent aphrodisiaque. En médecine, ses vertus sont nombreuses : il guérirait la tension artérielle et soignerait l'arthrite des porcs obèses. Les Japonais, quant à eux, se régalent de son ovaire déshydraté, le *konoko*.

CHAMPI-MONSTRE

Cette vesse-de-loup comestible, ramassée dans la province chinoise du Shaanxi, pesait le poids incroyable de 4,5 kg.

☒ **DE BON THON** 575 000 euros, c'est la somme déboursée par une chaîne de restaurants japonais pour s'offrir en janvier 2012 un thon rouge de 269 kg, soit 80 euros environ pour un simple sushi !

☒ **BRIS DE VERRE !** Fuir à toutes jambes, c'est ce que firent les employés d'un marchand de vins de Sheboygan, dans le Wisconsin, lorsque 7 000 bouteilles se fracassèrent au sol, suite à l'effondrement d'un rayonnage de 24 mètres.

☒ **FROMAGE À L'OR** Des fromagers du Leicestershire, en Angleterre, ont produit un stilton à l'or véritable. Le Clawson Stilton Gold est un stilton blanc dont la pâte contient des feuilles d'or et du Goldschläger, une liqueur de cannelle où flottent des paillettes d'or. Il vous en coûtera environ 750 euros le kilo.

☒ **TOUR PÂTISSIÈRE** À Vereeniging, en Afrique du Sud, des bénévoles ont moulé quelque 21 000 petits gâteaux, qu'ils ont ensuite empilés pour former une tour de 19 étages et de 3,6 mètres de diamètre.

Poulpe de luxe

Cette visqueuse créature est en réalité un gâteau savamment élaboré par Karen Portaleo dans sa boutique d'Atlanta, en Georgie. Après avoir longtemps sculpté l'argile, elle exerce aujourd'hui ses talents en pâtisserie. Le corps et les tentacules de ce poulpe sont en génoise modelée à la main, glacée de fondant et décorée au pistolet. Il n'a fallu que deux jours pour déguster ce monstre de 90 kg.

MODE AU CHEDDAR

Des étudiants de l'université anglaise de Bath Spa ont passé 1 000 heures à créer cinq robes à partir d'une tonne de fromage, chaussures comprises. Il leur a fallu ramollir le cheddar pour façonner les ornements.

🄡 CIGALE GLACÉE Il n'a fallu qu'une poignée d'heures à un glacier de Columbia, dans le Missouri, pour écouler sa crème à la cigale. Les employés de cette fabrique de glaces maison ont d'abord récolté les insectes dans les arrière-cours, ils leur ont arraché les ailes pour les faire bouillir, puis les ont enrobés de sucre et de chocolat au lait, avant de les incorporer à une crème au beurre et au sucre roux.

🄡 KEBAB QU'EST BON Le kebab préparé par Andy Bates, cuisinier londonien, lui est revenu à 850 euros. Il se composait de pommes de terre vitelottes (ou truffes de Chine), de tomates cœur de bœuf, d'agneau de lait et d'une sauce à la menthe à base de yaourt et de champagne Krug.

🄡 ARBRE EN CHOCOLAT Patrick Roger, chocolatier à Sceaux, a créé un sapin de Noël en chocolat de 10 mètres de haut, pesant plus de 4 tonnes.

🄡 CASSE-CROÛTE À Kansas City, en 2011, 14 bénévoles ont préparé un sandwich « BLT » (bacon, laitue, tomate) de 63,7 mètres. Il leur a fallu 42 min pour assembler 3 300 tranches de bacon, 7 caisses de laitues et 340 kg de tomates.

🄡 GÂTEAU D'ANNIVERSAIRE Pour le 144e anniversaire du Canada, le 1er juillet 2011, trois pâtissiers de Toronto ont uni leur savoir-faire pour élever un gâteau de 1,50 mètre, soit 255 couches superposées, 130 kg de sucre et ce qu'il fallait d'œufs, de beurre et de farine.

🄡 SOUVENIR SUCRÉ En 2010, à San Leandro, en Californie, dans une malle ayant appartenu à ses grands-parents, Justin Agrella a découvert une part de leur gâteau de mariage, bien conservée après 96 ans.

🄡 LÉZARD DE LA TABLE *Leiolepis ngovantrii*, un lézard femelle qui se reproduit par clonage, était inconnu des zoologistes jusqu'en 2010. Il est pourtant au menu des restaurants du sud-est du Vietnam, et c'est d'ailleurs à table que des chercheurs ont fini par le découvrir !

🄡 SOURIS JAUNE Horreur et stupéfaction de Liz Wray en s'emparant d'un paquet de chips dans un supermarché de Birmingham, en Angleterre : il contenait une douzaine de souriceaux vivants !

🄡 C'EST SAKÉ BON L'ika tokkuri est une bouteille japonaise dont le corps n'est autre qu'un calmar entier. Une fois vidé, lavé et séché, l'encornet est bourré de riz ou de grains pour lui donner la forme d'une amphore. On le remplit ensuite de saké, qui prend le goût de l'animal. On peut s'en resservir jusqu'à six fois : ensuite, le flacon est bon à manger.

Le Big Livre de l'Incroyable
www.big-livre-de-lincroyable.com
223
Miam

À LA CRÈME !

Quelques gâteaux plus fous les uns que les autres...

● **BÉBÉ GIRAFE**
En Californie, Debbie Goard a créé un gâteau en forme de girafon de 60 cm.

● **EN CATHÉDRALE**
George D'Aubney a reproduit la célèbre cathédrale Saint-Paul de Londres sous la forme d'une charlotte aux fruits.

● **TEXAS AUX FRUITS**
Gladys Farek a réalisé un bavarois aux fruits de 1,50 mètre sur 1,80 auquel elle a donné la forme de l'État du Texas.

● **GÂTEAU DE NOCES**
Afin de renouveler leur serment, Chidi et Innocent Ogbuta, de Dallas, ont commandé un gâteau au caramel de 180 kg représentant Chidi en robe de mariée, grandeur nature !

● **VOITURE SKOA**
Gâteau réalisé par des pâtissiers anglais pour une campagne de pub.

● **ORGANES HUMAINS**
Œuvre pâtissière de Barbara Jo, fan californienne d'épouvante !

! ROBE VÉGÉTALE Afin de convertir les Chinois au régime non carné – la consommation de viande ayant quadruplé dans le pays au cours des 40 dernières années –, on a vu Gao Yuanyuan arborer une robe en laitue et feuilles de chou, surmontée d'un collier de piments rouges. Cette actrice a cessé de manger de la viande depuis que son petit chien a succombé à une intoxication alimentaire...

POIDS SUR L'ESTOMAC En mai 2011, à Toronto, pas moins de 100 employés de la chaîne de restaurants Dairy Queen ont passé 14 heures à confectionner un gâteau à la crème glacée qui pesait plus de 10 tonnes. Cette tour de Babel pâtissière se composait de 9 070 kg de crème glacée, 91 kg de génoise et 136 kg de crumble et de glaçage. Un dessert pantagruélique pour fêter les 30 ans d'une recette qui semble avoir fait ses preuves...

ET VOUS TROUVEZ SAVON ? Tempestt Henderson, adolescente de Floride, était atteinte d'une addiction aussi rare que pernicieuse, puisqu'elle ne pouvait s'empêcher de manger... du savon. Elle ingérait jusqu'à cinq savonnettes par semaine, mais consommait aussi de la lessive en poudre et léchait la mousse de son bain. Les médecins lui ont diagnostiqué une forme de pica, trouble de l'alimentation caractérisé par l'ingestion de substances non nutritives telles que la craie, la terre ou le sable.

QUICHES AUX LARVES

Rouleau de printemps aux sauterelles et quiche aux larves de scarabée : telles sont quelques-unes des spécialités conçues par Arnold van Huis, auteur d'un livre de recettes à base d'insectes. Ce chercheur hollandais est convaincu qu'il s'agit de l'alimentation du futur et que la consommation d'insectes permettra de limiter la pénurie alimentaire globale, tout en réduisant les émissions de CO_2 liées aux autres types de nourriture.

LA POMME FLOTTE CAR ELLE CONTIENT 25 % D'AIR

DOUBLE JEU Le Twins Restaurant de New York est tenu par deux sœurs jumelles, Lisa et Debbie Ganz. Le personnel se compose de 37 paires de vrais jumeaux qui font équipe dans le même costume. Même les cartes de visite, les boutons de porte, les luminaires, les miroirs et les tabourets de bar vont par paire !

PAINS AU CACHOT Vingt détenus de la prison de Rikers Island, à New York, ont cuit 36 000 pains en une semaine, de quoi nourrir les 13 000 pensionnaires du pénitencier. La boulangerie fait plus de 1 000 m².

GELÉE RECONNUE ! Quelle ne fut pas la surprise de Wesley Hosie de reconnaître, sur un *jelly bean* à la mangue, le visage, le sourire et les cheveux de la princesse Kate Middleton, duchesse de Cambridge ! Ni une ni deux, il a mis à prix la dragée 600 euros sur eBay.

ANANALGÉSIQUE L'ananas est un antidouleur naturel. En effet, ce fruit contient des enzymes qui soulagent les inflammations liées à l'arthrite.

SOUS LE MAILLOT Le 1ᵉʳ mars 2011, sur le plateau du show américain « Late Night With Jimmy Fallon », George Booth a fourré 185 hot dogs dans son T-shirt en 30 secondes.

FROMAGES DU MONDE Lors des World Cheese Awards de Birmingham, en Angleterre, les visiteurs ont pu admirer un plateau de fromages de 1,125 tonne. Il regroupait 139 variétés de fromages de toute l'Europe, mais aussi des deux Amériques, d'Australie, d'Asie et d'Afrique.

SUSHIS GÉANTS Un restaurant de la préfecture d'Aichi, au Japon, sert des sushis géants réalisés avec des bandes de riz et d'algues de 2 mètres. Ces rouleaux, vendus 150 euros pièce et contenant 20 ingrédients, doivent être commandés deux jours à l'avance.

On en mangerait

Ce mannequin vêtu d'une robe en algue *nori*, un poulpe mort en guise de collier, était l'une des attractions du Salon de la mode alimentaire de Berlin. Après le défilé, toutes les parures sont dégustées. Parmi les autres tenues présentées, une robe en chocolat avec collier en œufs de caille, ou encore un tailleur en bacon avec turban en salade.

GROS MORFALE Le 23 avril 2011 se sont disputés les championnats du monde de dégustation de gâteaux d'Isle Waterloo. Le vainqueur, Tim « Eater X » Janus, de New York, a avalé 42 pâtisseries en 8 min. Il s'est aussi bourré de 141 *nigiri sushi* en 6 minutes, de 5,4 kg de *burritos* en 10 minutes et de 3,5 kg d'ailes de poulets désossées en 12 minutes.

PIZZA DU ROI En août 2011, le roi et la reine de Suède ont été éconduits par la patronne d'un restaurant allemand de Ladenburg qui ne les avait pas pris au sérieux. Le couple royal, Carl XVI Gustaf et Silvia, voulait réserver dans l'auberge du XVIᵉ siècle de Nadine Schellenberger ; elle leur a répondu qu'aucune table n'était libre, en raison d'un banquet de noces. Faute de quoi, ils se sont rabattus sur une pizzeria.

MINIBAR Mobilisés pour empêcher la fermeture de leur pub, des habitants de Shepreth, en Angleterre, ont converti une cabine téléphonique en mini-brasserie baptisée Dog & Bone. L'établissement n'a ouvert qu'une nuit durant, suffisamment pour servir quelque 70 amateurs !

MUR DE LIVRES L'un des murs du Brushstroke, un restaurant japonais de New York, se compose de 12 000 vieux livres de poche.

QUI DIT MI-ŒUFS ? C'est à bord du USS *Fitzgerald*, le 13 août 2011, qu'Adrian Morgan, habitant Baton Rouge en Louisiane, mangea 20 œufs durs en 84 secondes.

MYSTÈRE BEAN Quoique les *baked beans* (haricots en sauce) soient nés aux États-Unis, les Anglais en sont fous au point d'en engloutir 800 millions de boîtes par an – trois fois plus que le reste du monde !

LOURD CANAPÉ Un canapé de 750 kg, dont environ 635 kg de jambon en conserve : c'est à Fremont, au Nebraska, qu'on a pu voir ça en 2011.

THÉ RELOU C'est à Los Angeles, en Californie, qu'a été exhibé un sachet de thé en étamine de 1,80 x 1,20 mètre, d'un poids de 68,5 kg.

Le Big Livre de l'Incroyable
www.big-livre-de-lincroyable.com
225
Miam

ORGIES DE BEIGNETS La plus grande boîte de beignets au monde a été réalisée en 2011 à Portland, dans l'Oregon, par Voodoo Doughnuts. Elle pesait 302 kg, mesurait 2 x 2 x 1,50 mètres et contenait la bagatelle de 3 880 beignets.

BURGER KING Lors de la foire du comté californien d'Alameda, en 2011, Brett Enright et Nick Nicora ont cuisiné un prodigieux hamburger qui pesait 352 kg. Il leur a fallu 13 heures pour mitonner ce monstre de 1,50 mètre de diamètre et 90 cm d'épaisseur, garni de l'équivalent d'une vache entière. La couche de fromage, à elle seule, pesait 22,7 kg et s'agrémentait de 13,6 kg de laitue, 9 kg d'oignons, 5,4 kg de pickles, 4,5 kg de moutarde et tout autant de ketchup. Le pain, qui avait nécessité 6 heures de cuisson, pesait 123 kg et était épais de 70 cm. Avouez qu'on ne voit pas ça tous les jours !

EN VOITURE Chez Dream Cars, restaurant de Surabaya, sur l'île indonésienne de Java, la clientèle est servie à l'intérieur de voitures de collection. C'est ainsi qu'une limousine Mercedes de 1949 a été transformée en table pour 20 personnes, tandis qu'une Chevrolet Impala de 1962 ne permet d'accueillir que 4 convives. Une Cadillac marron de 1961 fait office de banquette. Une Lotus jaune de 1959 abrite la sono du restaurant. Enfin, une Chevrolet Corvette rouge de 1969 est devenue un aquarium où nagent 100 poissons !

FER ET MER Des chercheurs japonais se sont demandé pourquoi le vin rouge est déconseillé avec le poisson. Ils en sont venus à la conclusion que plus un vin contient de fer, plus il est susceptible de laisser un arrière-goût de poisson s'il est servi sur des fruits de mer.

MALBOUFFE Chaque jour, au moins 64 millions de personnes dans le monde mangent chez McDonald's, soit plus que la population française.

BOURBON ANNIVERSAIRE Le 1er septembre 2011, dans le Tennessee, sortait des distilleries Jack Daniel's une bouteille de whisky de 184 litres, en l'honneur du 161e anniversaire de la naissance du fondateur de la marque. Un carillon de 475 bouteilles joua « Happy Birthday », tandis que 1 075 adorateurs adressaient à Jack leurs bons vœux virtuels.

TOUT BEIGNET Les visiteurs de la foire annuelle de l'État de New York à Syracuse, en 2011, pouvaient déguster le Big Kahuna, hamburger composé de bœuf, de fromage, de bacon, de laitue, de tomate et d'oignon entre deux tranches de beignet. Total : 1 500 calories.

TARTES À LA CRÈME

Les concurrents viennent d'aussi loin que le Canada, le Japon, l'Afrique du Sud ou l'Allemagne pour disputer dans le Kent, en Angleterre, l'annuel championnat international de lancer de tarte à la crème. Plus on vise franchement la tête de ses rivaux, plus on marque de points. Sont aussi notées les techniques de lancer les plus amusantes ou les plus originales. Ces rencontres, instituées en 1967, s'inspiraient d'un célèbre court-métrage de Charlie Chaplin.

BANAN'ART

Keisuke Yamada, un électricien japonais de 23 ans, s'est spécialisé dans la sculpture sur banane. Il y façonne des visages d'épouvante, qu'il photographie avant de les manger. En 2011, toutefois, pour célébrer le mariage royal en Angleterre, il a consenti une exception en représentant le prince William et Kate Middleton dans la chair d'une banane. Un défi qu'il a, de son propre aveu, pris un grand plaisir à relever.

BURGER MANIA En mai 2011, dans le Wisconsin, Don Gorske a consommé son 25 000e Big Mac, 39 ans après en avoir mangé neuf en un jour pour la première fois. Ce sandwich représente 90 % de son alimentation solide. Il ne craint pas d'ajouter : « J'espère manger des Big Mac jusqu'à ma mort. »

BIÈRE CANINE Des brasseurs néerlandais ont mis au point une bière sans alcool pour les chiens, de sorte que l'animal et son maître puissent partager une petite mousse. Il s'agit d'un breuvage à base d'extraits de bœuf et de malt.

SAUCISSE SANS FIN Il revient à Alberto Della Pelle, cuisinier à Penne, en Italie, d'avoir fabriqué la plus longue saucisse au monde. Mesurant 598 mètres et contenant près de 590 kg de viande, elle a servi à la confection de quelque 6 000 sandwiches.

GRAND ESTOMAC Le 4 juillet 2011, pour la cinquième année consécutive, Joey Chestnut, concurrent californien, a remporté le Nathan's Contest de New York en avalant 62 hot dogs en 10 minutes. L'entraînement du champion consiste à jeûner puis à se dilater l'estomac avec un mélange d'eau, de protéines et de compléments.

À LA BONNE VÔTRE En octobre 2010, les visiteurs de la foire aux vins de Beyrouth, au Liban, ont pu découvrir un verre à vin de 2,40 mètres de haut et 1,60 mètre de diamètre. Ce ballon géant en plexiglas, œuvre de Walid Richa et Moussa Zakharia, n'était qu'au quart plein après qu'on y eut vidé 100 bouteilles de vin.

DE BAR EN BAR Le 3 septembre 2011, en 24 heures, une fine équipe de 13 buveurs a fait la tournée de 250 tavernes de Manhattan. L'un d'eux vidait même un demi à chaque arrêt !

ALICAMENT Pour se soigner, les asthmatiques d'Hyderabad, en Inde, avalent des sardines vivantes enrobées de curry. Chaque année, en juin, plusieurs centaines de milliers de personnes atteintes d'affections respiratoires font la queue pour recevoir le petit poisson épicé de 5 cm d'un des 200 membres de la famille Goud, qui aurait reçu d'un saint hindou la recette de ce médicament.

BALLET MÉCANIQUE Si vous dînez au Hajime Restaurant, à Bangkok, vous serez servi par un robot samouraï. Toutes les 30 min, tous les robots cessent toute activité pour se mettre à danser.

FRIGO SANS FRAIS En soixante ans, Doris Stogdale, d'Oxford, n'a jamais remplacé son réfrigérateur General Electric, acheté en 1952 pour une somme équivalant à 150 euros. Qui plus est, l'appareil n'a jamais nécessité la moindre réparation ni une seule pièce de rechange !

Moto-homard

Cinq carapaces ont été nécessaires à Huang Mingbo, cuisinier taïwanais passionné de sculpture alimentaire, pour concevoir cette moto qui démarre... homard de tour !

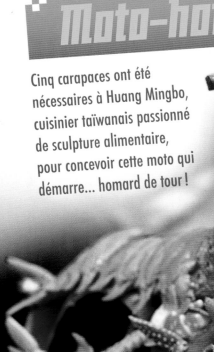

ET C'EST BON ?

Ripley's
Le Big Livre de l'Incroyable
227
www.big-livre-de-lincroyable.com

Miam

La soupe de roussette – une chauve-souris frugivore – est une spécialité de l'île de Palau, en Micronésie. L'animal est sorti du congélateur et cuit tout entier, fourrure, membranes et pattes comprises, avant d'être décortiqué et mangé avec les doigts. La fourrure peut être mâchée pour en sucer le jus musqué. Voici le témoignage de Benjamin Brown, qui s'est vu servir ce plat : « On m'a d'abord montré l'animal pendu au bout d'une cordelette avant de le cuisiner. Je pensais qu'il serait ensuite découpé. Je me trompais. »

Soupe de roussette (pour 4 estomacs bien accrochés)

Ingrédients

3 chauves-souris bien nettoyées, dépiautées et vidées si vous le souhaitez
1 cuil. à soupe de gingembre émincé
1 gros oignon découpé
sauce soja et/ou lait de coco
échalotes émincées
sel de mer à discrétion

Préparation

Placez les roussettes dans une cocotte et remplissez d'eau. Ajoutez le gingembre, l'oignon et le sel. Portez à ébullition, puis baissez le feu et laissez mijoter 45 minutes. Réservez le bouillon dans une deuxième cocotte et sortez les roussettes. Séparez la chair des os, à votre guise, puis replongez-les dans le bouillon, éventuellement avec leurs abats. Ajoutez les échalotes émincées et assaisonnez avec l'extrait de soja et/ou le lait de coco.

CORGI AU MENU Dans le cadre du battage médiatique autour du mariage du prince William et de Kate Middleton en 2011, Michelle Wibowo, créatrice de gâteaux britannique, en a fabriqué un de 68 kg en forme de corgi royal. Le toutou comestible mesurait 1,80 x 1,20 mètre.

VIN DE CHEVAL Lors d'une vente aux enchères à Genève, en novembre 2010, une rare bouteille de château cheval-blanc 1947 de format impérial (6 litres, soit 8 bouteilles normales) a été acquise 224 000 euros par un collectionneur suisse. Qualifié de « meilleur vin jamais produit », le cheval-blanc 1947 est convoité par les amateurs du monde entier.

Trap

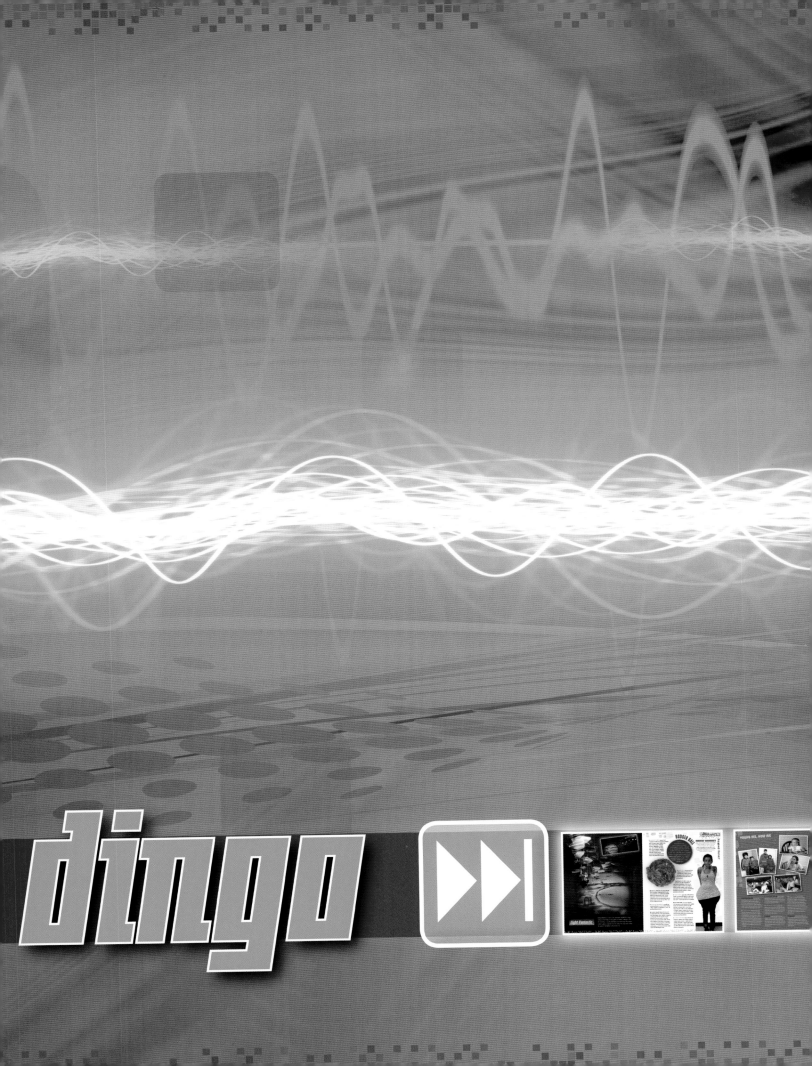

Le plus grand

En 1903, la troupe du cirque Barnum & Bailey's était composée d'une classique femme à barbe, de plusieurs lilliputiens et de bien d'autres artistes étonnants. Fondé en 1881 par deux comédiens, P.T. Barnum et J.A. Bailey, ce cirque se targuait de présenter rien moins que « le plus grand show au monde ». Il connut un énorme succès aux États-Unis et en Europe. Grâce à ses « monstres de foire », bien sûr, mais aussi grâce à ses numéros surprenants et à ses animaux originaux, tels Jumbo, le plus gros éléphant du monde, ces oies savantes ou ces singes musiciens.

Ripley's
Le Big Livre de l'Incroyable
www.big-livre-de-lincroyable.com
231

Trop dingo

show du monde

1 Mohammed Soliman, derviche tourneur et cracheur de feu 2 Ivy Howard, contorsionniste 3 John Hayes, l'homme tatoué 4 Leah May, la géante (2,53 m)
5 Young Herrman, l'homme caoutchouc 6 Maxey, avaleur d'aiguilles à tricoter 7 George Tomasso, l'homme pelote d'épingles 8 James William Coffey,
l'homme squelette 9 Edith Clifford, avaleuse de sabres 10 James Morris, l'homme à la peau élastique 11 William Doss, l'homme au cou télescopique 12 Annie
Howard 13 Vera Wren, la femme boxeuse 14 Billy Wells, l'homme à la tête de bois 15 Un lilliputien de la famille Hovart 16 Beautiful Marie, la femme roc
17 Un lilliputien de la famille Hovart 18 Krao Farini, le chaînon manquant 19 Une lilliputienne de la famille Hovart 20 Lionel l'enfant lion 21 Un lilliputien de la
famille Hovart 22 Grace Gilbert, la femme à barbe 23 Charles Tripp, l'homme sans bras 24 Une lilliputienne de la famille Hovart 25 Rob Roy, la brute écossaise

LA BAUDRUCHE

Le chauffeur routier néo-zélandais Steven McCormack a été victime d'un accident aussi rare que spectaculaire qui l'a vu tripler de volume en quelques minutes seulement. En mai 2011, alors âgé de 48 ans, il effectuait quelques réparations sur son camion à Opotiki, sur l'île du Nord, quand il a glissé entre la cabine et la remorque. Dans sa chute, il a délogé le tuyau d'air comprimé qui alimente les freins de son camion. L'aiguille du tuyau est alors venue se planter dans sa fesse gauche, envoyant ainsi l'air comprimé dans son corps. Et c'est ainsi qu'il s'est mis à gonfler comme un ballon de baudruche. Quand il a senti son cou, ses pieds et vu ses mains qui enflaient, il a vraiment pris peur. « J'ai cru que j'allais exploser ! » Il n'a alors eu d'autre choix que de s'allonger au sol et d'attendre les secours. Ses collègues l'ont emmené à l'hôpital, où l'air qu'il avait en lui a été aspiré. Il a fallu lui enfoncer dans la fesse un drain large de 2,5 cm et long de 5 cm.

☒ **OISEAUX EN TOC** Ken et Fay Jackson, deux ornithologues anglais de Torquay, ont passé une journée à observer un couple de hiboux nichés sur le toit d'un immeuble en face de chez eux. À la fin, ils ont compris qu'ils étaient en plastique. Eux croyaient qu'ils ne bougeaient pas car ils guettaient une proie !

☒ **FASHION VICTIM** Un Anglais de Kendal, en Angleterre, s'est présenté au tribunal vêtu du manteau qu'il était accusé d'avoir volé dans une boutique. Lui niait le vol.

☒ **VOITURES DES NEIGES** En 2011, le même 4 x 4 a été retrouvé abandonné deux fois au sommet du mont Snowdon, au pays de Galles, qui culmine à 1 085 mètres.

☒ **POLI OU PUNI** C'est ce qui est arrivé à l'Australien John Collins, en novembre 2010. Pour s'être montré trop familier avec le juge Matthew McLaughin, ce dernier l'a envoyé méditer derrière les barreaux.

☒ **ENCORE VOUS !** La police de Brooklyn, New York, est venue perquisitionner plus de 50 fois en 8 ans la maison de Rose et Walter Martin à cause d'une erreur informatique…

☒ **POLIES POUBELLES** Pour inciter les gens à ne plus jeter leurs détritus au sol, les autorités suédoises ont placé un peu partout des poubelles qui disent merci ou applaudissent quand on les « nourrit ».

☒ **À LA CAVE** Un retraité allemand qui voulait condamner l'accès à sa cave s'est trompé de côté en montant la cloison. Résultat : il a passé plusieurs jours emmuré dans sa cave. C'est ballot !

☒ **ATTERRISSAGE RÉUSSI** Ye Zixu, une Chinoise de 5 ans est tombée par la fenêtre du 10e étage. Sa chute de 30 mètres a été stoppée par l'auvent d'une boutique située au rez-de-chaussée. Elle s'en est sortie indemne avec seulement quelques égratignures et contusions.

☒ **FOU RIRE FOU** Les personnes atteintes du syndrome pseudobulbaire (PBA) se mettent à rire sans raison. Ces crises, qui se déclenchent involontairement, peuvent parfois durer plusieurs minutes sans que le patient puisse s'en empêcher.

☒ **LONG PENDENTIF** Adrian Haiduc, bijoutier d'origine roumaine vivant aux États-Unis, a passé près de 8 mois à confectionner la plus longue boucle d'oreille au monde. Mesurant 472 mètres, elle est composée de cristaux, de perles et de gemmes reliés par un ruban de soie.

☒ **MORT DE RIRE** John Brady de Drimnagh, en Irlande, dirige une compagnie de clowns bien particulière. Elle s'adresse en effet aux personnes souhaitant organiser des funérailles joyeuses et festives. Sur la brochure, on peut lire : « Nous apportons de la gaité à vos enterrements. Laissez vos proches disparus partir avec le sourire. »

☒ **CADAVRE AMBULANT** Ne sachant que faire du corps d'un ami SDF mort dans sa voiture, une Californienne a décidé de le laisser là où il se trouvait, sur la banquette arrière. Elle l'a ainsi trimbalé pendant 10 mois jusqu'à ce qu'elle se fasse arrêter pour un contrôle de routine. Les policiers ont été alertés par l'odeur immonde et une jambe qui dépassait de la couverture.

COINCÉ DANS LES TOILETTES

En octobre 2008, le TGV reliant La Rochelle à Paris est arrivé avec plus de 2 heures de retard. Si les retards sont fréquents, la cause de celui-ci l'est beaucoup moins. Un homme de 26 ans a plongé le bras dans la cuvette des toilettes pour tenter d'y récupérer le téléphone portable qu'il venait de laisser tomber. Mais son bras s'est coincé et il n'a pu le ressortir. Même les pompiers n'ont pu le tirer de sa fâcheuse posture. Ils ont dû découper le bloc des toilettes et emmener le jeune homme sur une civière, le bras toujours prisonnier de la cuvette !

Gros yeux

Les frères Hugh (à gauche) et Antonio Francis de l'Essex, en Angleterre, peuvent faire sortir leurs yeux de leurs orbites. Antonio, qui possède cette faculté depuis l'enfance, a participé à plusieurs shows télévisés et a même tourné dans un clip du groupe Hot Chip.

L'interview

Quand avez-vous découvert que vous pouviez faire sortir vos yeux de leurs orbites ? Antonio : Par accident. J'avais 7 ans et j'étais en train de peigner ma grosse tignasse afro quand je me suis donné un coup de peigne dans l'œil gauche. J'ai instinctivement fermé les paupières et, quand je les ai rouvertes, mon œil gauche a jailli tout seul ! Par la suite, j'ai découvert que je pouvais le refaire autant de fois que je le voulais. Et que ça marchait aussi avec l'autre œil.
Hugh : Pour moi, c'est tout récent, alors je n'en parle pas trop.

Est-ce douloureux ? Antonio : Non, absolument pas. Parfois, quand je les fais sortir de leurs orbites un peu trop vite, je sens une légère irritation. Et mes yeux se fatiguent vite si je fais ça tous les jours. Mais, comme j'ai une super vue, je sais que je ne mets pas ma santé en danger.
Hugh : Pour moi, c'est un peu plus compliqué car je n'ai pas l'expérience d'Antonio. Ma vue se brouille, mais notre médecin me dit que ce n'est absolument pas dangereux et que je ne risque pas de complications sur le long terme.

En quoi ce talent a-t-il changé votre vie ? Antonio : Depuis que je suis passé à la télé, les gens m'arrêtent 200 fois par jour dans la rue pour me demander de faire jaillir mes yeux.
Hugh : C'est vrai, les gens n'arrêtent pas de le lui demander. Ils veulent tous être pris en photo avec lui. Et, quand je me promène avec lui, ils insistent pour que je vienne aussi sur la photo. On rigole beaucoup, c'est sympa.

Pouvez-vous nous expliquer comment vous faites ? Antonio : Pas vraiment. Tout ce que je sais, c'est qu'il y a trois muscles à l'arrière de l'œil. Si vous réussissez à les compresser et qu'au même moment vous poussez, l'œil jaillit.
Hugh : C'est difficile à expliquer. Ce que je peux dire, c'est qu'il faut ouvrir les yeux aussi grand que possible, et effectivement comprimer les muscles. Mais, à votre place, je n'essaierai pas de nous imiter à la maison !

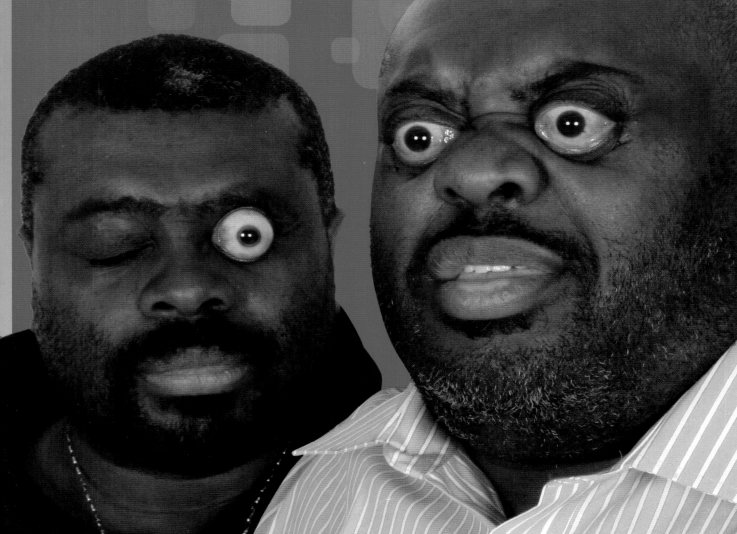

Joshua Carter, de Leesburg, en Géorgie, arrive à se plier littéralement en deux, au point que chacune de ses épaules se touchent. Mais n'essayez surtout pas de l'imiter. Si Joshua réussit cet exploit, c'est parce qu'il est né sans clavicules. Les clavicules sont ces deux os horizontaux de la partie supérieure du thorax antérieur qui relient le sternum aux omoplates. « Pour moi, c'est un avantage de ne pas avoir de clavicules, nous dit Joshua. Ça me permet de passer dans des endroits étroits où personne d'autre que moi ne pourrait se glisser. Et dans la rue, quand il y a foule, je me faufile sans problème entre les gens. »

Afin que personne ne puisse ignorer qu'elle épousait Ferdinand Pucci, Elena De Angelis a décidé de porter la plus longue traîne de mariée au monde. La traîne en soie blanche de 2 mètres de large mesurait 3 km de long ! Il a fallu des mois pour la confectionner et plus de 600 personnes pour la porter. La plupart des habitants du village de Casal di Principe, près de Naples, en Italie, se sont portés volontaires pour l'aider. Les autres étaient massés tout au long du parcours pour ne rien manquer du spectacle.

Traînée !

Ⓡ MA MÈRE, CE BOURREAU
En août 2011, un garçon de 11 ans de Aachen, en Allemagne, a appelé la police pour se plaindre de sa mère qui l'obligeait à effectuer des tâches ménagères pendant les vacances scolaires.

Ⓡ TRADITION FAMILIALE
Angelynn Perchermeier, de Cincinnati, Ohio, s'est mariée le 9 septembre 2011, 100 ans jour pour jour après le mariage de ses arrière-arrière-grands-parents. Ses arrière-grands-parents et ses grands-parents avaient eux aussi échangé leurs vœux un 9 septembre.

Ⓡ QUEL HOMME! Ancentus Akuku, un Kenyan de Kisumu, a eu plus de 100 épouses et 160 enfants. Il est mort en 2010, à l'âge de 94 ans.

Ⓡ SE FAIRE LA MALLE Juan Ramirez Tijerina a essayé de s'évader de la prison mexicaine de Chetumal en se glissant dans la valise de sa fiancée. Quand des gardiens suspicieux ont ouvert le bagage, ils l'ont trouvé roulé en boule, seulement vêtu de son slip.

Ⓡ LEGO TOWER En avril 2011, à São Paulo, au Brésil, 6 000 fans de Lego ont mis leurs forces en commun pour ériger une tour géante haute de 31 mètres. Ils ont pour cela utilisé plus de 500 000 briques.

Ⓡ JUSQU'AU COU En octobre 2010, Daniel Collins, de Collins (ça ne s'invente pas) dans le Missouri, travaillait dans les égouts quand son harnais de sécurité a lâché. Il a alors été aspiré et a parcouru plus de 1,6 km dans une canalisation avant d'être secouru. Il s'en est sorti sain et sauf. Mais bonjour les odeurs !

Ⓡ CIBLE VIVANTE En 2011, le Néo-Zélandais Matthew Scheurich a vécu une aventure traumatisante qui aurait pu bien plus mal se terminer. Alors qu'il était dans une jungle de Papouasie-Nouvelle-Guinée, il a été pris pour cible par un autochtone qui voulait le tuer afin de pouvoir épouser sa fiancée française. Scheurich a reçu une flèche dans le ventre, qui s'est heureusement arrêtée à quelques centimètres de l'aorte. Une autre flèche lui a transpercé le poumon droit avant qu'il se fasse caillasser. Il a par chance été secouru à temps. Il a été conduit à un petit hôpital de brousse où on l'a transfusé afin qu'il ne perde pas tout son sang.

COINCÉE

Danielle Morgan, 18 ans, une étudiante de l'Université de Derby, en Angleterre, a dû faire appel aux pompiers pour s'extirper d'une situation délicate. Alors qu'elle s'apprêtait à étendre son linge, Danielle a fait un faux pas. Elle a chuté et s'est retrouvée prisonnière de son étendoir, la tête coincée !

▶ **MON PÈRE, CE BOULET** L'histoire se passe non loin de Salt Lake City. Chaque matin pendant les 180 jours de classe qu'a comptés l'année scolaire, Rain Price, 16 ans, a eu honte de son père Dale en montant dans le bus pour se rendre au lycée. Chaque matin, en effet, Dale attendait sur le pas de la porte de leur maison pour dire au revoir à son fils et lui souhaiter une bonne journée. Mais il était affublé d'un déguisement – jamais le même. Les potes de Rain ont ainsi vu Dale en sirène, en pirate, en mariée, en Batgirl... Le pire fut sans doute le jour où il était assis sur des toilettes, le pantalon baissé, lisant un journal ! La teuhon !!

▶ **SCOTCHANT !** Cameron Nunez, un étudiant en arts plastiques de l'Université de Floride, réalise des sculptures en utilisant du scotch transparent. Pour faire des mannequins grandeur nature, il utilise jusqu'à 24 rouleaux.

▶ **ON SE CONNAÎT ?** Suzanne et Alistair Cotton, de Coventry, en Angleterre, ont découvert bien après leur mariage qu'ils souffraient de la même défaillance cardiaque. Et, surtout, qu'ils s'étaient déjà croisés. En 1974, ils ont été opérés le même jour, dans le même hôpital, par le même chirurgien cardiaque. Forcément, ça crée des liens...

▶ **NOËL EN PRISON** Reconnu coupable de voies de fait, Daniel Martz de Livingston, Montana, a été condamné en 2010 à passer les cinq Noël suivants en prison pour ne pas troubler l'ordre public.

▶ **CHIPS TYPE** Arch West, le père des célèbres chips Doritos, s'est éteint le 20 septembre 2011 à l'âge de 97 ans. Il a été incinéré avec des chips à Dallas, Texas. Et, pour lui rendre hommage, ses amis ont ensuite lancé une pluie de chips sur son urne funéraire.

▶ **TRIPLE BOUM** Le sergent Horace Weigart, un soldat qui a combattu pendant la guerre contre les Mexicains (1846-1848) s'est pris 3 boulets de canon. Le premier l'a blessé. Le deuxième l'a tué. Le troisième a détruit sa tombe !

▶ **LA MONTRE QUI PUE** Un horloger suisse a créé une montre d'une valeur de 11 000 €. Ce modèle unique a été fabriqué à partir du crottin fossilisé d'un dinosaure datant de plus de 100 millions d'années. Le bracelet était quant à lui en peau de crapaud séchée. Miam !

▶ **LITE-BRITE** Pendant un an, Rob Surette de North Andover, Massachusetts, a utilisé 504 000 chevilles colorées de Lite-Brite pour créer une gigantesque composition murale de 3 mètres par 6. Son poids : 795 kg.

CHAVEUX

En opérant un chat, un vétérinaire de Huntingdon, en Angleterre, a fait une étrange découverte. Ce qu'il prenait pour une tumeur n'était en fait qu'une énorme boule de poils de 13 cm de long (voir ci-contre). Le chat avait tellement avalé de poils qu'il ne pouvait plus manger, à peine respirer, et risquait la mort s'il n'avait été opéré à temps.

ACTUAL SIZE!

EN SLIP Le 9 janvier 2011, environ 3500 personnes ont enlevé leur pantalon et se sont retrouvées en slip ou en petite culotte dans le métro new-yorkais à l'occasion de l'annuelle No Pants Subway Ride (Dans le métro, sans pantalon). Cet événement festif se déroule désormais chaque année dans une cinquantaine de pays à travers le monde et rassemble des millions de gens. Mais ça ne fait pas rire tout le monde. À Johannesburg, Afrique du Sud, 34 d'entre eux ont été arrêtés par la police.

GRATOS À Miami, un restaurant de New Smyrna Beach – le spot où les attaques de requins sont les plus fréquentes – offre des sushis de requins à quiconque peut prouver avoir survécu à une attaque de squale. Le premier client à profiter de cette offre avait non seulement une énorme cicatrice à la cuisse mais aussi une vidéo sur YouTube d'un journal TV de 2008 montrant son admission à l'hôpital.

LE VIEUX MORT Des officiels japonais ont sonné au domicile de Sogen Kato le jour de son 111e anniversaire pour lui remettre la médaille de l'habitant le plus âgé de Tokyo. Ils l'ont trouvé allongé sur son lit, momifié. Il était mort depuis une trentaine d'années !

Foireux

Près de Taree, en Australie, un avion ultraléger est resté bloqué près de 3 heures à 10 mètres du sol après s'être encastré dans la grande roue d'une fête foraine. Le pilote, son passager et les enfants qui étaient sur le manège en sont sortis indemnes.

AU CHAUD, LES HOMARDS À Biloxi, dans le Mississippi, le client d'un supermarché s'est fait prendre par les vigiles alors qu'il dissimulait deux homards vivants dans son pantalon. Heureusement que ce sont les vigiles qui l'ont pincé, pas les homards !

SIESTE EN ALTITUDE Une habitante de Lanzhou, en Chine, s'est endormie sur la branche d'un arbre à 6 m d'altitude. Les passants de cette rue commerçante de la ville ne se sont aperçus de sa présence qu'au moment où l'une de ses chaussures est tombée sur la tête de l'un d'eux.

Le + de Ripley

Les solutions salines sont normalement utilisées dans les hôpitaux pour nettoyer les blessures. Mais, injecté sous la peau (en évitant les veines) grâce à une fine aiguille, ce liquide engendre des déformations et des excroissances temporaires. Le front est la partie du corps humain la plus prisée des amateurs du genre, car c'est là que les changements sont les plus visibles et les plus spectaculaires. Mais, attention, cette pratique peut être dangereuse si la solution est mal administrée.

MAUVAIS CONDUCTEUR Gageen Preet Singh, du comté du Surrey, en Angleterre, se faisait payer jusqu'à 800 £ pour aller passer les examens de conduite à la place des candidats – alors qu'il était lui-même un si piètre conducteur qu'il n'a jamais obtenu son permis de conduire. Il se déguisait, portait perruques et moustaches. Mais cela ne l'empêchait pas d'échouer pour ses clients. Seuls 3 sur 8 ont obtenu leur permis. Les autres ont été recalés !

DOIGTS ENFUIS En septembre 2011, un écolier de 7 ans a découvert un bocal à cornichons recélant un trésor – du moins le pensait-il. En fait, il contenait plusieurs doigts humains nécrosés. Après investigation, les enquêteurs du commissariat de Longjumeau ont pensé qu'ils appartenaient à un charpentier qui les avait accidentellement perdus il y a une trentaine d'années. La greffe n'étant pas encore au point à cette époque, il les aurait enterrés près de son domicile.

TÊTE DE BAGEL

La dernière mode au Japon en termes de modifications corporelles par injection de solution saline s'appelle le *bagelhead* (en français, « tête de bagel », pour rester poli). Ceux qui se prêtent à ce genre d'expérience ressentent un léger mal de crâne pendant les 2 heures nécessaires pour que le résultat escompté apparaisse. Le lendemain matin, la peau a retrouvé son apparence normale et aucune cicatrice n'est visible. Mais gare aux abus !

MOI JE, MOI JE

Plus de 1 000 personnes se sont amusées à recréer des photos de leur enfance pour le compte d'un projet Internet intitulé « Young Me/Now Me » (« Moi jeune, moi aujourd'hui »). Ze Frank, une figure du web basée à Los Angeles, a demandé aux visiteurs de son site de lui envoyer une photo d'eux enfants, et une autre prise aujourd'hui avec les mêmes postures et attitudes – d'où l'absence de sourire de nos deux Supermen.

LE MORT VIVANT À Libode, en Afrique du Sud, un homme de 50 ans que l'on croyait mort s'est subitement réveillé alors qu'il était enfermé depuis 21 heures dans un casier de la morgue. Quand il s'est mis à crier pour qu'on le libère, deux employés ont pris leurs jambes à leur cou, croyant avoir affaire à un fantôme...

RADINS Peu désireux de payer un billet de train pour que leur fille de 4 ans, May Pierstorff, aille passer quelques jours chez ses grands-parents dans l'Idaho, ses parents ont eu une riche idée. Comme May ne pesait que 22 kg, soit au-dessous de la limite fixée à 22,7 kg, ils ont décidé de l'envoyer par la Poste ! Ils ont donc fait voyager leur fille dans le wagon postal comme un vulgaire colis !

SAIGNANTES CONFÉRENCES 300 exorcistes de tous les pays se sont retrouvés en 2011 au monastère de Jasna Góra, en Pologne, pour y discuter de la hausse du vampirisme en Europe.

CRÂNE DÉCO Un homme a poursuivi en justice la police tchèque car des officiers de Volary utilisaient le crâne d'un des membres de sa famille comme serre-livres. Ils l'avaient affublé d'une casquette et avaient pris des photos qu'ils avaient diffusées sur Internet.

GIVRÉ Le Polonais Michal Kawolski a dû être secouru par les gardes-côte de Gdansk alors qu'il avait déjà parcouru près d'1 km en mer sur une plaque de glace et filait vers le large. Il en testait la résistance quand celle-ci s'est rompue.

ÉCONOMIE DE CHAUFFAGE En décembre 2010, les employés d'une cordonnerie de Bromsgrove, en Angleterre, grelottaient par - 13 °C, mais se plaignaient pourtant de la chaleur ! Leur patron, Martin Connellan, qui laissait toujours la porte ouverte, leur avait acheté des doudounes, mais, comme cela ne suffisait pas, il a fait appel aux services d'un hypnotiseur, Jim Kerwin, qui en 5 minutes a réussi à convaincre les employés du cordonnier qu'il faisait chaud, chaud, chaud...

BÉNI DE PÂTES L'Autrichien Niko Alm a obtenu le droit que la photo de son permis de conduire le représente avec une passoire sur la tête, symbole de son appartenance à l'Église des spaghettis volants... Ben voyons !

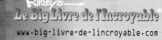
Le Big Livre de l'Incroyable®
www.big-livre-de-lincroyable.com
239

Trop dingo

Phalange distale

Métacarpe

Phalange intermédiaire

BIJOUX EN OS

Columbine Phoenix, de Somerville dans le Massachusetts, crée des bijoux en utilisant des os humains. Parmi ses créations, on peut admirer des boucles d'oreille faites de phalanges proximales, un collier composé de cinq phalanges distales, ou encore cet autre réalisé avec un métacarpe. Elle récupère sa matière première auprès d'écoles de médecine et n'utilise que les os de la main car ce sont les plus fins.

⊠ DRÔLE DE VOLEUR Richard Verone, un voleur de 59 ans, a attaqué une banque de Caroline du Nord mais n'a exigé que 1 $. Après son forfait, il a calmement attendu que la police vienne l'arrêter. En fait, il voulait aller en prison pour y recevoir les soins qu'il n'avait pas les moyens de se payer.

UN QUART DES OS HUMAINS SE TROUVENT DANS LES PIEDS

Un coq de combat s'est vengé de son propriétaire qui voulait l'obliger à retourner dans l'arène. Quand Singrai Soren, un Indien du Bengale, a voulu pousser son coq pour un nouveau combat, ce dernier lui a sauté dessus et lui a entaillé la gorge avec ses ergots métalliques.

⊠ COINCÉ DANS LA CHEMINÉE Les restes de Joseph Schexnider, qui était porté disparu depuis 27 ans, ont été retrouvés coincés dans une des cheminées de la National Bank d'Abbeville, en Louisiane. L'autopsie a montré qu'il était mort de déshydratation. Et, on se doute que, s'il était là, c'est parce qu'il avait l'intention de dévaliser la banque.

L'Australien Don Ritchie vit sur une falaise qui domine le port de Sydney. À ce jour, il a sauvé la vie de plus de 160 candidats au suicide, en réussissant à le convaincre de renoncer à se jeter dans le vide.

⊠ C'EST PAS CE QUE TU CROIS Des voleurs qui venaient de cambrioler une maison de Silver Springs Shores, en Floride, pensaient avoir mis la main sur un beau paquet de cocaïne. En fait, il s'agissait des cendres de deux chiens.

TÊTE EN BAS

M. Zhu de Shaoxing, en Chine, peut parcourir 400 mètres la tête en bas. Sa tête est posée sur la selle, tandis que les pédales sont actionnées par des fils reliés à ses pieds.

Quelle lumière !

Rashad Alakbarov, un artiste d'Azerbaïdjan, a marqué les esprits avec cette installation unique. Il a réalisé un mobile composé de 90 morceaux de plexiglas multicolores, ce qui en soit n'est pas extraordinaire. Ce qui l'est, c'est qu'en projetant derrière une lumière, il obtient cette « toile » représentant la mer Caspienne.

CROTTES DE NEZ

R MIRACULÉ DE LA TÊTE Le sergent Paul Boothroyd a survécu en mars 2011 au tir d'un sniper dans la province de Helmand, en Afghanistan. À peine 15 minutes après s'être pris une balle dans la tête, il était debout et fumait une cigarette. C'est un véritable miraculé. Les médecins estiment en effet que la chance de survie est de 1 sur 10 000 quand on se prend une balle dans la tête.

Pendant 2 ans, James Ford, un étudiant anglais de Nottingham, a conservé précieusement ses crottes de nez. Chaque matin, il les déposait dans un coquetier. Il a ensuite utilisé de la colle pour confectionner cette boule d'un diamètre de 2,1 cm, soit l'équivalent d'un chou de Bruxelles. Son œuvre a ensuite été exposée à Londres et en Lituanie.

IMPLANTS EN CIMENT

Oneal Ron Morris (ci-dessous), qui prétendait être médecin, a été arrêtée à Miami, en Floride, alors qu'elle pratiquait des injections contenant du ciment, du silicone et de la colle pour donner aux fesses un aspect plus rebondi. Elle les avait elle-même testées. Drôle d'idée...

R LA CHUTE Joey Williams, 4 ans, est tombé du 7e étage d'un hôtel de Miami. Plus de peur que de mal, des palmiers ont amorti sa chute.

R CUISINE ATOMIQUE Un homme a été arrêté en Suède pour s'être livré à des expériences nucléaires dans la cuisine de son pavillon. Les policiers y ont retrouvé des produits interdits tel que de l'uranium.

R MONSIEUR MAMAN Le certificat de naissance de Jackie Kelly, de Blounstown en Floride, a été mal renseigné. Jusqu'en 1958, elle était officiellement un homme, alors même qu'elle était déjà mère de deux enfants.

R CHER COUPE-CHOU Une compagnie de Portland, dans l'Oregon, fabrique un rasoir qui vaut 100 000 $. Ses lames en saphir sont garanties 10 ans. Quant à son manche, il est composé d'iridium, un métal rarissime puisqu'on ne le trouve que dans les météorites venues s'écraser sur Terre.

R NAINS DE COMBAT Shawn Thorsson de Petaluma, en Californie, a créé une gamme de nains de jardin d'un genre particulier : des nains de jardin armés de mitraillettes ou d'armes à feu qu'il vend en ligne. Ce réserviste de l'US Marine dit en avoir eu l'idée car il ressentait le besoin d'une présence militaire dans son jardin.

R MESSAGE POST MORTEM Joy Tomkins, une Anglaise de 81 ans, craint tellement que les médecins s'acharnent à la maintenir en vie en cas d'accident cérébral qu'elle s'est fait tatouer ce message sur la poitrine : « Ne tentez pas de me ressusciter. »

R RASSEMBLEMENT DE MOHICANS 109 élèves du West Cheshire College, en Angleterre, se sont réunis dans une salle le 16 septembre 2011. Tous arboraient la même coupe de cheveux : une belle crête de Mohican.

R BOUBOULE Suman Khatun, une Indienne du Bengale, passe pour être la plus grosse enfant au monde. À 6 ans, elle pesait 91 kg pour une taille de 1,03 mètre – soit 5 fois plus que la norme. En moyenne, elle avalait chaque semaine 14 kg de riz, 8 kg de patates et 8 kg de poisson. Elle engloutissait aussi 180 bananes et ne se privait pas de délicieux gâteaux à la crème et de bonbons...

PINGOUIN AMOUREUX Un pingouin nommé Bonaparte est tombé amoureux des bottes en caoutchouc noir et blanc de son dresseur, qui travaille dans un centre aquatique en Allemagne. Le plus drôle de l'histoire est que ces bottes sont des Wellington – qui n'était autre que l'adversaire de Napoléon lors de la fameuse bataille de Waterloo, en 1815.

TIMBRES EN STOCK La Poste américaine détient un stock de timbres d'une valeur de 500 M$.

VAUTOURS DE GARDE En Allemagne, la police possède trois vautours nommés Sherlock, Columbo et Miss Marple, qu'elle utilise pour rechercher les corps de personnes disparues. Leur regard acéré et leur odorat développé les rendent bons pour cette tâche.

LENTILLES DU PASSÉ Une graine de lentille vieille de 4 000 ans, découverte en 2008 lors de fouilles archéologiques en Turquie, a été mise en terre et a germé l'année suivante.

VILLE FRONTALIÈRE La ville de Baarle est située à cheval entre la Belgique et les Pays-Bas. Si bien qu'on traverse sans cesse les frontières quand on se promène dans ses rues.

COMPLEXE Des scientifiques américains ont découvert que le chocolat possédait 35 000 gènes. Bien plus que le corps humain !

CABINE À POISSONS

À Osaka, au Japon, une cabine téléphonique a été remplie d'eau et de poissons rouges en octobre 2011. Cet aquarium improbable est l'œuvre d'un artiste urbain qui voulait attirer l'attention sur la surproduction de cette espèce.

BOURRÉE Une dame de 59 ans a été arrêtée à Chesterton, dans l'Indiana, alors qu'elle était ivre au volant d'une voiturette de golf avec un épouvantail pour passager.

TOILETTES EXPLOSIVES Deux employés d'une entreprise de Washington DC ont été blessés après l'explosion des toilettes. Ils ont reçu de nombreux éclats de porcelaine dans les fesses.

Le Big Livre de l'Incroyable
www.big-livre-de-lincroyable.com
243

Sacré phoque !

Un phoque quelque peu aventurier s'est introduit en décembre 2011 dans la maison d'un couple de Tauranga, en Nouvelle-Zélande. Il est sorti des eaux du port, a traversé une route très passagère puis a emprunté la chatière du pavillon avant de venir s'allonger sur le canapé. Connu pour ses morsures qui peuvent être redoutables, le phoque a été évacué par des spécialistes avant d'être remis à la mer.

R VOL DE MENOTTES
Le 26 avril 2011, un suspect s'est évadé du commissariat de Buffalo, dans l'État de New York, alors qu'il était menotté. Quand il a été repris, peu de temps après, il a été aussitôt accusé, en plus de ses autres charges, de vol de menottes.

UN GRIZZLY PEUT COURIR AUSSI VITE QU'UN CHEVAL

R LA REVANCHE DU RENARD Un chasseur biélorusse s'est pris une balle dans le pied en janvier 2011. Le renard qu'il croyait avoir tué a accidentellement appuyé sur la détente de son fusil.

R L'ALARME QUI PUE Au Japon, une alarme anti-incendie a été conçue pour les sourds au cas où un feu se déclencherait. Au lieu de diffuser une alarme sonore, elle dégage une odeur nauséabonde composée de raifort, de moutarde et de wasabi. Il faut compter en moyenne 2 minutes et demie pour se réveiller.

R GROS CADAVRE Cristian Capatanescu, un Roumain qui pesait la bagatelle de 395 kg, a eu droit à un enterrement de choix. Il a d'abord été liposucé pour qu'on lui retire son excédent de graisse. Ensuite, la moitié de son corps a été incinérée pour que le reste puisse tenir dans une seule tombe.

R CLOCHARD DE LUXE
En Chine, Mao Li, un clochard de 30 ans vivait sous les ponts alors qu'il possédait une montre en or qui valait une fortune.

R LES PIÈCES DE L'ESPACE En Nouvelle-Zélande, ont récemment été émises des pièces de 1 et de 2 $ bien particulières. Sur une face, on trouve l'effigie de la reine Elizabeth II – normal –, sur l'autre, celle des personnages de *La Guerre des étoiles*, dont Dark Vador, Luke Skywalker ou la Princesse Leila.

PYTHON GLOUTON

Un python géant de 4,8 mètres de long a été capturé en octobre 2011 dans le parc naturel des Everglades, en Floride. Quand les biologistes ont procédé à son autopsie (ci-contre), ils ont trouvé le corps entier d'un cerf adulte de 34 kg qu'il venait récemment d'ingérer. Ce python birman, comme son nom le suggère, n'est pas originaire de Floride, mais de Birmanie. Ils sont pourtant près de 10 000 à proliférer dans la région.

MORT MYSTÉRIEUSE
Un médecin légiste irlandais
a conclu après autopsie que le corps
de Michael Faherty, un homme
de 76 ans retrouvé carbonisé chez lui
le 22 décembre 2010 à Galway devant
sa cheminée, était un cas
de combustion spontanée.
Son corps était en effet calciné, mais
rien d'autre dans la maison n'avait
brûlé, excepté le sol autour de lui
et le plafond au-dessus.

SYMÉTRIE PARFAITE Les dates
de naissance et de mort du Canadien
Richard Burton Vail forment un
palindrome : 11-12-20 et 02-21-11.

CORPS EN STOCK Jean Stevens,
de Wyalusing en Pennsylvanie,
conservait chez elle le corps
de son mari depuis plus de 10 ans,
et celui de sa sœur jumelle depuis
au moins 12 mois, quand les autorités
ont fait cette macabre découverte.

Rikiki man

Avant 2012, personne hormis
les habitants de son village ne
connaissait Chandra Bahadur
Dangi. Ce Népalais âgé de
72 ans passe pourtant pour être
l'homme le plus petit au monde.
Il mesure 54,6 cm pour un poids
de 14,5 kg. Attention à ne pas
l'écraser si vous le croisez un jour.

GROS LECTEUR En 2010, Charles Jones Jr
a passé 2 semaines dans les sous-sols d'une
bibliothèque du New Jersey sans que personne
ne remarque sa présence.

CŒUR À CROQUER En 2010, David Klein,
un fabricant de sucreries de Los Angeles
a imaginé pour la Saint-Valentin un énorme
bonbon gélifié en forme de cœur d'un poids
de 1,1 kg qui suintait le sang. Les amoureux ont
paraît-il craqué... Il n'en était pas à son coup
d'essai, ayant déjà réalisé un nez gélifié qui
pissait le sang ou un bonbon en forme de pied
au pouce gangrené...

TRÈS CHER ACCIDENT

Sur le circuit automobile de
Shimonoseki, au Japon, a sans
doute eu lieu l'accident le plus
coûteux de ces dernières années.
Au total, 14 voitures de sport
ont été impliquées dans ce
carambolage monstre, dont
8 Ferrari, 1 Lamborghini et
1 Mercedes. Lors du meeting
d'Hiroshima, deux conducteurs
de Ferrari roulaient côte à côte
quand l'un d'eux a perdu
le contrôle de son bolide.
Le bilan des dégâts s'élève
à plus de 1,3 M$.

CANAPÉ VOLANT En septembre 2011, un
canapé en cuir marron de deux places équipé
d'un moteur de moto a été chronométré
à 163 km/h sur le tarmac de l'aéroport de
Camden, près de Sydney, en Australie. Ce
canapé le plus rapide du monde a été conçu
par Paul McKinnon et était piloté par Glenn
Sutter. Un peu plus et il allait décoller...

ACCUEILLANT CERCUEIL Chaque
vendredi soir depuis 1988, Zeli Rossi, un
Brésilien de Minas Gerais, passe la nuit dans
un cercueil pour honorer la mémoire d'un ami
disparu.

MOI, PAS MORT Une morgue de la
province de Malatya, en Turquie, possède un
système d'alarme bien particulier qui permet
aux « morts » enfermés dans les chambres
froides de signaler leur présence au cas où
ils auraient été enfermés là par erreur.

DÉPECEURS DE W.-C. En mars 2013, des
voleurs se sont emparés de la cuvette des
toilettes du Bistrot des Halles, à Paris. Cette
disparition fait suite au vol, le mois précédent,
de deux balais à chiottes et du diffuseur de
désodorisant. Jean-Pierre et Isabel Breud,
les patrons, en restent pantois, pour ne pas
dire sur le cul ! Depuis, leurs chiens Enzo
et Hutch montent la garde.

Le Big Livre de l'Incroyable
www.big-livre-de-lincroyable.com
245

Trop dingo

⊠ MORT D'ARME AUTORISÉE

Une compagnie de l'Alabama propose aux amateurs d'armes à feu que, une fois morts, leurs cendres soient mises dans des munitions. Histoire que leurs proches puissent tirer un coup (de feu) en pensant à eux...

⊠ LE FISC N'OUBLIE JAMAIS

En 2011, Martine Courtois, une habitante de Bruyères, dans les Vosges, a reçu un rappel des impôts de 13 € relatif à la succession de son grand-père mort 62 ans plus tôt !

⊠ VA-T'EN

Afin de se débarrasser de sa femme, un fonctionnaire anglais de l'immigration a profité d'un voyage de son épouse au Pakistan pour l'inscrire sur le fichier des terroristes présumés. Résultat, cette dernière n'a jamais pu rentrer au Royaume-Uni... Mais le coupable a été confondu alors qu'il briguait une promotion et qu'on l'a interrogé sur sa terroriste de femme !

⊠ PAS DE BOL

Un conducteur du Montana, arrêté pour infraction routière, a donné un faux nom aux policiers. Pas de chance pour lui, c'était celui d'un criminel recherché par les autorités.

⊠ Y A QUELQU'UN

Une Parisienne de 69 ans a passé 3 semaines enfermée dans sa salle de bains après que la poignée de porte lui est restée dans la main. Ses voisins n'auraient pas entendu ses coups contre les murs.

⊠ LE PLONGEON

Deux jeunes Autrichiens, Jürgen Oster et Felix Lemann, ont miraculeusement survécu à un accident dans les Alpes suisses. Leur voiture, après une chute de 274 m, s'était disloquée. Eux s'en sont sortis indemnes.

⊠ WHAT ELSE ?

Le brevet n° 3139622 a été attribué en 1964 à un inventeur américain qui avait imaginé un costume de spationaute. Voilà vraiment une info qu'elle est intéressante !

⊠ T PARTI

Les étudiants de la Georgia Tech ont par jeu décidé d'enlever toutes les lettres T qui figuraient sur les logos de leur campus. La tradition remonte à l'époque où leurs aînés avaient subtilisé la lettre T ornant la façade de la Tech Tower, l'un des immeubles historiques du centre d'Atlanta. La facture pour l'université s'est montée à plus de 100 000 $.

⊠ T'ES MORTE OU PAS ?

En janvier 2011, l'Indienne Pinnitla Varalakshmi a été déclarée morte deux fois en 24 heures. Elle s'est soudain réveillée au moment où ses proches préparaient son enterrement. Mais elle est décédée (pour de vrai) peu de temps après. Sans doute le choc d'apprendre qu'elle était morte...

MOIGNON DAUPHIN

Heine Braeck, de Sarpsborg en Norvège, a perdu son bras alors qu'il était adolescent après avoir tutoyé de trop près un train. N'allez pas jouer sur les rails ! Vingt ans plus tard, il a décidé de transformer son handicap en atout. Il a demandé au tatoueur Valio Ska de sublimer son épaule atrophiée. Le résultat est saisissant.

C'EST À LONDRES que se trouve le plus grand musée Ripley du monde. Situé à Picadilly Circus, en plein cœur de la capitale anglaise, il abrite plus de 700 pièces uniques – dont bon nombre son *so British*. C'est à moins de trois heures de Paris en train, et il es ouvert tous les jours jusqu'à minuit. Avant de repartir, allez défier le LaseRace (image de fond). Attention aux rayons !

Un portrait de Lady Di uniquement composé de bouloches et de peluches récupérées dans son sèche-linge par l'artiste californienne Slater Barron.

Sa belle-fille Kate, dont le portrait a été pein à la bouche par l'artiste Natalie Irish (voir p. 198).

Ripley's
Le Big Livre de l'Incroyable
www.le-livre-de-lincroyable.com
247

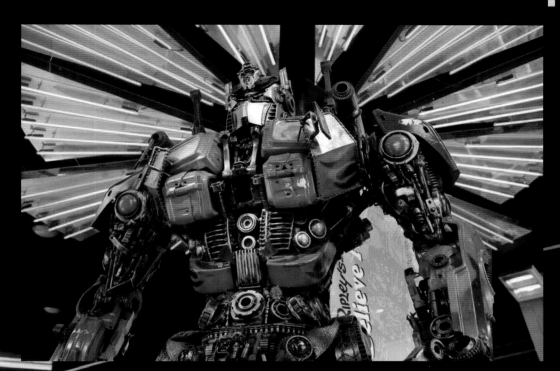

Ce robot Transformer mesure près de 2,5 mètres de haut. Il est entièrement composé de pièces de voitures.

On savait que les Anglais roulaient à gauche. Voilà qu'ils prennent le thé la tête en bas. Renversant, isn't it ?

John Lennon et Ringo Starr sont complètement timbrés ! L'artiste anglais Peter Mason a utilisé près de 10 000 timbres d'usage courant à l'effigie de la reine pour réaliser ce tableau géant.

À ne pas manquer !

• Le plus petit véhicule au monde autorisé à rouler sur route.

• La Ferrari tricotée main.

• La pagode chinoise en jade.

• La réplique de Tower Bridge faite d'allumettes.

• Les gants que Charles Ier portait sur l'échafaud.

• Une main égyptienne momifiée vieille de 4 000 ans.

MUSÉE

Gatlinburg

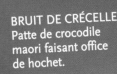

BRUIT DE CRÉCELLE
Patte de crocodile maori faisant office de hochet.

OUVERT EN 1970, le musée Ripley de Gatlinburg a été détruit par un incendie en 1992. Rouvert l'année suivante, le nouvel établissement donne l'impression d'avoir été secoué par un séisme. Parmi les objets exposés, on trouve un squelette de mastodonte, des poils de yéti et une girafe composée de cintres.

FLÈCHE EN BOUTEILLE
Ces flèches en bois ont été insérées dans la bouteille sans foret ni glu.

ROBOT FUTURISTE
Créé par Simon Blades, ce robot est entièrement constitué de pièces d'autos usagées.

À NE PAS MANQUER !

- ▶ L'œuf d'oiseau-éléphant préhistorique.
- ▶ La plus longue chaîne de papiers de chewing-gum au monde.
- ▶ La mâchoire d'éléphant.
- ▶ La sirène des îles Fidji.
- ▶ Le mur de Berlin.
- ▶ La Vespa en bois.
- ▶ La momie égyptienne.
- ▶ La canardière géante.
- ▶ Le robot soldat en pièces de voitures.

GRAND HOMME
À sa mort en 1940, à l'âge de 22 ans, Robert Wadlow faisait 2,70 mètres, pesait 200 kg et chaussait du 71. Ses mains mesuraient 32,5 cm.

Ripley's Le Big Livre de l'Incroyable®
www.big-livre-de-lincroyable.com
249

SQUELETTE DE MASTODONTE
Robert Ripley contemple ce mastodonte découvert sous un terrain de golf de l'Ohio. Une sorte de parent préhistorique de nos éléphants.

Robert L. Ripley 1893-1949

BOULE D'EAU
Une simple chiquenaude et cette sphère de 4 770 kg se met à rouler !

PETITE TÊTE
Les Jivaros d'Équateur gardaient jadis la tête de leurs ennemis comme trophée.

CHÈVRE À DEUX TÊTES
Chaque tête possède une trachée et un œsophage, mais toutes deux sont reliées au même poumon.

WEST AFRICAN
FEMALE TRIBAL COFFIN

Ce musée britannique, inauguré en 1991, lié au célèbre parc d'attractions Pleasure Beach, à Blackpool, possède divers objets provenant des deux musées Ripley de New York. En tant que première implantation en Europe, il a remplacé l'ancien musée Ripley de cette ville.

FIGURE AFRICAINE DE FERTILITÉ
Des figures comme celle-ci, sculptées au Nigeria, étaient placées chez les couples espérant avoir un enfant, généralement sous le lit de la femme.

MASQUE DE DANSE INDONÉSIEN
Ripley a rapporté de nombreux masques très raffinés d'un voyage en Extrême-Orient dans les années 1930.

CRÂNE MOCHICA
Cet Indien Mochica, vivant au Pérou vers l'an 700, a été sacrifié à son dieu cruel.

À NE PAS MANQUER !

- ▶ Une vache à 6 pattes grandeur nature.
- ▶ Des sculptures chinoises en os de chameau.
- ▶ Des castors albinos.
- ▶ Des écritures sur grains de riz.
- ▶ Un cerf à 2 têtes.
- ▶ De la monnaie en pierre de l'archipel de Yap (la plus volumineuse et étonnante des devises).
- ▶ Un habit de chaman décoré de becs de toucans.
- ▶ Un soldat-robot en pièces détachées de voitures.

Ripley's
Le Big Livre de l'Incroyable®
www.big-livre-de-lincroyable.com
251

SCULPTURE EN OS
18 artisans ont dû travailler 3 mois pour réaliser cette sculpture en os de chameau.

GUITARE EN PAILLE
Cette guitare acoustique fabriquée dans les Caraïbes fonctionne parfaitement.

WALTER HUDSON
Cet homme, qui pesait 635 kg en 1987, est devenu célèbre pour avoir passé 27 ans dans sa chambre.

BALLE EN FICELLE
Il a fallu 9 ans pour confectionner cette balle de 1,20 mètre de diamètre. Elle pèse plus de 272 kg.

CROCODILE PUK PUK
Le crocodile, qui effraie les Papous de Nouvelle-Guinée, y est toutefois vénéré comme le père de l'humanité.

GIANT BALL OF STRING

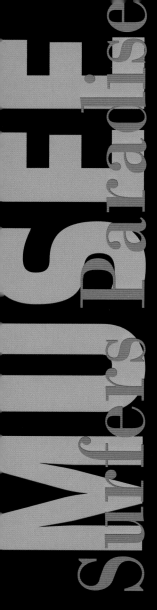

MUSÉE

Surfers Paradise

DIEU AFRICAIN
Chaque clou planté dans ce fétiche maléfique en bois représente une prière pour que le mauvais sort s'acharne sur un rival.

LE PREMIER MUSÉE D'OCÉANIE a ouvert à Surfers Paradise sur la Gold Coast australienne, en 1988. Après d'importants travaux de rénovation en 2000, le musée peut se targuer de posséder une voiture volante, un costume de chaman tibétain constitué d'os humains et une collection de têtes réduites.

ŒUFS DE DINOSAURES
Ces œufs de plus de 100 millions d'années sont extrêmement rares.

STÉGOSAURE
Ce squelette est composé d'os de 11 animaux différents, dont des souris et des poules.

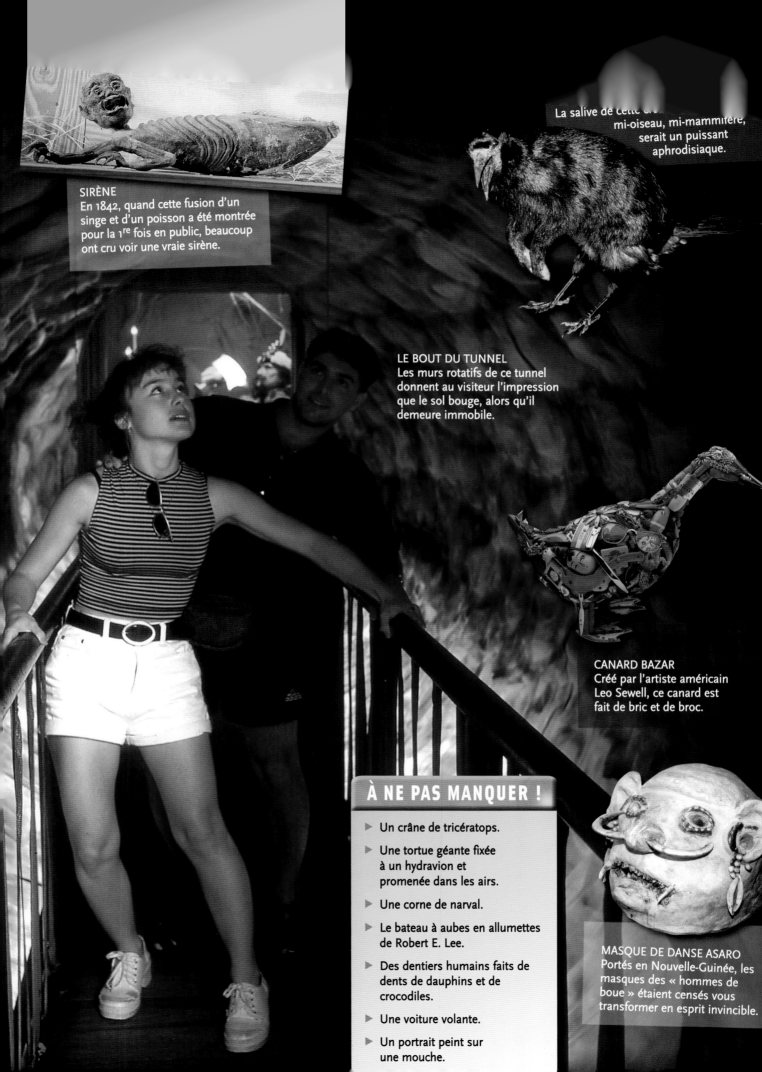

SIRÈNE
En 1842, quand cette fusion d'un singe et d'un poisson a été montrée pour la 1re fois en public, beaucoup ont cru voir une vraie sirène.

La salive de cette mi-oiseau, mi-mammifère, serait un puissant aphrodisiaque.

LE BOUT DU TUNNEL
Les murs rotatifs de ce tunnel donnent au visiteur l'impression que le sol bouge, alors qu'il demeure immobile.

CANARD BAZAR
Créé par l'artiste américain Leo Sewell, ce canard est fait de bric et de broc.

À NE PAS MANQUER !

▶ Un crâne de tricératops.

▶ Une tortue géante fixée à un hydravion et promenée dans les airs.

▶ Une corne de narval.

▶ Le bateau à aubes en allumettes de Robert E. Lee.

▶ Des dentiers humains faits de dents de dauphins et de crocodiles.

▶ Une voiture volante.

▶ Un portrait peint sur une mouche.

MASQUE DE DANSE ASARO
Portés en Nouvelle-Guinée, les masques des « hommes de boue » étaient censés vous transformer en esprit invincible.

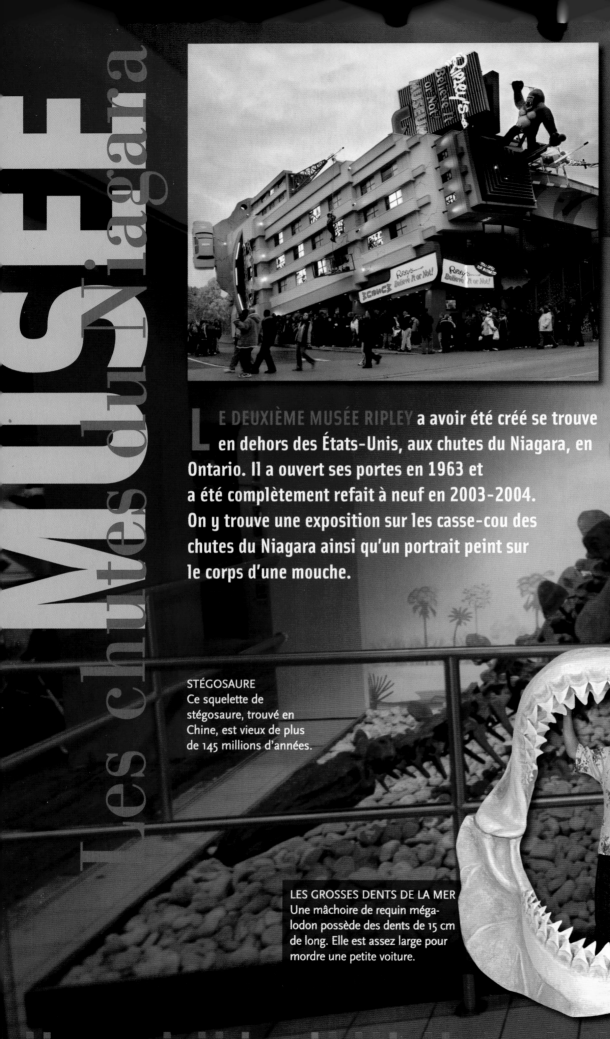

MUSÉE

Les chutes du Niagara

LE DEUXIÈME MUSÉE RIPLEY a avoir été créé se trouve en dehors des États-Unis, aux chutes du Niagara, en Ontario. Il a ouvert ses portes en 1963 et a été complètement refait à neuf en 2003-2004. On y trouve une exposition sur les casse-cou des chutes du Niagara ainsi qu'un portrait peint sur le corps d'une mouche.

OISEAU TRIPODE
Trouvé en 1990 en Angleterre, cet oiseau possède deux têtes et trois pattes.

STÉGOSAURE
Ce squelette de stégosaure, trouvé en Chine, est vieux de plus de 145 millions d'années.

LES GROSSES DENTS DE LA MER
Une mâchoire de requin méga-lodon possède des dents de 15 cm de long. Elle est assez large pour mordre une petite voiture.

Ripley's
Le Big Livre de l'Incroyable
255
www.big-livre-de-lincroyable.com

VIEUX FOSSILE !
Ressemblant plus à un scorpion qu'à un crabe, cette créature a existé il y a environ 200 millions d'années.

ART DE LA RÉCUPÉRATION
Ces sculptures sont faites à partir d'ustensiles de cuisine, de tuyaux de plomberie, de morceaux de voitures, de jouets et... d'ordures en tout genre.

ATTENTION AU JIVARO
Grosse comme un poing, cette tête est décorée d'un serre-tête en ocelot et de plumes de perroquet.

UNICORNE
Ce mignon petit agneau est né en Angleterre avec une seule corne de 10 cm de long sur la tête !

À NE PAS MANQUER !

- La robe d'un chaman tibétain.
- La statue de la Liberté en allumettes.
- La tortue à deux têtes.
- La chope de bière géante de Ripley.
- La collection de moustaches.
- Le crâne géant d'un castor préhistorique.
- De l'art mural rien qu'avec des pansements.
- La météorite de Peerskill, célèbre pour avoir percuté une voiture.

BISON
Découvert dans un troupeau du Dakota du Sud, ce bison a 8 pattes !